曾智明『曾子学术基金』科研成果
山东大学儒学高等研究院科研成果
山东大学曾子研究所科研成果
曾子研究院科研成果

观念史研究丛书

曾振宇——主编

儒家『诚』观念研究

刘乾阳——著

齊鲁書社
·济南·

图书在版编目（CIP）数据

儒家“诚”观念研究 / 刘乾阳著. -- 济南 : 齐鲁书社, 2024. 8. -- (观念史研究丛书 / 曾振宇主编).

ISBN 978-7-5333-4988-2

Ⅰ. B222.05

中国国家版本馆CIP数据核字第2024PL2047号

策划编辑 傅光中 刘 强
责任编辑 张 超
封面设计 刘羽珂

儒家“诚”观念研究

刘乾阳 著

主管单位	山东出版传媒股份有限公司
出版发行	齊魯書社
社　　址	济南市市中区舜耕路517号
邮　　编	250003
网　　址	www.qlss.com.cn
电子邮箱	qilupress@126.com
营销中心	（0531）82098521　82098519　82098517
印　　刷	山东华立印务有限公司
开　　本	880mm×1230mm　1/32
印　　张	10
插　　页	1
字　　数	235千
版　　次	2024年8月第1版
印　　次	2024年8月第1次印刷
标准书号	ISBN 978-7-5333-4988-2
定　　价	58.00元

《观念史研究丛书》

序 言

曾振宇

观念不同于概念。概念注重从逻辑学角度进行语词分析，观念侧重从思想史视域考察每一个观念的生成与流变。概念如山，贵在稳定；观念如水，贵在变化。西方观念史学派昆廷尝言：观念具有“迁徙性”。证诸史实，其言不虚！以中国哲学史“仁”观念为例，“仁”在《论语》中出现一百多次，面对弟子门人多次“问仁”，孔子的回答都不一样。甚至面对同一位弟子多次“问仁”，孔子的回答竟然也不一致。其实在大多数语境中，孔子立足伦理学与工夫论层面讨论“为仁之方”，而非哲学形上学意义上的“仁是什么”。因为在孔子的思想架构中，“仁”是上位概念，在属种概念关系中，已经找不到位级更高的概念来对“仁”加以界说。一切描述性语言已不是“仁”本身，而是被语言遮蔽了的“仁”。在《大希庇亚篇》中，苏格拉底与希庇亚讨论“美是什么”。希庇亚罗列了美丽的陶壶、美丽的竖琴和美丽的少女。苏格拉底打断他的陈述，指出：“那么它们之所以美的原因在于有一种共同具有的基本性质。”当我们夸耀一位女孩美丽,“那么我们就要回答她为什么有权被称作美”,在美丽的陶壶、美丽的竖琴、美丽的少女等具体的美之上,“你必须告诉我美本身是什么”,因为正是“美本身”的存在,才可能将“美的性质赋予一切事物”。苏格拉底与希庇亚反复辩论与探究“美是什么”,最后得出的结论却是“美的事物是难懂的”。朱光潜先生将此句译为“美是难的”。在这一场辩论中,虽然无法知道“美是什么”,但已从理性上明确知道“美不是什么”,思维的高度已有所提升。从古希腊苏格拉底、柏拉图以来,一直在探寻“美是什么”,也出现了一些定义,但这是一个永远也不可能有最终普遍性答案的问题。相映成趣的是,“仁”作为孔子思想体系中最核心的观念,是“多”中之“一”,我们姑且只能以“一”来界说,或者从工夫论层面来体悟,因为仁具有不可定义性。有人曾问程子:“何谓至善?”程子回答说:“理义精微,不可得而名言也,姑以至善目之,默识可也。”在人类用语言建构的意义世界中,“目之”与“默识”蕴含着直觉体悟和信仰的成分。知性认识无法达到对本体的观念性把握,直觉体悟和信仰或许是接近本体的有效路径。孔子之“仁”,在本体论上是一种可能的知识,而不是现实的知识。缘此,面对孔子之“仁”,“目之”与“默识”何尝不是接近的一种可能路径?但是,汉代董仲舒开始从宇宙论视域讨论“仁”存在的正当性,“阳气仁”,仁已经降格为伦理学层次的一个德目。朱熹哲学架构中的“第一概念”是天理,天理在人为仁,人通过“感应”,将外在客观性的天理内化为我心真实拥有。在朱熹的思想结构中,天理才是位格最高的本体概念。虽然朱熹指出“仁”可以统摄义礼智，但也必须在“性即理”的意义上才能厘清“仁”的哲学地位。近世西方哲学与文化传入中国之后，学界纷纷以儒家“仁爱”比附西方“博爱”观念，两个观念之间存在着历史与宗教的差异，儒家“仁爱”不存在宗教色彩。但是，两大观念之间又存在着价值观的趋同，都在表达对人的尊重与关爱。这种价值观的趋同性，恰恰又可以成为儒家“天下”社会理想可能实现的道德基础。

我们现在研究观念史，在更多的意义上是将观念史作为一种研究的思路与方法，梳理每一个观念如何生成与变化，如何影响每一个时代的价值观、制度建设和生活方式。这种对观念史或观念儒学的认识固然有其合理性，但如何上升到哲学形上学的高度进行分析与建构，有待于学人继续努力。

是为序！

2024年8月7日于山东大学

目 录

第一章　儒家“诚”观念的内涵与起源

“诚”是儒家哲学的核心观念之一，它的本义是真实无妄，首先是作为一种道德情感而存在的，后来经过种种改造，“诚”观念上又附着了本体论、心性论、修养论、功夫论等丰富的内涵。“诚”贯穿儒学发展的始终，它是说明天与人之间相互连通的关键概念之一，在儒家哲学中处于非常重要的位置。

第一节　“诚”的内涵

“诚”作为一个汉字出现得比较晚。与它含义相近的是“信”字，据现有的文字学资料来看，“诚”“信”二字在甲骨文中并没有出现，但在商周时代的金文中已经出现了“信”字。相对来说，“诚”字出现得更晚。春秋以前的文献中“信”字较多见，而“诚”字相对较少。

后世学者往往用互训的方式来解释“诚”与“信”，班固最早以“诚”释“信”，他在《白虎通·情性》篇中说：“信者，诚也，专一不移也。”东汉许慎《说文解字》亦云：“信，诚也。从人从言。会意”，“诚，信也。从言成声”。这种训诂方式容易导致对二者之间差别的忽视。实际上，“诚”“信”二字的含义都有一个不断发展演化的过程。在金文中，“信”是一个会意字，由“言”和“身”构成，这表明在创造此字之时，先民们赋予了它“以言立身”的隐含语义，它原指祭祀时对上天和先祖所说的诚实不欺之语。《左传·桓公六年》载隋国大夫季梁语云：“忠于民而信于神”，“祝史正辞，信也”。后来，由于私有经济和私有观念的发展，旧有的朴素和谐的社会氛围被打破，国与国、人与人之间的交往不得不订立誓约，而誓约和诺言的遵守需要依靠天地鬼神的威慑力量。春秋时期，经过儒者的提倡，“信”开始逐渐摆脱宗教神秘主义色彩，成为规范人际关系的原则之一。概括来说，“信”作为一种道德原则的主要含义是指人在社会交往中要恪守自己的诺言，要努力做到言行一致、诚实不欺。再看“诚”字，从其原始字形来看，它从言从成，言是言语，不过这种言语有所特指，指的是告祭祖先、神灵时的神秘性言说。“成”从戌从丨，“戌”即古戚字，乃兵器斧钺之属也，“丨”则有休止之意。合而观之，“成”有休止兵戈、和解订盟之意。再联系到“言”字，我们可以发现，“诚”与盟誓制度密切相关。因为，和平盟约的确立需要双方共同遵守某种誓言，否则和约就犹如一张白纸。后来，在这个意义的基础上继续进行引申，“诚”便具有了真实、忠诚、言行一致、真心实意、诚实守信、心志专一等含义。此外，需要指出的是，在先秦典籍中，“诚”有时还作为一个副词来使用，相当于“真正”“确实”，表达一种肯定语气。例如，《诗经·小雅·我行其野》：“诚不以富，亦衹以异。”① 《论语·子路》：“子曰：‘善人为邦百年，亦可以胜残去杀矣。诚哉是言也！’”《春秋公羊传·宣公六年》：“勇士曰：‘嘻！子诚仁人也！’”从文字发展的角度来看，“诚”“信”二字最终皆指向言语、行为、情感的真实不伪，但是二者又存在着重要的区别：其一，“诚”主要从内心来说，侧重的是内心情感的真实无伪、自然流露；“信”则侧重于人际交往层面的言而有信、遵守信用。其二，“诚”是“信”的内在根基，“信”则是“诚”的外在表现。其三，“诚”的哲学性更为丰富，并且在儒家哲学中位阶更高，内涵更丰富。

笔者认同二程、朱熹等人对“诚”的界定，那就是“真实无妄”。不过，作为“真实无妄”的“诚”并不仅仅指向人之言行背后的内在真情实感，而是一个具有多层含义的哲学范畴：上层指向了天道实理，这体现为“真实无妄”之“真”的内容，“真”是真理，即宇宙万物生成演变之法则与秩序，也就是所谓的“天之道”，一般认为它坚定不移、永不改变；中层指向了人之良善德性，“诚”的此种含义说明了人之为人的本质规定性，儒家认为人性乃是天道在人身的显现，人性是先验的、本善的，而“诚”便是这种人性的最高准则和最高境界；下层则作为一种具体的道德情感和伦理规范，它要求人们在生活之中

---

① 《我行其野》写的是一个不幸婚变的故事，丈夫没有顾念往日的恩爱姻缘，而是另求新欢，并把原配残忍地打发回娘家。为此，女主人公对之痛加挞伐，认为背信的夫君与她人的婚事即便成功，也不可能因此而得富足，且因其不谨守礼节而自异于常人、自绝于同类也。

应以天道所表现出的情态与规律为榜样，始终如一，自强不息，诚实忠信，言行一致。需要说明的是，这三个层次的含义是互相交融、密不可分的：天道以其“诚”之本性而引导人要在趋向“诚”的过程中实现本性的具足，人在追求“诚”的精进途程中也随时随地依据善良的本性表现出符合伦理道德的行为，最终为儒家成己成物、内圣外王的终极理想奠定主体一端的基础。经过这样的理论建构之后，儒家所尊崇的天道（实然的客观之理）与积极投身的人事（应然的价值准则）实现了看似完美的合一，这也就是儒家“诚”观念所涵括的要义。

我们还可以根据“诚”的性质来做出另外一种划分：其一，人之情感的原初显发状态；其二，作为形而上之天道的本质属性；其三，人之宗教神秘性体验的根本路径；其四，人之道德修养的基本原则。除了第二个层次之外，“诚”明显都指向了人类的情感。可以说，儒家以“诚”观念为中心的“天道—人道”结构渗透着人类对于仁爱情感的真切呼唤，它是对“前形而上学”的“生存或生活情感”的形而上学建构；反过来说，原始儒家所开显的仁礼论、诚论、良知论无不是在唤醒人们对仁爱情感的忠诚与敬畏，从而引导人们以人之为人的本然情态去生存。同样，这四种性质的“诚”也是多位一体的关系：情感显发的根据在于天道的性质，人以一种忠诚信实的情感和态度来对待天道，并且始终如一地遵循由天道之规律所启示的人道之原则（即儒家的价值规范），如此便能够获得一种与天合一的宗教性神秘体验，儒家相信正是这种体验使人们能够直觉本体、内在超越，不过这种超越不是道家那样游离于世的清静无为，而是将所获致的宇宙智慧施用于人伦关系之中，希冀成贤成圣，追求内圣外王。

鉴于“诚”观念各层次含义之间的相互关联性，笔者对于儒家“诚”观念的讨论也是一体并进而非强行加以区分的。通过考察我们可以发现，在不同的历史阶段，儒家对于“诚”观念的讨论是有所偏重的：从情感的真诚显发到天道诚体的逐步建构，从强调天与人在德性层面的统一到对于以真诚获致天人神秘感应的畸形强调，从试图截断天人之间的任何关联到尝试以新的宇宙论、本体论论证天人合一的关系。可以说，从一个“诚”字我们可以管窥儒家思想发展演变的大致脉络。

第二节　儒家“诚”观念的发生

在本体论的层面，“诚”指向了最真实的存在；在功夫论的层面，它强调的是建立在真情实感上的心性修炼。“诚”观念所体现出的意涵是由孔子开始阐发、由思孟学派具体展开的。儒家关于“诚”的论述集中展示了“天道—人道”的致思结构，表现了儒家道德、心性之学的多重创设，也集中显现了儒家形上学的面貌。虽然“诚”观念显得幽隐玄妙，但它的产生却是基于丰富生动的历史文化背景。

一、自然崇拜与宗教虔诚

1. 自然运化与生生不息

从人类产生之日起，就不可避免地与宇宙万物、生活于其中的自然界发生密切的认知上的联系。人类认识的第一步起始于对自然万物的感性观察，日月星辰的升落明灭，风雨雷电的季节交替，花草树木的荣枯盛衰，这些生生不息、变动不居的宇宙景象和规律刺激着古人的感官和大脑，他们通过对自然“所与”的直观形成原初的知觉和经验。作为儒道同出文本的《周易》就体现了古人观察天地自然自强不息、厚德载物之信实不忒的情态后所做的抽象性思考。亚里士多德说：“古今来人们开始哲理探索，都应起于对自然万物的惊异……对一些较重大的问题，例如日月与星的运行以及宇宙之创生，作成说明。”① 解释和说明的前提在于对存在的确认，即将宇宙万物看成是实有的，是在空间与实践中生成、运动、变化和消亡的。中国古代的哲人们将天视为这种存在特性的推动者，天的施化作用便是所谓的“天道”运行，它是一种至上的宇宙法则，也是感官世界所具有的普遍存在意义或共相。这是一种形而上学的追问与回答，是超越具体存在物而对世界整体的存在图景进行描述和解释。

对于天，孔子感叹其伟大作用的同时也体会到其神秘难测，所以他说：“天何言哉，四时行焉，百物生焉。”（《论语·阳货》）天是四时运行、百物生化的推动者，天是万物乃至人类的支配者。其实在孔子之前，殷商的天帝观、周代的天命论，以及老子的天道自然说都体现了将天确立为终极支配力量的思路。在古人看来，天在宇宙中有着持续性、永恒性、真实性、神妙性及合目的性等诸多性质。

---

① ［古希腊］亚里士多德著，吴寿彭译：《形而上学》，商务印书馆 1959 年版，第 5 页。

《礼记·哀公问》记载哀公问孔子为何对天道如此看重，孔子回答说：“贵其不已。如日月东西相从而不已也，是天道也；不闭其久，是天道也；无为而物成，是天道也；已成而明，是天道也。”可见，天虽不言却信实如一，虽无为却使万物生成化育，一切都是如此的自然而必然。由此，我们就不难理解后世儒家将此种天道生化、万物竞荣、恒久不已的生命之流用“诚”这个表示真实无妄的观念进行概括了。钱穆先生曾经指出：

> 当知天体乃真实有此天体，群星真实有此群星，太阳真实有此太阳，地球真实有此地球。凡此皆真实不妄。……凡此皆各各真实，不虚不妄。中国古人则认此为‘天道’。……若就宇宙一切事象而论其意义，则真实无妄即为一切事象最大之意义。……凡属存在皆是‘天’，即是‘诚’，即是‘真实无妄’。①

可以说，“诚”是儒家对于宇宙万物认知成果的一种抽象化概括。这种思想与道家“道法自然”的观念颇有相似之处：“道法自然”指的是道的法则是自然，道不违背自然之法则，道自然而然；儒家则说天道的运行规则是真实无妄，是实实在在，是是其所是。二者都强调了天道运行中自由运行、自在变化、是其所是的样态，不过，它们在天人关系问题上的差别也非常明显：道家主张人生的目的就是任其自然，特别是要排斥社会

---

① 钱穆：《中国学术思想史论丛》（二），台北东大图书股份有限公司1980年版，第284页。

性的伦理道德规范；儒家则通过对自然现象的观察而获得客观认识的同时，还存在一种将自然经验先验化、德性化、价值化的倾向。这在“诚”观念上的表现甚为显著：一方面，“诚”表征的是一种对于客观现象的本质性概括；另一方面，“诚”也被定性为宇宙支配力量的根本德性，这种德性本身具有极强的示范意义。在儒家看来，人类作为宇宙的一员也必须以这种真实无妄的德性为原则，将其应用到现实生活当中去，也就是运用到内圣和外王的实践当中去。这种追求就是向天的归趋，就是要完全显现天所赋予的人之本性的过程。因此，我们也不难理解思孟学派为何要建立以“诚”为核心的“天道—人道”哲学体系。平心而论，这种思路当然是一种粗浅的比附，将道德的根基建立在这种由感观所获得的宇宙图景之上确实有些幼稚。但是，我们不能无视这种思想的创造对于古人的剧烈震撼，在无法更深入、更准确、更理性地把握宇宙规律和人类出路的时代背景之下，崇拜自然、追求真实、成就德性的努力促使人们创造着日益丰富的物质和精神文化。

2. 鬼神观念与宗教虔诚

在自然崇拜的思维之外，鬼神观念也深刻影响着古人的思想和生活。在远古时代，人们对自己身体的构造还不能达到科学的认识，加之受到梦境的误导，人们很容易产生灵魂、鬼神之类的虚幻观念。在古人看来，“鬼”一般指人死后的灵魂，亦指万物的精灵，有时还特指祖先；“神”则一般指天地万物的创造者、主宰者，也泛指各类天地神祇。《易经·谦卦》云：“鬼神害盈而福谦，人道恶盈而好谦。”《礼记·仲尼燕居》说：“鬼神得其飨，丧纪得其哀。”《孝经·感应章》曰：“宗庙致敬，鬼神著矣。”可见，鬼神被赋予了隐秘莫测的力量，人们在它们面前就显得卑微许多。因此，如何与鬼神相交通、获得他们的福佑就成为古人日常生活中的一件大事。鉴于此，古人创造了一系列的原始宗教礼节仪式，希望通过祭祀、祈祷、卜筮等巫术、迷信的行为来获致鬼神的感应、启示、青睐与恩赐，以便达到祈福禳灾的目的。这也就是《说文》中所讲的：“礼，履也，所以事神致福也。”

在先秦典籍中，我们可以发现大量的关于祭祀活动的记录，所祭祀的鬼神也是非常繁复的：有祭天、祭上帝、祭日月星辰的礼仪，有祭社、稷、山、川、林、泽之神的仪式，也有祭祀死去的先王、先公、先祖乃至厉鬼的仪节。《荀子·礼论》说：“礼，上事天，下事地，尊先祖而隆君师，是礼之三本也。”这很好地概括了传统礼制文化的丰富内容。但是，礼的精神不在于仪式的隆重与繁复，相对于这些外在的表象而言，古人更重视在祭祀、占卜等活动中参加者内心所体现出来的虔诚、敬慎的态度。《左传·成公十三年》记载说，晋厉公及周大夫刘康公、成肃公率领诸侯伐秦，在讨伐之前成肃公受脤于社，但没有做到以虔敬之情对待。对此，刘康公评论说：“是故君子勤礼，小人尽力，勤礼莫如致敬，尽力莫如敦笃。敬在养神，笃在守业，国之大事，在祀与戎。”可见，礼的真精神在于致敬、敦笃，只有做到了笃实诚敬才能贞定天之所命，也就能获得上天的福佑，避开败乱的祸端。关于“敬”，《礼记·祭统》曰：“诚信之谓尽，尽之谓敬。”《礼记·月令》“祗敬必饬”孔颖达疏云：“敬为心不有怠慢也。”《吕氏春秋·孝行》“敢不敬乎”高诱注说：“敬，畏慎。”可见，“敬”就是将自己内心的真诚情感毫无怠慢地表达出来，对尊崇的对象表现出一种敬畏和谨慎的态度。“笃”，乃忠实、不虚伪之意，强调的是一种醇厚坚固的境界，《中庸》有“笃行之”一语，说的就是要把行动落到实处。可以说，“敬”与“笃”都是追求真实无伪的“诚”德之体现，故有“诚敬”“诚笃”之说。

“仁”与“礼”是孔子所建立的儒家学说的两个主要面向。如果说“仁”是儒家的根本精神的话，那么“礼”便是通过对人之行为的规范而使“仁”的精神得以实现的具体指引，其根本目的在于确保儒家道德规范切实地得到遵行，从而建立一个充满道德精神的社会共同体。在礼的作用机制中，最重要的一环就是引导人之性情，使其顺承天道、正而勿失，而这一点又是建立在虔诚情感的培养之上的。《礼记·乐记》指出：“著诚去伪，礼之经也。”《孝经》则说：“礼者，敬而已矣。”孔子也指出，礼不在于玉帛之美，乐亦不在于钟鼓之声，礼乐最终关乎的是人的真诚性情。所以，礼必须以忠信为质，而忠信便是“诚”在情感上的具体要求。礼之“诚”表现在许多方面，例如，在礼仪举行之时要确保内心谦恭、惕惧、敬慎、必诚必信；① 祭祀所用的祭品要保

---

① 例如，《礼记·檀弓上》记载了据称是子思的话说参加丧葬活动一定要“必诚必信”；《礼记·祭义》中说，祭祀祖宗之前要“夫妇斋戒，沐浴盛服奉承而进之，洞洞乎，属属乎，如弗胜，如将失之”；祭祀之时要“其立之也敬以诎，其进之也敬以愉，其荐之也敬以欲，退而立，如将受命，已彻而退，敬齐之色不绝于面”。对此，《礼记·祭统》总结说：“夫祭者，非物自外至者也，自中出生于心也。”还说“贤者之祭”要“致其诚信与其忠敬，奉之以物，道之以礼，安之以乐，参之以时，明荐之而已矣”。

证洁净丰盛并且符合规制;① 祈祷、卜筮时更应以诚敬之心相对，否则就无法与龟甲、蓍草等灵物相感应，进而影响到与神灵的交感沟通，使整个通灵行动的灵验度大打折扣。这种宗教性浓厚的诚敬之心一方面会给人带来一种有如神灵降临的自信，使得礼仪的参加者们“直面并机智灵活地回应现实的一切，化解凶险，迎受福祥，开拓理想的生存、生活天地”②。另一方面，对于鬼神的诚敬有可能会内化为一种德性的力量，从而将诚敬的对象扩展到宇宙万物，于是人类便以一种敬慎惕惧的心理面对事事物物，这无疑有助于建立基于和谐关系的良善秩序。礼学本质上就是一种协调诸种关系之学，诚敬的精神便是这种关系得以确立、持续和巩固的内在根基。因此，我们也就不难理解儒家为何要大力提倡礼乐制度和诚敬精神。

当然，宗教性的虔诚精神容易造成不经理性批判的世俗迷信，这在儒学中的表现之一就是披着心性之学、道德之学外衣的天人感应理论的出现。宗教是人类对世界虚幻性思索的成果，但是正是这种“虚幻”的建构成为中国古代政治、社会生活的重要内容之一。顾立雅曾经指出：“这些迷信思想远比孔子的理性哲学更受普通人的欢迎。”③ 当然，一些开明的思想家批判了“诚”观念中的荒谬之处，也重新解释了

① 例如，《礼记·郊特牲》记载说，郊祭的牲口要用红色的牛犊，这正是“贵诚”的体现。

② 王新春：《神妙的周易智慧》，中国书店 2001 年版，第 72 页。

③ ［美］顾立雅著，高专诚译：《孔子与中国之道》（修订版），大象出版社 2014 年版，第 190 页。

儒家“诚”的真正精神，与神学、巫术展开了激烈的论争。

二、敬德保民与盟誓制度

1. 殷周之变与人文之兴

相对于宗教性的虔诚要求而言，道德层面的“诚”观念似乎更具有理性色彩。出土的商代的大量甲骨卜辞告诉我们，殷商时期是一个鬼神观念极为浓厚的时代。在商人的思想世界中，祖先、上帝、自然神具有降祸和赐福的能力，天象、岁时、年成、战争等各种事物都由它们来主宰。商代统治者通过专门的神职人员与上帝、鬼神相连通，并通过祭祀的形式来表达对它们的崇拜与祈求。这是以巫为中介的“天人合一”实现方式。总的来看，殷人的鬼神观念有极强的民族特色，有时祖先神和上帝混杂不分，将上帝视为本民族帝王在天庭世界的化身。但事实是，本民族的祖先神并没有确保商王朝的长治久安，本来只是偏安一隅的小邦周取代了商朝的统治。

从殷到周的变革不仅仅是统治权力的更迭，更有思想文化上的重大变革。王国维《殷周制度论》说：“殷、周间之大变革，自其表言之，不过一姓一家之兴亡与都邑之移转；自其里言之，则旧制度废而新制度兴、旧文化废而新文化兴。”① 这种制度的变化体现为西周的礼乐制度替代了殷商的巫术占卜而成为国家、社会生活的主流，而文化的变革突出地表现为世界观的转变，即天的观念逐渐取代了帝的地位。虽然，殷人也同样使用“天”这一种说辞，但“相对于‘天’，‘帝’这一语词在

---

① 王国维：《观堂集林》（外二种），河北教育出版社 2003 年版，第 232 页。

表达最高神的权威及其信仰方面要更加确定”①，也就是说帝的观念更能确保殷人在统治上的绝对地位。上文已经提到，上帝的观念与殷人的祖先崇拜密切相关，因此，如果周人仍然继承这种上帝观念的话，无疑就不能说明自身的合法性。虽然，周朝的祭祀对象与殷人相仿，帝或上帝的话语仍然在周人的至上神灵建构中使用，甚至天与帝这两个语词还会同时出现，但这并不能阻止上帝观念的没落。一般来说，各个民族所创造出来的神，其作用范围仅限于本民族之内，用《左传》的话来说，这就叫“神不歆非类，民不祀非族”（《左传·僖公十年》），“鬼神非其族类，不歆其祀”（《左传·僖公二十一年》）。当然，由帝而天的转变绝不仅仅是民族的差异使然，我们发现，与帝相比，天的意义就在于它更能超乎民族差异而在一个更为普遍、公共的层次为周朝合法性的确证奠定坚实的基础。陈来先生指出：

> 商周世界观的根本区别，是商人对“帝”或“天”的信仰中并无伦理的内容在其中，总体上还不能达到伦理宗教的水平。而周人的理解中，“天”与“天命”已经有了确定的道德内涵，这种道德内涵是以“敬德”和“保民”为主要特征的。②

---

① 吾淳：《中国哲学的起源——前诸子时期观念、概念、思想发生发展与成型的历史》，上海人民出版社2010年版，第274页。

② 陈来：《古代宗教与伦理：儒家思想的根源》，生活·读书·新知三联书店2009年版，第183页。

一方面，在周人看来，天与人之间是可以相互感应的，天可以针对人间的善恶而施行赏罚，而这赏罚的根据不是血缘的远近而是德性的遵循与否，只有敬德之人才能获得天命的支持；另一方面，小邦周变革政治的事实证明了人自身力量的强大，周王朝的统治者深刻体会到了民心向背的威力，所以极力声明要对民众进行保护，以赢得他们的信任。《尚书·康诰》中就强调，正是由于文王能够敬德保民，上天受到感动，于是就将天命授予文王，将殷朝的土地和人民交给他来统治。反之，夏商的统治者们“惟不敬厥德，乃早坠厥命”（《尚书·召诰》）。于是，“天视自我民视，天听自我民听”成为周朝的政治信条，他们以民为镜鉴，时时检点，反省得失，真诚守德，这无疑具有深远的意义。有学者指出，这“使周人与殷人的鬼道决裂，建立起了全新的人文精神体系，实现了从鬼道转向人道的伟大转变，在中国思想史上具有里程碑的意义”①。

2. 以德配天与敬德保民

这种人文精神在时人心态上主要体现为深沉的忧患意识。一切祭祀、祈禳、占卜活动的目的在于通过仪式性的活动来与上天进行思想、意志上的沟通，要么明察天道，要么取悦天意。由于兹事体大，故而参与这些仪式性活动的个人及群体要谨敬肃慎，即保持一种恐惧畏怖意识，时刻提醒自己不可轻举妄动。无论是“敬”还是“无妄”，都是对内心真诚状态的要求。这种“诚”的精神首先是政治性的，由于政治活动的公共性特征，

---

① 张岂之主编：《中国思想文化史》（修订本），高等教育出版社 2013 年版，第 36 页。

因此“诚”的政治性内容往往要将一个公共的神明作为信仰、依托的对象。不过，既然西周思想文化的一个重要的转变是由敬神向敬德的转变，那么他们通过“明德”的方式来与“天命”(即“以德配天”)相沟通也就改变了传统以鬼神为主体的宗教信仰形式。人们意识到自身的行为与事情之吉凶有着密切的关联，人应该做的不再是被动的恐惧战栗，而是建立在忧患意识基础之上的自觉自为，它能敦促人们通过培养自身的德性来呼应上天的意志，从而使天命、天道下贯而成就人之生生不已、奋发向上的善性、主体性。不过，对道德的敬慎与对鬼神的敬畏一样，需要主体以一种真实无妄的状态去规范自己的思想和行为。从“心”来说，对于“德”的敬重本身就是一种价值观和治国理念的重塑，统治者在“敬天”与“保民”的相互促进之中获得了治理的正当性与合法性；从“行”来说，西周丰富的礼乐文化则为人们提供了外在化、客观化的行为范导和模式。

可以说，西周敬德思想不仅仅限于政治领域，它已经形成一种道德文化，并深入到整个社会的道德意识、道德观念和道德准则当中去。在周代社会中，“德”是一个宽泛意义上的称谓，还有许多具体的德目，例如礼、孝、信、忠等等。经过研究我们发现，任何一种德目的施行都必须建立在一种道德情感之上，概括来说，这种道德情感便是“诚”——真实无妄、孜孜不倦、表里如一的内心状态。在《礼记》中，这种道德层面的“诚”精神也一再被强调：《礼记·礼器》希望人们对待礼乐教化制度要“有所竭情尽慎，致其敬而诚若，有美而文而诚若”，这是说人们应该充分展现自己的真情，表现出一种谨慎、恭敬、真诚、和顺的心态；《礼记·郊特牲》指出，在婚姻关系中要贯彻诚信的原则，特别是对于女方来说，由于她们在当时没有独立的地位，所以对待丈夫要“壹与之齐，终身不改”；《礼记·乐记》认为音乐要发挥教化人心的作用，而“廉直、劲正、庄诚”的音乐被认为可以使民众变得肃穆诚敬；《礼记·学记》则从反面指出施教者要具备真才实学，教学活动不能虚张声势，要充满诚意，要因材施教，认真考虑受教者的接受能力与学习动机，不能无视效果地妄教；等等。在《周易》经传中，这种道德实践领域的“诚”精神表现得也非常明显。①

3. 盟誓制度与诚信践约

“敬德保民”是非常响亮的政治口号，但也不免落入一切口号可能的俗套——空洞不实。周代的统治者走了前朝的老路，他们已经把先祖的遗训抛在脑后。西周末期以后，周王室逐渐衰微，权力下移，造成了春秋战国时代诸侯纷争、礼坏乐崩的局面。礼之不存，诚将焉附？这种诚信精神缺失的情形在盟誓制度中表现得非常明显。古人有歃血为盟的做法，参加盟会的双方会宰杀一头牲畜，然后将血放入某种容器中，或分饮其血，或涂血于嘴唇，以示诚意。甲骨文、金文中的“盟”字字形反映了这种习俗，一个器皿中装有血块，正是来自被杀的牲畜。“盟”是古代诸侯立誓缔约之称，国家之间如果需要合作或者出现猜疑就会召开盟会，双方在神灵面前立约结盟，伴有“自我诅咒”性质的宣誓忠诚仪式。“自我诅咒”性的誓言一般由如下

① 关于《周易》经传中所体现的“诚”思想，将在下文论述孔子忠信思想时进行具体阐发。

内容构成：“邀唤神灵，请求对誓言的执行状况进行监督；假如违背了自己的誓言，祈求神灵降下灾祸以示惩罚。所谓‘灾祸’是指人类所害怕、恐惧和嫌恶的疾病、死亡、水火灾害等等。”①这种宗教诅咒的目的无疑在于保证立盟者诚信践约，但一旦神灵的威力不再绝对被信奉时，结盟立誓也就徒有其表了。

据文献记载，盟誓制度在夏代就已经开始。《尚书·吕刑》记载，上古之时社会风气本来良好，后来蚩尤开始作乱，苗民不遵守法度，刑法暴虐，致使民风日下，人心不古。此种情形的后果之一便是人们互相欺诈，“罔中于信，以覆诅盟”。这里的“诅”指的就是古代杀牲歃血在神前的盟誓，《左传·宣公二年》曰：“初，丽姬之乱，诅无畜群公子。自是晋无公族。”杜预注云：“诅，盟誓。”《周礼·春官·诅祝》郑玄注云：“大事曰盟，小事曰诅。”“罔中于信，以覆诅盟”的意思就是说人们不讲诚信，对盟誓可以随便推翻。《国语·楚语上》说，在少皞之后颛顼之前的远古时代，巫术盛行，“夫人作享，家为巫史”，大家各有自己崇拜的神灵。于是人们对在神前的盟誓缺乏诚敬，神对人们违背盟誓的做法也逐渐习惯，不再公正无私地行使它的权力了。夏商时期，盟誓的主要形式是盟主会盟诸侯。《左传·哀公七年》云：“禹合诸侯于涂山，执玉帛者万国。”《国语·鲁语下》记载：“昔禹致群神于会稽之山，防风氏后至，禹杀而戮之。”《左传·昭公四年》说：“夏启有钧台之享，商汤有景亳之命，周武有孟津之誓，成有岐阳之蒐，康有酆宫之朝，

① 吕静：《春秋时期盟誓研究——神灵崇拜下的社会秩序再构建》，上海古籍出版社 2007 年版，第 5 页。

穆有涂山之会，齐桓有召陵之师，晋文有践土之盟。”上文所引文献中提到的“合诸侯”“致群神”“享”“命”“会”“蒐”“朝”“师”等都是天下盟主或诸侯之长会盟诸侯时重要的盟誓活动。西周时期，盟誓已渗透到社会生活的方方面面，大到分封诸侯，小到民事纠纷，都要进行盟誓。据《左传》记载，西周分封诸侯，或奖赏有功之臣时都要举行盟誓仪式，并将盟誓文书“藏于盟府”长久保留。《周礼·司盟》还记载，当贵族或家臣之间发生“狱讼”的情形时，也要“使之盟诅”。

春秋时期，盟誓活动达到顶峰，单是《春秋》及其三传中，仅“盟”字就出现了七百多处，这足以说明盟誓活动成为当时政治、经济、社会生活的重要活动之一。那么春秋时期的盟誓活动为什么如此发达呢？这只能说明春秋时期，诚信缺失现象极其严重：“盟誓的本质是用外在的、强制的、带有威胁性的形式来维持彼此的诚信，其产生的前提恰是彼此缺乏诚信。”① 历史从正反两方面证明，诚实守信往往能够国泰民安、远离祸患，而背信弃义只能招致兵乱祸害、民心离失，乃至有亡国之忧。于是，人们便借助于盟誓这种形式去维护诚信的精神。这就是所谓的“盟以底信”（《左传·昭公十三年》）、“斋盟，所以质信也”（《左传·成公十一年》）、“世有盟誓，以相信也”（《左传·昭公十六年》）、“盟，所以周信也”（《左传·哀公十二年》）。可是，面对纷繁的利益纷争和瞬息万变的时势变迁，各个诸侯国没有固定的朋友，也没有永久的敌人，有的只是唯利是图和尔虞我诈。于是，在盟誓活动中逐渐出现了贿盟、弃盟、

① 吴承学：《中国古代文体形态研究》，北京大学出版社 2013 年版，第 9 页。

背盟、逃盟、叛盟等现象。盟誓没有改变混乱的社会格局，因此《诗经·小雅·巧言》才说“君子屡盟，乱是用长”。彼此之间已经没有诚意，不守盟约，只好一而再再而三地订立新盟约，订得越多，越成儿戏。《左传·桓公十二年》记载鲁国欲与宋、郑两国订立和平协议，与宋在“句渎之丘”举行盟誓之后，宋转身就背叛盟约。在这条记事之下，有“君子曰”云：“苟信不继，盟无益也。”盟约本来是为了遵守信义而立，如今一方立约者却无任何诚信可言，那它就只能沦为一纸空文了。

上文提到，盟誓的遵守靠的是对神灵威严的畏惧，可是当人们发现神灵也并没有像有些人所宣称的那样能够惩恶扬善之时，那么“由神灵信仰制约人类行为的盟誓功能已经起不到根本性的作用”① 了。那靠什么去维持最起码的秩序呢？其实思来想去，以孔子为代表的思想家们除了继续奔走呼号去宣扬诚信精神的重要性之外，似乎确实也找不到更好的办法。

三、天人话语与真诚典范

1. 天命靡常与仿天而行

夏商周三代天（帝）命思想流行，所强调的是宇宙主宰对人事的干预和影响，这无疑是文明初期人类认识世界、改造世界的力量还未臻至理性和足够强大时所产生的思想倾向。但无论统治者或者政权内部一些专门从事意识形态构建的官员的说辞多么具有鼓动性和迷惑性，那种宗教性的说辞在残酷的现实

---

① 吕静：《春秋时期盟誓研究——神灵崇拜下的社会秩序再构建》，上海古籍出版社2007年版，第36页。

面前根基终究不会稳固。西周统治者们将关注的重心由鬼神转向道德与民众就是直面现实后的必然选择，如果说天命论只是提供一种合法性的表面说辞的话，那么“天命靡常”的思想便是最深刻的经验和教训。天命的无常给统治者一种警省，而一旦这种警省并不能激发他们真诚地去实现敬德保民的承诺之时，民众的觉醒就不远了。在《诗经》一些反映西周后期及春秋时期社会现实的诗篇中，民众对于天的怀疑与怨恨已经非常明显了：要么感叹昊天的不公、不均、残暴、失德，要么质问上天为何不能赏善罚恶，要么怀疑上天对于民众的爱护。于是，人们疾呼：“凡百君子，各敬尔身，胡不相畏，不畏于天！”（《诗经・小雅・雨无正》）当然，怨天之余，更应该尤人！天不过是意识形态塑造者们的挡箭牌罢了，人世间的一切不平和愤恨根本不是源于什么天降灾祸的谎言，而是十足的人祸使然：看似真诚的“敬德保民”“聿修厥德”追求已经流于空洞的口号，现实中时时刻刻发生着“回遹其德，俾民大棘”“兴迷乱于政，颠覆厥德”（《诗经・大雅・抑》）、“百尔君子，不知德行”（《诗经・邶风・雄雉》）等恶行。

这种思想解放的萌芽也促进着哲学话语的重新建构，这表现为天命观念的退却或者改造。一方面，春秋时期着重谈论天道问题，天道论的发达是与占星术的发展相关联的，而占星术体系下的天道论虽有直接观察天体、追求客观知识的进步性，但一时间还很难褪去原始天命观所带有的神秘色彩，因此思想家们试图打消天道与人道之间的神秘关联，淡化天人感应思想的虚妄。另一方面，天命的言说对象又有一种向人之性情转变的趋向，将天之禀赋视为人之为人的基始，这无疑又是借助崇高的力量来变相强调人类的重要地位、进而为人类寻找出路(即探寻“人道”)的努力。例如，春秋时代的子产认为“天道远，人道迩，非所及也”(《左传·昭公十八年》)，天道与人道之间没有必然的联系，人们应该关注的是如何尽力于人事，这无疑是对传统天人感应理念的突破。范蠡等人则将春秋时代盛行的阴阳、五行学说纳入到天道的范畴当中去，在给天注入自然的因素的同时又为人类指明了道路——效仿天道而行。《国语·越语下》记载范蠡的话说：“夫人事必将与天地相参，然后乃可以成功。”不过，这种效仿不再是被动地迎合天地鬼神的意志，而是主动、积极地去效仿在当时的人看来是真实无妄的宇宙规律。当然，他们所总结的宇宙规律是否科学是另外一个层面的问题，在此笔者暂不赘述。很显然，孔子的思路与子产比较相似，而子思、孟子则更倾向于后一种。

2. 敬畏天命与忠敬信诚

孔子受子产的影响比较大。对于天命和鬼神，孔子没有一味地否定，而是采取了一种敬畏的态度——“畏天命”(《论语·季氏》)、“敬鬼神而远之”(《论语·雍也》)，但“不语怪、力、乱、神”(《论语·述而》)。他不明讲遵天命、奉天命，却试图知天命，虽然也亲身体验到上天并不是那样公平，但他对天始终保持一种乐观平和的信仰，人只要尽人事而待天命即可，所以才会发出“不怨天，不尤人，下学而上达，知我者其天乎”(《论语·宪问》)的感叹。此外，对于自然性质的天，孔子也有他的观察，主要体现在他描述了自然之天虽无言却生生不已的真实状态，《论语·阳货》记载孔子的话说：“天何言哉！四时行焉，百物生焉。天何言哉！”子贡也说：“夫子之文章，可得而闻也，夫子之言性与天道，不可得而闻也。”（《论语·公冶长》）天道观念是春秋时期的热门话题，孔子必然接触到了各种关于天道的论说。但相对于这些新兴的学术话语来说，他更青睐周代的天命文化。因为对于宇宙的观察特别是占星之类的数术之学明显不是他的兴趣所在，并且天道论所关注的领域也很可能属于被他所排斥的“怪、力、乱、神”的范畴。在他的知识体系中，对于自然天象、四时更替的观感仅限于对一种在天的主导之下宇宙万物生生不息、默默不言的状态的概括，而子思、孟子则继承了孔子的思路，将“诚”定义为“天之道也”，这就蕴含了一部分认识论的因素，表现了先秦儒家更高的抽象思维水平。孔子所避谈的“天道”在思孟学派那里已然成为追求的目标，我们也就不难理解荀子站在自然主义的立场上对他们的批评了。

孔子思想的真正价值在于他对人道的阐发。孔子说：“唯天为大，唯尧则之。”（《论语·泰伯》）在他看来，尧能够效法上天，是人事的楷模。除了尧，舜、禹、微子、箕子、比干、伯夷、叔齐等人也都是孔子称赞的对象，他们的共同特点是都具备高尚的道德。在对历史人物的抑扬之中，在与弟子们的对话之中，或是在自己的独语之中，孔子将更多的精力放在对仁、孝、忠、敬、礼、信等道德价值的倡导上。在这些价值之上，无不渗透着孔子对人道之真诚精神的呼唤，以及他对西周“敬德”文化的继承和发扬。可以说，孔子集前代道德文化之大成。这里我们要特别提到孔子所阐发的“忠”、“敬”和“信”的思想，因为“诚”与“忠”“敬”“信”都有着密切的关联。笼统地说，“忠”“敬”“信”都可以算是“诚”的同义语，但细致分析一下的话，三者又各有侧重：忠，《说文》云：“忠，敬也。从心，中声。”中和心都指向了内心，《广韵·东韵》：“忠，无私也。”此外，邢昺、皇侃、陆德明、孔颖达等人都认为“尽心”就是“忠”，因此，“忠”偏重的是内心的真诚不伪，专一无私。敬，有时指礼节上的严肃恭敬，但在孔子那里更强调做事时的谨慎无怠。信，本意是从言行一致的角度讲“诚”，但多泛指一般人际关系（特别是无血缘亲情及权势制约的朋友关系①）中表里如一、言信行果的真诚精神。可以说，“忠”是从内心来说“诚”，“敬”是从行事上说“诚”，“信”则是从人际关系上说“诚”。由此我们还可以发现，“诚”更像是一种涵括众德的德中之德，是儒家道德的内在根基，如果无“诚”则儒家之德便无法安立。关于孔子及其弟子言行中所体现的忠信精神对于儒家“诚”观念建构的启示意义，笔者将在下文中予以详细论证。

四、小结

经过以上分析，我们可以清晰地发现儒家思想的一些倾向：在对于宇宙、自然的认识上，儒家采取了一种确定性的思路，承认它们的客观存在，并进行了现象与常道的划分，希望找到现象背后的本质，这既是对宇宙真理的知性探求，又是对道家“道”论的回应与反拨；在宗教信仰问题上，原始儒家对于礼乐文化的推崇并没有仅仅停留在形式层面，他们更强调礼乐所包含的尊天、敬祖、诚祭等方面的内容，无不体现着对虔诚情感

① 刘宗贤主编：《鲁文化研究》，齐鲁书社2007年版，第184页。

的重视，以及对于天人可以感通的信仰，这也就是儒学宗教性、超越性的根源所在；在社会政治问题上，以孔子为代表的原始儒家继承西周“敬德保民”的思想遗产，一方面力图淡化虔诚感通的神秘因素，将关注的中心由天道转向人道，另一方面又特别强调忠信的心态对于形成道德政治、良序社会的重大意义，形塑了儒家敬德重民思想、内圣外王精神的样貌与规模。这几个层面的问题被归结到“天道—人道”的架构当中去，形成了儒家致思的基本路径。孔子在这方面无疑具有典范意义，但他似乎更多地是提出了儒学的基本问题，引发了后世儒者在这些问题上继续进行探索与创造。思、孟之学对孔子的天人之说有所继承和发展，突出地表现为对“诚”的诠释与创造。在思孟学派视野下的儒家“诚”观念涉及本体论、心性论、价值论与功夫论等诸多内容，构成了儒家哲学的主体部分。

第三节　孔子忠信思想对儒家“诚”观念建构的启示

遍检《论语》我们发现，“诚”字只有两见，并且还没有被提升为一种德性范畴：一处出自《颜渊》篇“诚不以富，亦祗以异”，是表示强调、肯定的副词；另一处见于《子路》篇“子曰：‘善人为邦百年，亦可以胜残去杀矣。’诚哉是言也!”此处的“诚”则是一个形容词。虽然“诚”在《论语》中尚未成为一个德目，但是，“诚”所蕴含的道德精神已经体现于“忠”“信”“敬”等德目中。综观《论语》和其它著作所记录的孔子言行，孔子与“诚”相关的思想主要表现在如下四个方面：

一、“主忠信”

在孔子看来，信实不欺是一种优秀的道德品质，也是人生立身处世的基本原则。孔子说：“人而无信，不知其可也。大车无輗，小车无軏，其何以行之哉？”（《论语·为政》）一个人不讲信用，出尔反尔，虚伪欺诈，缺少了诚信精神的支撑，好像马车上没有驾驭牲畜的关键，也是行不通的。有了诚信，与物交往都无所不通，更何况人与人之间的交流呢？孔子一再告诫学生，要想行事通达，首先就要做到忠信笃敬。当子张问他如何“崇德辨惑”（提高道德修养和辨别是非的能力）时，他说：“主忠信，徙义，崇德也。”（《论语·颜渊》）“主忠信，毋友不如己者，过则勿惮改。”（《论语·子罕》）可见，孔子强调个体的修养要以忠信为主，把它当作道德学问的基础。

我们知道，仁涵括众德，标志着一种最高层次的道德境界。孔子认为，“信”与“仁”有着密切的关系：“子张问仁于孔子。孔子曰：‘能行五者于天下为仁矣。’‘请问之。’曰：‘恭，宽，信，敏，惠。恭则不侮，宽则得众，信则人任焉，敏则有功，惠则足以使人。’”（《论语·阳货》）孔子从治国理政的角度指出“信”是达到“仁”之境界不可或缺的一环。他还说：“克己复礼为仁。一日克己复礼，天下归仁焉。为仁由己，而由人乎哉？”（《论语·颜渊》）所谓“克己复礼”，是指要约束自己的行为，使之符合礼的规范，而礼又是以忠信为根本的。一个人要学习礼，必须首先具备忠信这种品德，即所谓“甘受和，白受采，忠信之人可以学礼。苟无忠信之人，则礼不虚道。是以得其人之为贵也”（《礼记·礼器》）。所以，孔子的教育内容是“文，行，忠，信”（《论语·述而》）。他的教育实践以培养德行、陶冶情操为重点，把品德修养置于知识性的习得之上。他告诫弟子：“入则孝，出则悌，谨而信，泛爱众，而亲仁。行有余力，则以学文。”（《论语·学而》）子夏说：“贤贤易色；事父母，能竭其力；事君，能致其身；与朋友交，言而有信。虽曰未学，吾必谓之学矣。”（《论语·学而》）曾参则说：“吾日三省吾身——为人谋而不忠乎？与朋友交而不信乎？传不习乎？”（《论语·学而》）孔子说子路“片言可以折狱”（《论语·颜渊》），也是称赞他在为人方面诚实直率。可见，“信”是孔门“修己安人”的重要路径之一。

这里要特别提到的是，孟子极为推崇曾子，在儒家道统体系中曾子是作为孔子正宗传人、思孟学派渊源之一而出现的。曾子思想的核心在于强调个人道德修为上的自我警省与反思，这无疑启发了思孟“诚”论中“反求诸己”“反身而诚”的内容。《大学》据传为曾参所作，其所提出的“诚意”之说是对曾子内省精神的准确概括。“诚意”是儒家修身的重要环节，是“正心”的前提和基础，也直接关系到“修身”“齐家”“治国”“平天下”的实现。在儒学思想概念系统里，“意”乃心之所发，即作为感官的心在接触事物之时所产生的知觉、情感和意念等心理活动，而“诚意”是说使心之所发真实无伪，也就是曾子所一再反省的忠诚与信实。真诚反省往往在个体独处独思时发生，由此思孟学派又提出了“慎独”功夫，《大学》说：“所谓诚其意者，毋自欺也。如恶恶臭，如好好色，此之谓自谦。故君子必慎其独也。”也就是说，善恶之意念都发之于心，心地纯正坦诚，信念坚定而表里如一。能否诚意，自己最知。君子要想修养品德，使“意”达到“诚”的境界，就必须做到慎独。儒家所谓的“慎独”是一个比较复杂的概念，在不同的语境之下有不同的理解，如果要选择一种抽象解释的话，笔者认为它实际上就可以等同于“诚其意”，就是要求人们无论在独处还是独知的境遇之下，都能不自欺欺人，要真实无伪，言行一致，在一切场合中都能自觉以儒家道德价值为行事之准则。

曾参不仅是忠信思想的倡导者，更是诚信道德的践行者，“曾子杀彘”的故事就是最生动的体现。从心理学来讲，如果一个人道德自律程度较高，那么就往往会表现出谨小慎微、唯诺迟钝的状态。曾子给人的感觉就是如此，孔子对他就有“参也鲁”的评价，《论语·泰伯》也生动记载了他那种谨慎守固的样貌。当然，他那种“临大节而不可夺也”的精神、“士不可以不弘毅，任重而道远，仁以为己任”的担当实乃儒家真诚精神的生动展现。笔者认为，这种精神促进了思孟学派对真诚心理的强调，特别是孟子所倡导的“大丈夫”人格更是对曾子尚志弘毅追求的继承和传扬。曾子的真诚还体现在对“孝”德的重视上，《史记》称他作《孝经》虽不确切，但也渊源有自。曾子是孔门弟子中最讲孝道之人，关于曾子的孝行见于先秦、秦汉的许多著作之中。在孔子看来，孝悌乃为仁之本，它作为一种情感就是儒家“诚”精神在家庭伦理中的体现，这也就意味着孝悌是最本真、最切己的真诚心态。曾子继承了孔子重视孝道的思想，他认为孝是为德之本，孝与忠之间有着必然的联系，并且认为“慎终追远，民德归厚矣”（《论语·学而》）。总之，曾子对于儒家“诚”精神的倡导和践行影响了思孟学派对于人类内心之真情真性的重视。

二、“敏于事而慎于言”

一个恳诚恻怛之人，其表现于外者首先是言语与行为之间的一致性。言为心声，心诚则言出必行，诚实守信、言行一致可以说是古今中外一切文明系统的伦理共识。例如，《旧约全书·箴言》中说：“诡诈的天平，为耶和华所憎恶；公平的法码，为他所喜悦。骄傲来，羞耻也来；谦逊人却有智慧。正直人的纯正，必引导自己。奸诈人的乖僻，必毁灭自己。”这是通过展示正反两方面的效果来督促人们要诚实和谦逊，远离诡诈和骄傲。《新约全书·马太福音》中“你们的话是，就说是；不是，就说不是，若再多说，就是出于那恶者”则直接将诚实与否与善恶的价值联系起来，规劝人们趋善避恶。既然虚伪、说谎、欺诈是一种罪恶，那么人们就应该对其表达痛恶，特别是在教育的过程中，更应该防微杜渐。康德特别强调，一个人的诚实如果只是出于个人的功利目的而非出自一种理性的绝对命令（义务），即便它带来了好的效果，那也不是道德的行为。

我们常说待人处事要言而有信，这就出自《论语·学而》“与朋友交，言而有信”。语言对人类来说首先是一种交流的工具，在没有语言之前，人类的交流只是处在一种原始、单调、浅层的状态，更高层次的思想碰撞无从谈起。语言产生之后，人类可以利用它实现意愿和思想的交流，它成为人类灵魂的解释者。但是语言作为一种工具就必然会被掌握它的人类所操控，它可能沦为人类伪装自身以获得私人利益的遮羞布。有些人花言巧语，口是心非，凭着三寸不烂之舌就能颠倒是非，可谓卑劣至极。在儒家看来，这都是内心缺少“诚”的体现。

正是因为孔子对于诚心实意的强调，所以他特别反感“巧言令色”之人，他认为：“巧言令色，鲜矣仁!”（《论语·学而》）在孔子看来，有着花言巧语和伪善面貌的这种人，内心之仁是不会多的；仁者必须忠信正直，言行一致，表里如一。与此形成鲜明对照的是，孔子对于那些为人处世充满诚信精神的个体非常赞许，即便他们的举止看起来有些木讷：“子曰：‘刚、毅、木、讷近仁。’”（《论语·子路》）刚毅木讷，意为刚强、果敢、质朴、语言不轻易出口，孔子认为这些品格接近仁的状态，借以褒扬那些不怕困难、朴实正派、少说多做的人。这些人之所以显得木讷并非一定是由于智力方面的欠缺，更多的是德性修养方面对于言行一致的重视使然，也就是“君子欲讷于言而敏于行”（《论语·里仁》），就是“言忠信”。子张曾向孔子请教立身处世的方法，孔子回答他说：“言忠信，行笃敬，虽蛮貊之邦，行矣。言不忠信，行不笃敬，虽州里，行乎哉?”（《论语·卫灵公》）可见，言语木讷在孔子看来是为人真诚的一种表现。孔子如此反感巧言之人，就是害怕言不能行。一旦说出口，却又做不到，这就无疑是虚妄和欺骗。正因为如此，孔子才再三告诫弟子们：“古者言之不出，耻躬之不逮也”（《论语·里仁》），“先行其言而后从之”（《论语·为政》）。天地不言，却无时无刻不生养万物，这难道不是一种真诚信实的表现吗?有德行的人，与人交谈时掌握适当的分寸，以诚信的原则来表达自己的思想，所以孔子说：“辞达而已矣。”（《论语·卫灵公》）说话比较少，看起来似乎有些迟钝，事实上言语谨慎的人，在孔子看来才真正具有君子的特质。《诗经·大雅·抑》云：“白圭之玷，尚可磨也；斯言之玷，不可为也！”南容曾反复诵读这句诗，孔子见他深谙出言要谨慎、不可言过其实的道理，于是就把自己的侄女嫁给了他。还有孔子的学生闵子骞，他寡言少语但言必有中，恰恰符合孔子对君子的要求，所以得到了孔子很高的评价。

孔子在言语方面的诚信思想还体现在对“文”与“质”之关系的讨论上。《论语·颜渊》记载，卫国大夫棘子成重本质（内容）而轻文彩（形式），子贡则主张本质（内容）与文彩（形式）并重，因此用“驷不及舌”指责棘子成说话欠缺考虑。这种主张言说应当谨慎的观点与孔子所谓的“君子欲讷于言而敏于行”“敏于事而慎于言”是一脉相承的。特别是那些真实性无法得到保证的话语，更是不能随便说出口。因此在人与人的交往过程中千万不要轻易许诺，说过的话要遵守，要践行，也就是重诺，否则就是失信、无信。据《左传·哀公十四年》记载，孔子的学生子路十分讲究真诚信实。有一次，小邾国大夫射从句绎来到鲁国，说只要子路相信他，就不需要签订什么盟约。鲁国就叫子路去会见，可是子路不去。鲁国的大夫季康就派冉有去问，为何一个堂堂大国连签订的盟约都不相信，却偏偏相信子路的话？射回答说，鲁国若要找邾国的麻烦，即便签订再多的盟约也没什么用，而子路却言而有信，遵守承诺，这才值得信任。对于子路的信义，孔子也说：“子路无宿诺。”（《论语·颜渊》）“宿诺”指久留而不履行的诺言，大夫射及孔子的称赞说明子路是实践诺言的楷模。孔子还说：“言从而行之，则言不可饰也；行从而言之，则行不可饰也。故君子寡言而行以成其信”（《礼记·缁衣》），“始吾于人也，听其言而信其行；今吾于人也，听其言而观其行”（《论语·公冶长》）。在他眼里，行重于言，言要顾行，要想成就忠信的美德就要首先学会谨言慎语。

总的来看，孔子对于诚实守信的强调更多地体现为一种说教，他通过晓以利害、褒扬诚信、贬斥欺诈的方式向弟子们宣传“诚”的精神。与西方的诚信思想相比，孔子并没有构造出一个可以运行惩恶扬善机制的至上主宰力量来保障“诚”德的践行，而更多地依靠道德主体的自觉领悟。显然，这种保障机制是很难切实发挥效用的，再联系到孔子所处的春秋时代周天子衰落、诸国纷争战乱的社会现实，也很难期望像古代雅典的政治家梭伦一样建立统一的法律法规以确保人人都能遵守诺言。孔子没后一直到孟子之时，战乱纷争的状态一直没有停歇，诚信的需求却更加强烈。为此，思孟学派的“诚”学出现了两种明显的变化：其一，将真诚的精神与存在的真理相统一，企图通过将伦理道德本体化的路径为“诚”观念寻找容易信服的根据，这个根据就是“天道”；其二，由现实的人际关系向神秘的宗教体验转向，希望借助于一种神妙性的心理机制来确保真诚精神的切实践行，这与基督教的思路有些相似。

三、“自古皆有死，民无信不立”

孔子认为，忠诚信实在仕进、治国上作用显著。首先，“信则人任焉”，身为人臣首先要得到统治者的信任，臣子们最应该具备的德性就是忠信。《礼记·表记》记载孔子的话说：“子言之：事君先资其言，拜自献其身，以成其信。是故君有责于其臣，臣有死于其言。”孔子还说：“君子义以为质，礼以行之，孙以出之，信以成之。君子哉”（《论语·卫灵公》），“见利思义，见危授命，久要不忘平生之言，亦可以为成人矣”（《论语·宪问》）。只有“主忠信”的君子，才“可以托六尺之孤，可以寄百里之命”（《论语·泰伯》）。

对于君主而言，他要面对的是整个国家的臣民，治理的好坏与他自身的德性和才能直接相关。在儒家看来，君主的德性甚至比才能还重要，所以“王”往往会与“圣”相结合，他们推崇一种“圣王”由内圣而外王的统治秩序。在君主所应具备的德性之中，忠信处于非常重要的地位。孔子说：“道千乘之国，敬事而信，节用而爱人，使民以时。”（《论语·学而》）即使治理一个小国，也应该对百姓诚实不欺，只有这样才能换得百姓的忠诚，才可以谈平治天下的功绩。“上好信，则民莫敢不用情。”（《论语·子路》）只要在上位者崇尚忠信，百姓就会上行下效，没有人敢不真诚相待。“故君民者，子以爱之，则民亲之；信以结之，则民不倍；恭以莅之，则民有孙心。”① 百姓以真诚相待，也就不会背叛他们的君主了。这种以真诚换真诚的想法虽有理想化的成分，但也不失为一种切实稳妥的策略选择，因为只有统治者令出必行才有可能取信于民，进而让民众接受其教化，遵守其制定的法律，整个国家才会产生凝聚力和向心力。《论语·子张》所载子夏语云：“君子信而后劳其民；未信，则以为厉己也。信而后谏；未信，则以为谤己也。”也就是说，君与民之间需要建立一种互信的关系，双方以诚信的精神相互

---

① 出自《礼记·缁衣》。孙，通“逊”，谦恭，顺服。

对待，只有这样才能使上下之间形成良好的互动，进而实现国泰民安的政治目的。

孔子认为，人民的信任是立国之本，人民一旦对国家失去信心，这个国家就将无所作为。对此，《论语·颜渊》记载了“去食存信”的典故。孔子一贯主张为政以德，薄敛厚施，以取信于民；对庶民也应该“道之以德，齐之以礼”，使之“有耻且格”（《论语·为政》），自觉自愿地服从统治。如果君主多一些诚信少一些文饰的话，国家的礼法就会得到遵守，国君的政令就会得到信从，国君的言行就会得到百姓的效仿，君民之间的关系就像饿了要吃饭、渴了要喝水一样，百姓对国君的信任就像四季寒来暑往的变化一样坚定，这样一来，国君离百姓虽远，可百姓们觉得他就像在身边一样，这不是因为距离拉近了，而是四海之内都可以感受到圣王的明德教化，因此，国家不必动用武力也会产生强大的威慑力，不用施予臣民以财物爵位也会获得他们的亲附，天下万民都会感怀他的恩惠，这就是圣明之君守护国家的方法，这样足以御敌于千里之外。总而言之，依照孔子的思路，如果君主真能把“诚”的原则施用于治国理政的实践之中，那他们就会成就“外王”之功绩。

孔子游离于政治与学术之间，他很少直接参与治理实践。在他的弟子之中，子路是践行政治诚信原则的杰出代表。《韩诗外传》记载，有一次子贡驾车载着孔子路过蒲邑，此时，孔子的另一位学生子路正好担任蒲邑大夫。车子刚入蒲境、驶入城中和到了子路官署时，孔子曾三次称赞子路，子贡对此甚为不解。孔子解释说，他一进入蒲境，就看到田地都整治得很好，杂草都铲除了，田间的水道也加深了，百姓都在田间劳作，这就可以看出是子路恭敬谨慎而取得了人民的信任，所以百姓竭尽其力劳作；走进城内，看到垣墙和屋宇都完好坚固，树木长得很茂盛，这说明他的政令忠信而宽厚，所以百姓才不会苟且行事；走进他的官署，那里清静闲暇，手下都乐意效命，这是因为他明察一切，又非常果断，所以他的政令没有扰民。这则故事从另一个侧面反映了孔门对于为政治国领域内“诚”精神的重视。

据称，子路“片言可以折狱”(《论语・颜渊》)。这句话有两种解释：一说，断狱必须两方质证，但由于子路的话诚实无欺，所以听他一面之辞便可裁断争讼；一说，子路为人忠信，人们都十分信服他，纠纷双方在他面前都不会讲假话，所以凭一面之辞子路就可以明辨是非。但无论哪种解释，都可以说明子路以诚信立身、理政的品德。孔子对子路忠诚守信的品性深有了解，他说：“道不行，乘桴浮于海。从我者，其由与?”(《论语・公冶长》)他坚信即便穷途末路之时，子路也会忠心耿耿地追随自己。总之，子路讲信义、守言诺、忠于老师的高尚品行，如日月在天、江河行地。

当然，从现代政治学的观点来看，善治绝对不是单凭诚信就能达成的。相对于诚信的精神而言，政策的合理性及制度的健全性居于更重要的位置，试想对于一种不合时宜、悖逆人性的制度或策略，诚信越多就越有可能带来更多的负面效应。并且，儒学传统“内圣外王”政治哲学的重心在于对统治者道德品格的强调，但君主之“内圣”一方面难以保证，另一方面也并非必然导向“外王”，因为这个过程中还缺少一系列的制度设计和策略选择，而儒家在这方面是关注不够或有所欠缺的。

孔子对于政治之“诚”精神的看重得到了思孟学派的继承。《中庸》认为君臣、父子、夫妇、兄弟、朋友为天下之“五达道”，行此“五达道”需要具备智、仁、勇“三达德”。《中庸》还认为治理天下国家有九个方面需要注意，称之为“九经”，即修身、尊贤、亲亲、敬大臣，体群臣、子庶民、来百工、柔远人、怀诸侯，而“三达德”和“九经”“所以行之者一也”。朱熹对此解释说：“一者，诚也。”因此“诚”是具备智、仁、勇“三达德”的基础，是五伦关系得以维系的基础，也是践行“九经”的基础。孟子也强调君臣之间应该相互尊重和信任，他曾对齐宣王说：“君之视臣如手足，则臣视君如腹心；君之视臣如犬马，则臣视君如国人；君之视臣如土芥，则臣视君如寇仇。”(《孟子·离娄下》)理想中的君臣关系应该就是这种平等对待的状态，以一方的真诚之心去换取另一方的以诚相待，这明显继承了孔子君臣之间应该互相推诚的主张。此外，与子路为政诚信而被孔子称赞相似，孟子的弟子乐正子也被孟子称为“善人也，信人也”(《孟子·尽心下》)。孟子说：“可欲之谓善，有诸己之谓信。充实之谓美，充实而有光辉之谓大，大而化之之谓圣，圣而不可知之之谓神。乐正子，二之中，四之下也。”(《孟子·尽心下》)正是这样一个具有诚信精神的人，当孟子听说“鲁欲使乐正子为政”时，乃“喜而不寐”，言“其为人也好善”(《孟子·告子下》)。虽然乐正子还算不上是道德完备的圣人，但其“善”与“信”在孟子看来已经足以应付政事，这也从侧面反映出孟子对于孔子诚信为政理念的继承和发展。这里所谓的发展正是体现在将“善”与“信”二者结合起来，在“信”之上确立了人之所欲的意义。这里的“可欲”并不是出于乐正子一己之私情，孟子“是为鲁国人民的福祉而欣喜”①。联系到孟子的仁政爱民说我们就很容易理解，孟子所谓的为政之诚信更多地体现在对于民众生存、生活的利益满足上，正所谓“善之大者，莫善施生”②，“善者势利之在”（《管子·禁藏》）。这就弥补了一味追求诚信可能造成的偏差，使诚信的履行走上一条符合政治规律的道路。虽然“可欲”可以作为一种“善”而出现，但就此说这种善“是以求快乐为目的”③ 可能并不符合孟子的原意，因为与情感欲望之“善”相比，人性的“善”才是人之为人的“人道”所在。人之所诚，利益为次，由天道而下贯的“人道”才是人类需要全身心投入思考、真诚践行的目标。

四、“信近于义，言可复也”

孔子教育弟子的重心在于道德人格的养成，其核心内容是将“仁”、“礼”的理念传达给学生。此外，德育内容还包括孝、弟、忠、恕、信、义等。孔子说：“十室之邑，必有忠信如丘者焉，不如丘之好学也。”（《论语·公冶长》）忠信也许并不难做到，仅仅具有忠信的品德还不够，还应当好学不倦；学与思是分不开的，好学不倦的过程其实也是深思熟虑的过程，在对忠信的学、思过程中，他发现：“好信不好学，其蔽也贼。”（《论语·阳货》）如果只是一味地为信而信，自己就很有可能被

---

① 黄俊杰：《孟子》，生活·读书·新知三联书店 2013 年版，第 137 页。

② 《周易正义·乾·文言》孔颖达疏：“元者，善之长也”。

③ 冯友兰：《新原人》，生活·读书·新知三联书店 2007 年版，第 87 页。

人利用而受到伤害。由此，我们隐约地感觉到，在忠信精神之外还应有一种原则来指导其实践，这个原则就是“义”。

在孔子看来，忠信虽然是做人的基本准则，但这并不意味着人们需要每时每刻都真诚信实。《论语·子路》记载子贡曾经问孔子怎样才算是一个士，孔子说以知耻之心约束自己的所作所为，奉命出使外国时能够很好地完成君之所命，这样的人就可以称为士了；子贡又问次一等的士是何种模样，孔子说乡里宗族之人都称赞他孝顺父母、尊敬兄长；子贡又问再次一等的士，孔子回答说：“言必信，行必果，硁硁然小人哉！抑亦可以为次矣。”所谓“硁硁然”是不知变通、僵化固执的意思，可见，在孔子眼里“言必信，行必果”这样看似极为忠信的人，只能属于比较低等的士，借用桓宽在《盐铁论》中的一句话来说就是“故小枉大直，君子为之”①。

孔子不赞成毫无原则地遵守信用，他认为君子应“贞而不谅”（《论语·卫灵公》）。这里，“贞”指固守正道，“谅”指不分是非、没有原则地固守诚信。《论语·宪问》中记载了子路、子贡分别与孔子展开的关于管仲的一段对话。管仲原本辅佐齐公子纠，齐襄公时，齐公子小白、公子纠兄弟二人为避其兄齐襄公而逃离齐国，公子小白由鲍叔牙侍奉来到莒地，公子纠则由管仲、召忽侍奉至鲁国。襄公被杀后，公子纠与小白争夺君位，小白先入而得立，遂兴兵伐鲁，逼迫鲁国杀了公子纠。召忽也自杀以殉，管仲却在鲍叔牙的举荐下做了齐桓公小白的宰

① 〔汉〕桓宽著，白兆麟注译：《盐铁论注译》卷二《论儒》，安徽大学出版社 2012 年版，第 52 页。

相，故子路对他有“未仁”的质疑。孔子认为正是由于管仲的辅佐，桓公才得以多次会盟诸侯，停止了战争，使百姓避免遭受更多的苦难，这无不体现出管仲的仁德。子贡亦曾以同样的疑问请教孔子，孔子同样强调管仲在历史上的重大功绩，认为管仲之仁表现在匡治天下、施惠百姓等重要方面，不像匹夫匹妇那样只是为了遵守小节小信就为他的主人赴死，以至在山沟中自杀亦无人知晓。孔子甚至说，假若没有管仲，中原之人恐怕都会沦为落后民族了。孔子所谓的“贞而不谅”，就是针对这种愚忠愚信的情形而提出的。

孔子的弟子有若总结了老师在忠信问题上的原则，《论语·学而》曰：“有子曰：信近于义，言可复也。”意思是说诚实守信也必须合乎道义，说的话才可以兑现。这句话虽由有若说出，但确切体现了孔子的思想。《论语·里仁》也记载了孔子论“义”的一句话：“君子之于天下也，无适也，无莫也，义之与比。”君子对于社会上的事情，没有固定的程序可循，一切以义为最高原则。又《卫灵公》说：“君子义以为质，礼以行之，孙以出之，信以成之。君子哉!”可见，言行应以“义”为标准。还有“主忠信，徙义，崇德也”（《论语·颜渊》）。义“表示一种合理性，或者合理的事物，合理的行为、合理的状态。……‘义’是表示合理性的概念，或者说人们社会行为的最高依据。所谓‘义者宜也’，就是这个意思”①。在儒家看来，只有合宜的才是善的、正当的、合理的。至于怎样才是合理的，孔子虽没有明确地谈到，不过从他的整个思想体系的逻辑关系

① 孔范今等主编：《孔子文化大典》，中国书店 1994 年版，第 348 页。

来看，符合礼的事情和行为都是合理的。“礼之用，和为贵”，“和”就是一种“义”，而要想达到“和”的境界就必须秉承中庸的原则，做到不偏不倚，因为“过犹不及”都是不和，也就不义。孔子曾经在不同场合指出，一个人要提高自己的道德水平，增强明辨是非的能力，很重要的一条就是要明确什么东西是合理（“义”）的，并努力使自己的行为以“义”为标准。他说：“德之不修，学之不讲，闻义不能徙，不善不能改，是吾忧也。”（《论语·述而》）所谓“徙义”就是一切以义为中心，惟义是从。因此，对于合理的事情就应勇敢地去追求、去作为，这就叫“见义勇为”；而对于不合理、不义的事情绝不能做，不义之财绝不能索取。孔子说“不义而富且贵，于我如浮云”（《论语·述而》），表明了他对“义”的坚定立场和一贯态度。在他看来，君子与小人的区别就在于“君子喻于义，小人喻于利”（《论语·里仁》）。从此，“义利之辨”便成为中国思想史上一个非常重要的论题，并且，儒家“诚”观念所开显的功夫论内容几乎都归结于如何更妥善地安置义与利之间的关系问题。

孔子认为，君子对于天下的事情不应有什么成见，而必须灵活地以“义”为准则而行事。他特别对那些貌似忠厚，实则不讲任何道德原则，只是随波逐流、八面玲珑的“好好先生”提出了严厉的批评：“子曰：乡愿，德之贼也。”（《论语·阳货》）“乡愿”指唯唯诺诺，善于逢迎，不讲原则，没有骨气，只知媚俗趋时而无真正是非标准的好好先生。其实，乡愿之所以会有这种表现，无非是在利益面前迷失了方向，没有原则，也就谈不上什么忠信了。既然乡愿之人做不得，那又该如何做呢？“子曰：见利思义，见危授命，久要不忘平生之言，亦可以为成人矣。”(《论语·宪问》)这是子路请教孔子什么样的人是一个完美的人时孔子所作的回答,《论语·季氏》所论人们在进行道德修养时所要做的“九思”中也有“见得思义”的说法。在孔子看来,德才兼备的完人应该在利益面前能以大义为重,临危不惧,舍生取义,不忘践诺守信。

在忠信的践行过程之中,孔子强调要以“义”为准则,否则就是愚忠愚信,甚至会造就好好先生。他的这种思想也被思孟学派所传承,笔者认为《中庸》中将论“中庸”的部分与论“诚”的内容合在一起颇有深意。《大学》中“诚意”的功夫主要表现在“慎独”上,而《中庸》所谓“诚之”的路径则主要是指“中庸”之道。“中庸”之道就是正道常道,就是正常合宜之道,就是符合人性之道,乃率性之道,与“诚”相通。如果要做出区别的话,“中庸”侧重的是为普通人指引一条由明而诚的“诚之者”的修养道路,中庸之道就是一条求善之道,明晓至善,然后止于至善。“中庸”是知善和至善的合一,是顺应天道之真实、成就人道之忠信的根本原则和切实路径。

五、“闲邪存诚”与“修辞立诚”

透过上文的论述,我们会有一种强烈的感觉,那就是虽然在《论语》中并没有出现表示真实无妄之情态的“诚”字用例,但孔子对“诚”的重视却是不容否认的事实。于是,《周易·乾·文言》两次出现“诚”就不足为奇了。孔子对《周易》非常看重,将其作为教育学生的重要教材,晚年更是潜心研究易学,以此来求索文王、周公所要表达的人文理想,笔者赞同《易传》的作者主要应是孔子及其后学。

《周易》中有《中孚》一卦，“孚”字含义比较丰富，甲骨文中“孚”主要作为“俘”之本字而出现，即《说文》训为“军所获”之“俘”字。金文之“孚”字有时还借作“敷”，或作国族名。许慎《说文解字》对“孚”的解释为：“孚，卵孚也。从爪，从子。一曰信也。”“孵化”之“孵”与“信”又有怎样的关系呢？概括来说，禽鸟孵化讲求有恒有信，固有后世“孚信”之说。此外，“卵孚”意义上的“孚”字又可以引申出生长、养育之义，这又与“诚”字所描摹的万物生生不息的状态联系了起来。真正把“孚”字与诚信思想关联起来的当属《周易》，据统计，《周易》中用以表示“诚信”的“孚”字出现了近70处之多。这些“孚”字大多与“元亨利贞”等吉利的字眼相连，说明“因诚得吉”的思想古已有之。例如，《需》卦卦辞曰：“有孚，光亨，贞吉。”这是说当人们有所期待时，心怀诚信就能光明亨通，占之得吉。又如，《坎》卦卦辞曰：“习坎，有孚维心，亨，行有尚。”这句话则是说，如果人们遭遇重重坎险，但心中笃实诚信就能亨通，行必有赏。再如，《益》卦爻辞九五云：“有孚惠心，勿问元吉。”即人若有诚信施惠之心，不必占问也能大吉大利。《中孚》一卦则将这种“因诚得吉”的思维发挥到极致：外不欺人，内不自欺，心无私著，专一不二，这就是发自内心的真诚意愿；如果做到中心诚实，感化的力量便会无微不至，人也会因此获得吉祥，无往不利；从反面来讲，人如果不诚，私念泛起，往往表现为多方钻营，言行不一，忠笃内丧，华美外扬，终究是徒劳无益，自取其辱，凶险频生。借用《周易·乾·文言》的话说便是，人既要“修辞立其诚”，又要“闲邪存其诚”。总之，《中孚》一卦所阐发的诚信义理“既泛及一般的社会道德，又兼及特殊的政治伦理”①，更重要的是它已经在“天道—人道”的思维架构下思考“诚”的问题，这是因为其隐藏的思路是：既然天地信实不忒，那么人就应该真诚如一；既然天有赏善罚恶的能力，那么人就应该真诚地去成就德性。只有这样人才能够与天相应，趋利避害。这种“至诚感通”之理在思孟学派的“诚”观念中得到了继承和发扬。可以说，《周易》经传无不是在具体阐发这种从天道自然中寻求人生智慧的理念。

《周易》中还有《无妄》一卦，从卦象上说，《无妄》乃震下乾上，“震”乃“动”也，而“乾”代表天，因此“无妄”所要表达的意思是人们要遵循天之正道而行动，学会把握适宜的时机，而不能随处妄动、逆天道而行，否则就会招致“天命不祐”的后果；此卦还以耕田为喻，指出不应该像刚刚耕种就盼望收获、刚刚垦荒一年就奢望得到三年熟田那样，人们应当做好眼前该做的事情，而不能妄思、妄想；人只要做到无妄，即便外在有所不顺，但也会因为内心守正安常而逢凶化吉；反之，对于符合时机的“无妄”抉择，人们应当贯彻到底，不能因为外在的干扰而改变志向，而一旦时机、事态有所变化，原先的“无妄”行为很有可能变成“有眚”的“有妄”了，对此人们要有所警惕戒惧。总之，《无妄》所探讨的是人类行动的根本原则——遵循规律、因顺自然，“不妄求，不苟得，当行则行，当止则止，行止动静，一切依时而定”②。其实，在《周

① 黄寿祺、张善文：《周易译注》，上海古籍出版社 2004 年版，第 471 页。

② 金景芳、吕绍纲：《周易全解》，吉林大学出版社 2013 年版，第 177 页。

易》中也一直贯穿着把握事情变化之时机的智慧，并且古人利用《周易》进行占卜的意义也在于借鉴它所展现的宇宙和世界的变易法则来指导人们在各种情境之下及时做出相应的行动，以此来推动事态朝着理想的方向发展。

可见，从《周易》中我们可以发现西周礼乐文明中所蕴含的追求孚信、反对虚妄的追求，而这种追求无疑会对以传承周代文化为己任的孔子产生巨大的影响。对于真实、无妄的人生原则，孔子及其后学很可能认为“诚”这一观念能够完整地承载这两种原则，所以选择对“诚”进行深入开掘就理所当然了。对此，我们可以从《文言传》中获得一些线索。一般认为，《文言传》和《系辞传》成于七十子之世（战国初期），里面有许多“子曰”类的文字，根据帛书《要》篇的记载，这里的“子”当为孔子。在《文言传》中出现了两次“诚”字用例，并且它们都出于“子曰”之语中。其一是解释《乾》卦九二“见龙在田，利见大人”时，子曰：“龙德而正中者也。庸言之信，庸行之谨；闲邪存其诚，善世而不伐，德博而化。”（《周易·乾·文言》）此处的“诚”强调言行要信实，但更重“无妄”之原则。孔子认为，人们立身要中正有德，言行要谨慎有信，始终提醒自己要防止邪恶的念头出现而使内心保持一种真诚的状态。具备这种“诚”精神的君子能够造福于世而不自夸，从而以其广博的道德品行感化天下。因此，这个“诚”字非常重要，它是道德修养的内在根基，倘若心中无“诚”（“实”），也就一无所有了。其二是解释《乾》卦九三“君子终日乾乾，夕惕若，厉无咎”时，子曰：“君子进德修业。忠信，所以进德也；修辞立其诚，所以居业也。”（《周易·乾·文言》）这里的

“诚”从表面上看是专就言语的信实不欺而言，其实它是在强调不能徒以修饰言辞为务，而应当时刻确立并维持进德修业的真诚动机，只有这样君子才能乾健不息、处处警惕。可见，对于道德修为来说，华美的言辞永远是第二位的，诚挚的情感才具备决定性的意义。还需指出的是，此句的“诚”虽在强调诚挚的重要意义，但也不是无原则的，与孔子论述“信”与“义”关系时的思路一样，“诚”也应该以“义”为原则：“知至至之，可与言几也；知终终之，可与存义也。”(《周易·乾·文言》)如果说知道以“进德修业”为进取的目标并努力不懈地实现它可以算作一种“诚”的体现的话，那么知道根据时机的变化而果断改变先前的策略则是“义”的表征了。这也就意味着，“诚”不是愚忠愚信，而是能够根据事物发展之征兆做出最为适宜的道德性抉择的能力，这无疑又与《无妄》卦所体现的人生智慧相融通了。

虽然现有的文献材料还不能完全证明《文言传》乃为孔子所作，但孔子对于“诚”（真实无妄）精神的重视和追求是毫无疑问的。与思孟学派的“诚”学相比，孔子时代的“诚”更像是一种道德情感和道德原则，它虽然也暗含了顺从天道的内容，但并没有明确提出天人合一于“诚”的思想。更重要的区别在于，思孟学派的“诚”观念还牵涉到他们在心性论上的创造性观点，这无疑是对“诚”观念的进一步深化。

六、小结

孔子所建立的以仁为核心的学说其实就是为人之学，他所提出的为人处世要“主忠信”的思想时刻贯穿着“诚”的精神。虽然孔子还没有将“诚”确立为一种具体的德目，但“诚”更像是一种涵括众德的德中之德，它对于真实无妄、表里如一之情态的强调正是儒家道德落在实处的关键。从孔子关于忠、信、敬、义的探讨中，我们不仅可以感受到他对于各种人伦规范的倡导，而且能够深切地体察到他对于人类道德精神的呼唤。这种道德精神归根结底就是“诚”。

此外，我们还不能忽略孔子作为一个儒家圣人形象所体现出来的真诚魅力——面对各种困厄，他不怨天尤人，而是坚守自己的志向，以仁义为己任，任重而道远；与自己的学生相处，他总是以循循善诱的姿态表达对于学生的关爱，在教与学的实践上，他不厌其烦，师生间的对话总是显得那样的真诚活泼；他有着真性情，乐山乐水，爱好艺术，爱憎分明，而又和蔼悠然。一句话，他的真诚令人动容。司马迁说他像一条“丧家之狗”，其实这是极为深刻的文化隐喻，其中有志向的坚守，有故国之思，有真情的流露，更有对人类理想家园的忠诚守望。孔子忠信思想的意义在于，它将之前“诚”思想的潜流开掘出来并使之显性化、社会化。从此，儒家的“诚”观念基本就在这样一个体系之中发展演化。可以说，孔子的忠信思想“不仅是我国儒家诚信思想的源头，也是我国伦理哲学的重要内容，它的精神已经嬗变成中华文明的内核之一，永远奔流在中华民族的精神血液之中”①。但只从近处而言的话，孔子的忠信思维对于思孟学派“诚”道内容的构建无疑具有启发和典范意义。

① 王公山：《先秦儒家诚信思想研究》，上海古籍出版社2006年版，第85页。

第二章　思孟学派“诚”观念的建构及其意义

“诚”是儒家思想体系中的重要观念，它既是先哲对于形上之天道的本质性的规定，又是伦理道德修养的内在情感根基。先秦“诚”论主要在“天道—人道”的框架之内展开，是天人合一思维的重要纽结，是儒家特别是思孟学派①哲学建构极为重要的一环。笔者认为，“诚”是思孟学派最根本的精神。那么“诚”观念又是如何在思孟学派中展开与发展的呢？对此笔者将做如下梳理。

① 学术界围绕思孟学派的成立及文献等还有很多悬而未决的问题，这影响着我们对于孔孟之间乃至孔荀之间儒学早期发展进程的讨论。在新的出土资料发现，以及新的诠释体系创构之前，比较稳妥的做法是广泛采纳现有研究成果的意见，尽量取其合理而又能被普遍接受的成分。笔者倾向于赞同“思孟学派”作为描述孔子之后、经由子思学派的影响而发展到孟子之学这一先秦儒学发展演变历程中重要环节的概括，并将《中庸》《大学》《孟子》及郭店楚简中的部分材料视为思孟学派的文献来处理。

第一节 郭店楚简所蕴含之“诚”思想发微

1993年10月，在湖北荆门郭店楚墓中出土了部分竹简。该墓主为“东宫之师”，下葬时期当为战国中期偏晚，因竹简的抄写年代早于墓葬年代，而抄本之祖本成书年代早于抄写年代，因此这些竹简的文字内容应完成于战国中期之前。竹简内容主要是一些道家、儒家典籍，其中儒家著作共十篇，此外还有《语丛》四篇，杂抄百家之说，间有儒家言论。学界普遍认为，“儒家自孔至孟一百多年间思想发展之脉络，因文献不足所造成的缺憾，楚简出土可有所弥补”①。庞朴先生指出，郭店楚简代表了孔门后学向儒家内圣一脉发展的路向，它从具有道德意义的“天”出发，认为天把道德赋予人，从而形成人的本性，天命是人性得以形成的直接原因。② 从本质上说，这与子思、孟子的思想一脉相承。因此，笔者认为，虽然还不能完全确认儒家简的学派归属，但将郭店儒家简作为研究思孟学派的重要材料大致可取。

据笔者的考察，在郭店竹简可识别的文字中“诚”字没有出现，但简文中大量出现了忠、信、敬等语词，我们可以从中发现儒家“诚”思想的影子。并且，这种“影子”比《论语》所蕴含的“诚”思维更为显著。可以说在郭店简

① 张岱年主编：《中国哲学大辞典》，上海辞书出版社2010年版，第665页。

② 庞朴：《孔孟之间——郭店楚简中的儒家心性说》，见《中国哲学》第二十辑，辽宁教育出版社1999年版，第26页。

中，“诚”观念已经处于呼之欲出的状态了。

一、真情的凸显

从本质上讲，儒学首先是一种情感之学，是建立在人类情感基础上的伦理道德学说。以“仁”为例，其本质就是一种源始于亲亲之爱进而扩展到以整个宇宙人生为对象的爱的情感。“情”最初与“实”相通，指事物本来的情形、真实的情况，《左传·哀公八年》“鲁有名而无情”、《论语·子张》“如得其情”、《论语·子路》“则民莫敢不用情”等就是这种用法。从这个意义上说，“情”与儒家之“诚”有相通之处。儒家“诚”的要求主要针对内心情感而言，故刘宝楠说：“情者，好恶之诚，无所欺隐。”① 综合先秦儒家的相关论述，我们可以总结出儒家“情”论的主要观点：从起源来讲，“情”是作为感官的“心”受到外物的触动而表现出来的情感活动；从呈现形式来看，这些内心的波动主要包括喜、怒、哀、惧、爱、恶、欲等心理体验；从情感的表现来说，儒家希望确保人之情感能够真实无妄地显发；从伦理道德来说，只有根据人类真实情感而建立的价值规范才具有根本的合理性。

郭店简中的《性自命出》篇主要论述了心、性与情的关系问题：

> 凡人虽有性，心无定志，待物而后作，待悦而后行，待习而后定。喜怒哀悲之气，性也。及其见于外，则物取

---

① 《论语·子路》“则民莫敢不用情”刘宝楠正义。

> 之也。性自命出，命自天降。道始于情，情生于性。始者近情，终者近义。知情者能出之，知义者能入之。好恶，性也。所好所恶，物也。善不善，性也。所善所不善，势也。①

简文所要表达的主要思想可以用下图来表示：

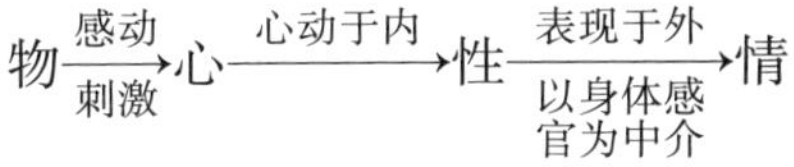

联系楚简上下文及其他相关论述可知，人性的本质不是抽象的，我们应该在具体的、历史的、实践的、认识的过程中谈论性、情。“性”是心之未发内容，《中庸》说：“喜怒哀乐之未发，谓之中”，“中也者，天下之大本也”，“天命之谓性”，又楚简云“性自命出，命自天降”，故“性”是人之天赋的本质性规定，这种规定原本的状态就是“中”。只有在受到外物刺激的时候才有可能由心将其牵引出来，这种牵引使得“性”不再只是存留在心内，而进一步表现为外在的情感。在这个由内在之“性”显示为外在之“情”的过程中，儒者又加入“意”“气”作为中介：要想使性情处于“发而皆中节”的“中和”状态，就必须“诚其意”，这也就从心理学的角度说明了“诚”的重要性；《性自命出》说“喜怒哀悲之气，性也。及其见于外，则物取之也”，这

① 李零：《郭店楚简校读记》（增订本），中国人民大学出版社 2007 年版，第 136 页。

些“喜怒哀悲之气”可以看作是“意”的具体内容，也就是人心之中与生俱来、不学而能的生理属性，它们也是“内”而不“见于外”的，见于外的则属“情”。可见，“意”和“气”都是“性”之内在于心的状态，此时的“意”“气”还没有定向（“志”），需要心的引导才能流露于外。对于人类而言，表现为内在“气”“意”的“性”是同一的，差别在于心的作用（“性一心异”），不同的教育、教化会造成不同的心态，从而引导出不同的情感趋向。① 从人类的感受来说，“性”的表现有善有恶，但成为好人还是恶人并非是先天的规定，而是事物、情势（“物”“势”）的影响使然。于是问题的关键变成如何通过对心的调配来使物、势的影响不至于因屈挠本性而使性情不能真诚、正当、合宜地外现。这种对于心的调配正是《性自命出》中“心术”所要实现的功能，其又具体地通过诗、书、礼乐这些文化传统（“故”）的教化使人“生德于中”② 来实现。心能够决定意志，决定情感的显现。因此，人文教化便通过使心变得“节节如”“柬柬如”③，进而改变性情的方向，使其有“恒始之志”“奋作之情”④，走向一条更符合“义”的标准、更加真实无妄的道

① 《性自命出》云：“四海之内，其性一也，其用心各异，教使然也。”见李零著《郭店楚简校读记》（增订本），中国人民大学出版社 2007 年版，第 136 页。

② 李零：《郭店楚简校读记》（增订本），中国人民大学出版社 2007 年版，第 137 页。

③ 李零：《郭店楚简校读记》（增订本），中国人民大学出版社 2007 年版，第 138 页。

④ 李零：《郭店楚简校读记》（增订本），中国人民大学出版社 2007 年版，第 138 页。

路。通过以上的分析，我们现在常说的“心意”“意气”“心气”“意志”“志气”“义气”等观念都可以从这里找到源头。

《性自命出》关于心、性、情的论述，以及“心术”的主张，最终目的在于凸显真诚性情的意义。从反的方面说，“凡人伪为可恶也”①，如果人的性情由于外物的引诱和形势的影响走向欲望（“欲”）、算计（“虑”）、悖逆（“倍”）、争斗（“争”）、营私（“党”）②的道路，那就是“伪”，就有违“忠信”，就是不“义”，就是无“德”于“中”，当然就会让人厌恶。相反，正如“凡声出于情也信，然后其入拨人之心也够”一样，“凡人情为可悦也”③，只有真诚信实才能让人愉悦，即便是有了过错也不会让人产生厌恶之情，即使有些事情暂时没有完成也仍会令人信服。所以简文一再强调“忠为可信也”④，“不忠则不信”⑤，“忠生信”⑥。对统治者而言，虽未实行教化，但民众也因君主真诚信实的性情而有顺服的恒常之心。这一切

① 李零：《郭店楚简校读记》（增订本），中国人民大学出版社 2007 年版，第 138 页。

② 参见李零著《郭店楚简校读记》（增订本），中国人民大学出版社 2007 年版，第 220 页。

③ 李零：《郭店楚简校读记》（增订本），中国人民大学出版社 2007 年版，第 138 页。

④ 李零：《郭店楚简校读记》（增订本），中国人民大学出版社 2007 年版，第 181 页。

⑤ 李零：《郭店楚简校读记》（增订本），中国人民大学出版社 2007 年版，第 182 页。

⑥ 李零：《郭店楚简校读记》（增订本），中国人民大学出版社 2007 年版，第 208 页。

都体现了“性善者也”①，说明人“有美情者也”②，这就是人性中美善的部分。可见，情、信（也就是真、诚）是与美、善相关联的，因情实而为美为善，而“善，人道也”③，这说明“诚”与“人道”相贯通的思路在郭店简中已经有所萌芽了。

以上只是从具体理路上来考察楚简对于真诚情感的重视与呼唤。我们要问，为何子思学派对于感情的真挚如此看重呢？这或许可以从“诚”观念的文化渊源那里寻找到答案，也可以从儒学创始人孔子那里找到思想依据。孔子面对的最大社会现实是“礼坏乐崩”，到了思、孟的时代这种格局更为明显突出，丝毫没有缓解的迹象。在这种动荡的社会之中，手无寸铁的知识分子怀揣着理想周游列国时所能推销的思想产品无非就是两种：一种是顺应兼并争霸的格局，教会诸侯们如何更好地掌握权力、利用权力，进而成就辉煌的外王之功；一种则是寄望于从改换人心入手，希望借助于道德原则的力量来化解不必要的纷争与战乱，使人人都能真诚相待，进而实现美妙的大同世界理想。显然，儒家选择了第二种思路。郭店简中有《鲁穆公问子思》一篇，记载了鲁穆公与子思的一段问答，表现了子思在

---

① 李零：《郭店楚简校读记》（增订本），中国人民大学出版社 2007 年版，第 139 页。

② 李零：《郭店楚简校读记》（增订本），中国人民大学出版社 2007 年版，第 138~139 页。

③ 李零：《郭店楚简校读记》（增订本），中国人民大学出版社 2007 年版，第 100 页。

大义面前“恒称其君之恶者”① 的真诚直言精神，与那些为了爵禄的士人相比，子思的这种“为义而远禄爵”② 的精神难能可贵。与此类似，孟子创设了“天爵”和“人爵”的概念：“天爵”是“仁义忠信，乐善不倦”（《孟子·告子上》），即人类善良的道德本性；“人爵”则是“公卿大夫”（《孟子·告子上》），即官位爵禄之属。在这两者的选择上，孟子与子思一样以道德品质为重。值得一提的是，孟子在提出这两个概念之后，他又做了一个古今的对比：“古之人修其天爵，而人爵从之。今之人修其天爵以要人爵；既得人爵，而弃其天爵，则惑之甚者也，终亦必亡而已矣。”（《孟子·告子上》）这分明道出了当时的世道人心状态，为我们理解思孟学派“诚”学的建构提供了社会心理背景。当然，倡导“诚”的精神并非与追求爵禄这些物质性、世俗性的幸福截然对立。在儒家看来，超越合宜标准的欲望是对本性的一种伤害，因此要对性情进行节制，节制最有效的手段就是礼乐。礼乐正是圣人顺乎人情之实而又使其不因外物和情势的扰动而走向邪恶的教化之道，其最终目的就是为了“反善复始”③（类似于孟子所谓的“反身而诚”），就是重归人之真诚情性。

在郭店简中，“性”与“情”都是人的自然本能，这是以

---

① 李零：《郭店楚简校读记》（增订本），中国人民大学出版社 2007 年版，第 109 页。

② 李零：《郭店楚简校读记》（增订本），中国人民大学出版社 2007 年版，第 109 页。

③ 李零：《郭店楚简校读记》（增订本），中国人民大学出版社 2007 年版，第 137 页。

生说性的思路，与孟子的直接赋予心性以善的规定不同。心、性、情三者皆尚真信，情（实）是善，从微观上看，可以说真诚是一种良善的（无论动机还是效果都是如此）道德情感；从宏观上看，可以说真诚的情感是伦理道德产生和维系的根据。这种思路与《中庸》《孟子》的“诚”论极为相似，所不同者在于：一方面，《性自命出》等简文中所论述的心、性、情关系更为全面、深入，也更合情理；另一方面，与楚简重“忠”“信”相比，《中庸》《孟子》中“诚”的形上意味更为浓重，其含义也更具涵括性，似乎是思孟学派进一步抽象思考的结果。因此，丁四新教授指出“诚”这个概念“实际上可以看作是对《性自命出》重‘信’思想的一种突破性的转换和升进，是思想上的一种飞跃”①。其实，更重要的区别在于，简文并没有为真诚的道德情感明确构造出一个更高的依据，而将性情本身就看作人道的本体，不像《中庸》《孟子》那样将天道之真实无妄明确地定位为人道之忠诚信实的最终根据。

二、“天—人”的思路

由“道始于情，情生于性”来看，简文的作者并非只是在感性的心理层面研究性情的发生问题，而已经将性情看作是道（人道）的根据。这是以“诚”为核心的形上学的原始形态，可以叫作“性情形上学”。这种“性情形上学”并不神秘，其实就是孔子仁学的进一步演化：与孔子相比，郭店简中的“性情形上学”已经不再单单强调“仁”这一种情感，而是将情感

① 丁四新：《郭店楚墓竹简思想研究》，东方出版社2000年版，第200页。

泛化，直接用“性情”这样一个大“共名”来指代作为道德本体的心性。性情的本质规定性是“真”，是“实”，因此，人道的当行之径就应该展现出忠、信、敬、笃等情感状态，因为只有这样才能实现人之本性充实于自身。这种思想在孟子那里表现得更为突出，《孟子》里非常强调通过一定的存养路径将人之善性充实于自身，这个过程体现了人生的“信”与“美”。总之，只有在一个真实性情能够呈现的世界里，一切人为的建构才具有合理性。不过，那毕竟只是一种理想的情境，儒学并没有抛弃已经脱离本真的现实世界。相反，对于本真还要积极追求，要“正本清源，越过表象世界的阻隔，在对本体自身的返还中去发现最初的、未发的‘绝对命令’、‘绝对真理’和‘莹彻圆融之体’”①。表现在《中庸》《孟子》那里，这种对于本真、对于绝对真理的追求表现为对天道之“诚”的返归，这也就是作为人道的“诚之”与“思诚”。

《性自命出》的性情论与《中庸》有相似之处，《中庸》的观点明显是对简文内容的进一步概括，但在这种集约化处理中又产生了差别：《中庸》明言“性”的源头是天，天本身又是义理的根据，天的命令对人而言具有决定性的意义，“性”是天道在人身的表现，因此这个天之所命的“性”已然具有了浓厚的道德教化含义；而《性自命出》更突出了“情”的源始意义，“性自命出，命自天降”中的“命”是一个独立的环节，

① 余治平：《哲学本体视野下的心、性、情、敬探究——郭店楚简〈性自命出〉的另一种解读》，见武汉大学中国文化研究院编《郭店楚简国际学术研讨会论文集》，湖北人民出版社 2000 年版，第 360 页。

其本身是天所赋予的，更像是身体性、生命性的存在，或者至少像庞朴先生所言，这里的天和命“没有什么具体面目……只是虚晃一枪，为性的出场鸣锣开道而已”①。李维武教授也说：“天道性命在本篇中始终是点发的、遮诠的，这种点发与遮诠也可以说是‘存而不论’的。”② 联系到前文所提到的对于人的喜、怒、哀、悲之气的论述所体现的以生论性的特色，可见，在天人关系的问题上，《性自命出》对于现实人生的重视明显要强于对天的关注。

当然，对人道的看重并非完全忽视天道，其实在楚简中也能发现由天道而引导人道的思路。《忠信之道》讲忠、信是仁、义的实质和目标，君子要以忠信为规范。在这篇文章中，作者通过列举天地运行的规律，借以论证忠信之德的根据：

> 至忠如土，化物而不伐；至信如时，毕至而不结。忠人无讹，信人不倍。③
>
> 不说而足养者，地也。不期而可遇者，天也。似天地也者，忠信之谓此。④

---

① 庞朴：《天人三式——郭店楚简所见天人关系试说》，见《庞朴文集》第二卷，山东大学出版社 2005 年版，第 69 页。

② 李维武：《〈性自命出〉的哲学意蕴初探》，见《郭店楚简国际学术研讨会论文集》，湖北人民出版社 2000 年版，第 328 页。

③ 李零：《郭店楚简校读记》（增订本），中国人民大学出版社 2007 年版，第 130 页。

④ 李零：《郭店楚简校读记》（增订本），中国人民大学出版社 2007 年版，第 130 页。

这里的天和地一样，还只是自然性的存在，它对于人的意义更多地是作为一个值得仿效的对象，还没有被构造成一个以“天道”为其本质的、可以对“人道”做出规定的义理之天的样态。到了《成之闻之》时，就已经将天作为道德来源的意义明确地表达出来了：“天登大常，以理人伦，制为君臣之义，作为父子之亲，分为夫妇之辨。是故小人乱天常以逆大道，君子治人伦以顺天德。”① 不过这里的“天道”并没有被赋予“诚”的特性，这里的“人道”也与《忠信之道》和《中庸》《孟子》有所区别，它具体指可以规范人伦关系的礼乐之道。在简文《尊德义》中，“德者，且莫大乎礼乐焉”②，在《性自命出》中也说礼乐乃圣人“教所以生德于中者也”③ 的治道之一，它与作为道德情感的“诚”是具体内容之于抽象原则的关系。

竹简《五行》篇中也区分了“天道”和“人道”，与“诚”观念似乎没有多大的关联，但仔细分析可知，其思路完全是思孟“诚”论的翻版或原版。

> 五行：仁形于内谓之德之行，不形于内谓之行。义形于内谓之德之行，不形于内谓之行。礼形于内谓之德之行，不形于内谓之行。智形于内谓之德之行，不形于内谓之行。

---

① 李零：《郭店楚简校读记》（增订本），中国人民大学出版社2007年版，第158页。

② 李零：《郭店楚简校读记》（增订本），中国人民大学出版社2007年版，第182页。

③ 李零：《郭店楚简校读记》（增订本），中国人民大学出版社2007年版，第137页。

圣形于内谓之德之行，不形于内谓之行。①

德之行五和谓之德，四行和谓之善。善，人道也。德，天道也。②

闻君子道，聪也。闻而知之，圣也。圣人知天道也。③

在作者看来，“五行”指的是仁、义、礼、智、圣五种德性，如果这五种德性形成于内心，即发自内心，就叫作“德之行”；如果这五种德性没有内心的真实依据，只是流于表面或故意做作，或者只是被动服从于一种外在的道德义务，那只能叫作“行”。这种观点是在说明，德行是个内外相合的过程，如果没有内心的真情实意作为根本，那只能流于形式。《周礼·地官·师氏》郑玄注云：“德行，内外之称。在心为德，施之为行。”这与郭店简的“五行”之说有相通之处。“德之行”的“德”字，是对“行”的一种超越，是德性的内在依据，笔者认为这种依据可以与“诚”相通。不过，“德之行”还不完全就是“德”，仁、义、礼、智、圣五行之和谐才称得上是“德”，这是一种发自内心的真诚的道德情感，是顺乎人性、合乎人情所能达到的崇高境界，在作者眼里这可以称作“天道”。“四行”指的是仁、义、礼、智四端，此“四行”的和谐则成为“善”，属于

① 李零：《郭店楚简校读记》（增订本），中国人民大学出版社 2007 年版，第 100 页。

② 李零：《郭店楚简校读记》（增订本），中国人民大学出版社 2007 年版，第 100 页。

③ 李零：《郭店楚简校读记》（增订本），中国人民大学出版社 2007 年版，第 102 页。

人道的层面，《礼记·丧服四制》也说：“恩者仁也，理者义也，节者礼也，权者知也。仁义礼知，人道具矣。”天道与人道相比，多了一个“圣”，也就意味着“圣”超越其他四种德行，是最高的德行。因此，圣人极为难得，只有他们才真正能够做到与天相沟通，这就与《中庸》里天道之“诚”为圣人天生所本具、“诚者不勉而中，不思而得，从容中道，圣人也”联系起来了。

可见，这里“天道”的提出目的并不是赋予其一种本质性的规定，而是为了说明圣所能达到的知闻天道的境界。简文的作者又以音乐作譬喻，进一步说明天道（德）与人道（善）之间的关系：

> 金声，善也。玉音，圣也。善，人道也。德，天道也。唯有德者，然后能金声而玉振之。不聪不明，不明不圣，不圣不智，不智不仁，不仁不安，不安不乐，不乐无德。①
>
> 闻道而乐者，好德者也。②

“金”指钟，“玉”指磬，它们都是古代的乐器。古代的音乐演奏往往以“金声”为始，以“玉振”为终，简文的作者就以这样一个音乐的演奏过程来比附人之道德的修炼层次。“金声”如

---

① 李零：《郭店楚简校读记》（增订本），中国人民大学出版社2007年版，第101页。

② 李零：《郭店楚简校读记》（增订本），中国人民大学出版社2007年版，第103页。

仁、义、礼、智四行，是德性修炼的开始，属于人道的层次；“玉振”如五行之“圣”，乃修养的完成，这时道德已经完全具备，所以有“德”，属于天道的层次。于是，圣人有德，圣人知天道，圣人善始善终，圣人闻道而乐。“金声玉振”是思孟学派善用的比喻，无独有偶，孟子在评价历史人物时也用到这个典故。他说：

> 伯夷，圣之清者也；伊尹，圣之任者也；柳下惠，圣之和者也；孔子，圣之时者也。孔子之谓集大成。集大成也者，金声而玉振之也。金声也者，始条理也；玉振之也者，终条理也。始条理者，智之事也；终条理者，圣之事也。(《孟子·万章下》)

可见，在孟子眼里，“金声玉振”就如同道德修养层面的“集大成”，也就是最完满、最有条理的状态，具体到个人那就是孔子所达到的至圣境界。这里虽没有言说天道，但在孟子眼里圣与天道也是密切关联的。他曾说：“仁之于父子也，义之于君臣也，礼之于宾主也，知之于贤者也，圣人之于天道也；命也，有性焉，君子不谓命也。”(《孟子·尽心下》)可见，圣人本性就能够闻知天道，与《五行》对于圣人聪明圣知的描绘一脉相承。并且，孟子一直就把孔子当作圣人的代表，认为孔子是天道的承载者，是人道的指引者，是出类拔萃、无有过之的杰出典范。不过，如果将《五行》“金声—善—人道”、“玉音—圣（德）—天道”结构与《孟子》“金声—智”“玉振—圣”结构相对比的话，就会发现这里出现了“善”与“智”的差别。其实，在儒家哲学中，知识与价值往往是分不开的，作为知性的智识主要还是指对于德性之善的认知和领会（如孟子所谓的“是非之心，智也”），而作为人类价值的良善又必须通过人类的道德认知来获得。具体到《五行》中，善是仁、义、礼、智四行之和谐，还说心中无忧就无智，无智就不悦，不悦则不安，不安则不乐，不乐也就不能有德。在《孟子》里，“智”也有类似的规定：

> 孟子曰：“仁之实，事亲是也。义之实，从兄是也。智之实，知斯二者弗去是也。礼之实，节文斯二者是也。乐之实，乐斯二者，乐则生矣。生则恶可已也？恶可已，则不知足之蹈之、手之舞之。”（《孟子·离娄上》）

虽然这里强调“智”和“礼”是对“仁”“义”的认知与节文，但对它们之间相互协调的追求还是比较明显的，可以说这是“四行和”在孟子思想中的变种。同样，处理好仁、义、礼、智之间的关系也能够获得快乐，快乐之后自然手舞足蹈起来。这种快乐自然也是有德之乐，是仁、义、礼、智之“实”在主体自身得以全部展现之后所引发的最深沉的心理感受。还应该提到的是，其实在孟子那里，人道与善也是一致的：他吸收《中庸》将“诚”作为天道之本质特性的思想，并将人道确立为对至诚之道的反思过程（“思诚”），而这个“反身而诚”的修养方法的前提便是“明善”。可以说，人道就是对善的追求，“诚”就是“善”，“思诚”就是“明善”，人类应该真实无妄地实现天所赋予的善性。

需要补充的是，《孟子》所谓的“思诚”与《中庸》里的“诚之”是有差别的，前者更像是后者更为具体、更为关键的实现方式。孟子将人对于“诚”的追求集中于心之“思”的淬炼上，在他看来“心之官则思”（《孟子·告子上》），而所谓的“思诚”便是心对于高贵之“大体”（本心善性）的注重，而非像耳目之官那样着意于卑贱的“小体”（感官对象）。陈赟教授指出：

> 当孟子以思诚来规定人道时，这恰恰意味着，诚唯有通过大体之心思而不是通过小体，才能得以展现；在这个意义上，在思的地基上接纳天道之诚，就是人道的唯一可能性。在这种脉络中，“思”是“诚”在人那里得以呈现的唯一可能性。①

笔者所关注的问题是，当思孟学派提出一种对于人性之善恶的明确区分时，情感中不受节制的部分便往往成为“恶”的内容，这无疑会对自然情感真实显发之“诚”造成某种冲击，取而代之的便是具备更多价值之“善”内容的“诚”观念。②

与《中庸》圣人“至诚”而“从容中道”相比，《五行》“天道”与（人）“德”之间还没有一个确定的中介。不过，仁、义、礼、智、圣却都有了与“诚”建立关系的可能。天道

---

① 陈赟：《中庸的思想》，生活·读书·新知三联书店 2007 年版，第 235 页。

② 这其中蕴含着以人之“诚”（善）“性”（先验本性）对治人之“诚”（自然）“情”（情感欲望）的思路。

既与德有关，又与圣密不可分；人道既可以与善有关，又可以与智相连。一方面，这反映了思孟学派内部之间在细节问题上的差别，我们不排除这样一种可能：子思本人或其后学鉴于在“天道—人道”问题上一些分歧的存在，试图综合众说，重新构造一套更为明确清晰的学说体系，而以“诚”为核心的天人新说可能就是这种构造的最终成果；另一方面，这些观念虽然可以通过“曲为之解”的方式统一起来，但难免有模糊不清、不合逻辑之嫌。因此，我们就不难理解荀子为何抓住思孟五行说不放，对其展开激烈的批评了。这也反映出中国传统哲学观念本身多会随文生义、缺少严密逻辑分析的特点，我们只能在宽泛的意义上对不同文本中的同一观念进行不太严密的勾连。还需要注意的是，简文强调了获知天道后对人的性情所产生的重要影响，属于个体精神境界的提升，并没有像《中庸》那样将至诚的效果构造成颇具神秘色彩的感应之说，但与《孟子》“反身而诚，乐莫大焉”所表达的返归自身以寻求天道之“诚”之在我者从而获得莫大的快乐密不可分。

综合以上所论述的天人关系，我们发现它们都试图在天人之间建立某种关联，这种关联突出了心性论、性情论的层面，而关于天道的论述则显得比较单薄，虚悬的色彩浓厚。但这毕竟是传统天人合一理论的表现形态之一，也是儒家以“性与天道”为核心内容的天人思想的早期表现形态，即相较于孟子性善说与荀子性恶说的针锋相对来说，简文的天命性情论要温和许多，明显处于儒家性情论初步建构阶段。不容否认，这是在吸收其他学派学说的基础上对孔子思想的突破性丰富与发展，其中，道家思想的影响非常明显，可以说正是在道家哲学的刺激之下儒学才真正开始了形上学的建构。作为这种建构的体现之一，在郭店简中“‘性’已不再是‘性相近也，习相远也’中的没有什么形上意味之‘性’，而是与‘天道’建立了一种初步的联结，从而被赋予了形上的意味”①。如何看待这种理论倾向呢？它对于儒学的意义又何在呢？笔者认为，这一方面会加深儒学对于天、道、性、情、命、仁、义、礼、智、信等各种观念的理解，特别是为儒家道德价值确立本体的依据，使得儒家学说看似具备了超越时空的普遍真理特性；另一方面，这也可能造成原始儒学重视现实生活、强调道德实践品格的部分滑落。

当然，郭店简并非铁板一块，其关于天道、人道的思想也并非只有上述一种倾向。简文《穷达以时》开篇就说：“有天有人，天人有分。察天人之分，而知所行矣。有其人，无其世，虽贤弗行矣。苟有其世，何难之有哉？”② 这里的天人之分是说天时和人世各有其分界，其中心意思是说人的顺逆遭际是天时使然，正所谓“遇不遇，天也”③；人对于时势无能无力，所能做的就是“穷达以时，德行一也”④，无论穷达都保持自己德行

① 李维武：《〈性自命出〉的哲学意蕴初探》，见《郭店楚简国际学术研讨会论文集》，湖北人民出版社2000年版，第310页。

② 李零：《郭店楚简校读记》（增订本），中国人民大学出版社2007年版，第111页。

③ 李零：《郭店楚简校读记》（增订本），中国人民大学出版社2007年版，第112页。

④ 李零：《郭店楚简校读记》（增订本），中国人民大学出版社2007年版，第112页。

的修养，“敦于反己”①。作者还列举舜、管仲、百里奚、孙叔敖等人的遭遇说明这个道理。这种思想与子产“天道远，人道迩”的思想，以及孔子对于天命和人事的认识比较接近，而与思孟的旨趣有所不同。

三、气学的氤氲

儒家一再强调，君主做到忠诚信实就能感化万民，使其有恒心，也就能获得长久的归附。这种感化的机制是如何运行的呢？这无疑受到了原始宗教，以及儒家礼乐文化中人神感应论的影响。在郭店儒家简中，鬼神的观念并不突出，但简文中有大量关于礼乐文化的论述。礼乐是圣人顺乎人之本然的性情而制定的法度，君主如果能够依据礼乐来治理万民，就必然能与民之情性相联通，从而感动万民，使其驯服。情性相感似乎有些过于抽象、难以落实，其实这种感通思路背后潜藏着以气相感的学说。在《性自命出》中，作为性情的喜、怒、哀、悲本质上是一种气：“喜怒哀悲之气，性也。及其见于外，则物取之也。”② 那什么是“气”呢？气起源于古人对于云、雾、烟、风等流动性物质的观察，这种极细微而又具有流动性的物质实体被命名为“气”。气最大的特点在于其富于变化，“天气下降，地气上腾”（《礼记·月令》），古人将这种特性与自然界的瞬息

① 李零：《郭店楚简校读记》（增订本），中国人民大学出版社 2007 年版，第 112 页。

② 李零：《郭店楚简校读记》（增订本），中国人民大学出版社 2007 年版，第 136 页。

万变和人事的变幻莫测相比附，进而将其视为一种隐藏的但又决定万物生长变化的神秘力量。具体到人身上，气往往作为构成身体的物质要素（如孟子说“气，体之充也”），以及产生精神活动的内在动力（如“浩然之气”）而出现，因此气具有物质性与精神性的双重特性。

郭店儒家简文中的“气”主要是一种物质性的存在，但兼具精神性的特色，它也是作为人之性情等心理活动的根基和动力出现的。我们不妨将简文中关于气的论述罗列如下：

> 禹治水，益治火，后稷治土，足民养生。夫唯顺乎脂肤血气之情，养性命之政，安命而弗夭，养生而弗伤，知天下之政者，能以天下禅矣。(《唐虞之道》)①
>
> 目之好色，耳之乐声，郁陶之气也，人不难为之死。(《性自命出》)②
>
> 非我血气之亲，畜我如其子弟……忠者，臣德也。(《六位》)③
>
> 察天道以化民气。(《语丛一》)④

① 李零：《郭店楚简校读记》（增订本），中国人民大学出版社 2007 年版，第 124 页。

② 李零：《郭店楚简校读记》（增订本），中国人民大学出版社 2007 年版，第 138 页。

③ 李零：《郭店楚简校读记》（增订本），中国人民大学出版社 2007 年版，第 171 页。

④ 李零：《郭店楚简校读记》（增订本），中国人民大学出版社 2007 年版，第 208 页。

凡有血气者，皆有喜有怒，有慎有庄。其体有容，有色有声，有嗅有味，有气有志。(《语丛一》)①

容色，目司也。声，耳司也。嗅，鼻司也。味，口司也。气，容司也。志，心司也。(《语丛一》)②

可见，简文中的“气”多指“血气”，“血气”的观念来自孔子。孔子曾说：“君子有三戒：少之时，血气未定，戒之在色；及其壮也，血气方刚，戒之在斗；及其老也，血气既衰，戒之在得。”(《论语·季氏》)这里所谓的“血气”明显是就人的生理而言。在简文中，血气看似是一种构成人之身体的物质性的东西，对它要进行细致的养护，使其“正”③ 而勿“伤”。对于血气的伤害突出地表现为沉溺于耳目之欲不能自拔，作者认为这样就会使人血气郁结不畅，甚至走向灭亡。此外，血气也是人类精神的根基，没有它就不会有人之喜、怒、哀、悲的性情，可以说人之性情本质上就是一种气。上文已经提到，为了让性情得以本真地显现，就必须借助于“心术”的修炼。这种养心之术归根结底就是养气之术，就是圣人体察天道之后为了使万民之性情能够顺受其正而发明的“化民气”之术。这样我们就可以从气的角度来理解礼乐的意义了：“礼”的意义在于根据人

① 李零：《郭店楚简校读记》(增订本)，中国人民大学出版社 2007 年版，第 208 页。

② 李零：《郭店楚简校读记》(增订本)，中国人民大学出版社 2007 年版，第 208 页。

③ “养性命之政”之“政”当读为“正”。

之血气的真实情况而节制、调理它，使其发而有节、适宜中和；“乐”的意义则在于在音律的触动和引发中，使血气得以自然展现和抒发，从而防止郁结情形的发生。它们的目的都指向了使血气处在一种真实无伪而又中道平和的状态，正是这样的血气才会让他人“悦”“信”，最终感动别人。可以说，楚简开了儒家“诚”论中“气感”（以真诚之气感动人心）思路的先河。这种思路一直为后世儒家或显或隐地继承，特别是在汉代儒学中有了更进一步的发展。

与楚简气论相同的是，孟子也非常重视对气的养护。上文已经提到，孟子认为气是构成人体的物质要素，不过他又在物质性的气上加入了价值性的成分（黄俊杰先生称之为“以德性转化原始生命力”①），对“正”的、“浩然”的气特别加以重视。这种气“配义与道”，既符合天道，又能平正合宜。与简文一样，气与心之间有着密不可分的关系，养气最终还是要归结为养心：

> 夫志，气之帅也；气，体之充也。夫志至焉，气次焉。故曰：“持其志，无暴其气。”（《孟子·公孙丑上》）
>
> 志壹则动气，气壹则动志也。（《孟子·公孙丑上》）
>
> “敢问何谓浩然之气？”曰：“难言也。其为气也，至大至刚，以直养而无害，则塞于天地之间。其为气也，配义与道；无是，馁也。是集义所生者，非义袭而取之也。行有不慊于心，则馁矣。我故曰，告子未尝知义，以其外之

① 黄俊杰：《孟子》，生活·读书·新知三联书店2013年版，第64页。

也。必有事焉而勿正，心勿忘，勿助长也。”(《孟子·公孙丑上》)

“志”是心的意向，其实也就是心的内容。气充塞于人之身体之中，是善端、良心的呼吸，是它们的生命，是保持它们生存的活的东西。心志统帅着气，故心动则气动，气随着心志的转移而运行。虽然心处在主导性的地位，但气的变动也会导致心志随之变动。心、气的理想状态应该是一种动态的平衡（良心与浩然之气的互动），但这种平衡很容易被打破。因此，内心合宜的标准和尺度非常重要。因为，良心有可能被桎梏、被扰动、被放失，如此气则不存，人之正气无所附从，结果只能是“违禽兽不远矣”。同样，浩然之正气是至大至刚的，但它也会被其它的邪气、不良之气所扰动，如此便会搅动心志，人心之善端便会受到障蔽，恶便生长出来。于是养心与养气是一体并进的，二者缺一不可。

虽然孟子也强调“至诚而不动者，未之有也。不诚，未有能动者也”(《孟子·离娄上》)，但这只是就心志的功效而言，所诉诸的是人内心的体验，并没有像楚简那样论及“气感”的问题。但是，梁涛教授根据孟子后学明确提出仁气、义气、礼气等“德气”的观念，认为孟子虽然没有点明，但他已经默认仁、义、礼、智本身就是一种气，是一种不同于物质性“血气”和自然性“情气”的道德之气。因为只有这样才能理解为何“根于心”的仁、义、礼、智“其生色也睟然，见于面，盎于背”(《孟子·尽心上》)，才能理解为何圣人能够“践形”(“充分实现学者的身体”①）。如果梁氏所言不虚的话，那么我们就可以根据孟子学说的内在理路来重新理解思孟学派所谓的“诚”“能动”的思想了：人心的至诚就是性情真实无伪、完满具足，就是仁、义、礼、智根植于心，也就是由德气组成的浩然之气发动于心，通达于身体。浩然之气至大至刚，充塞于天地之间，配义与道，有着无穷的感召之力。

战国稷下学派则特别阐发了“精诚气感”之说。一般认为，《管子》成书时间跨度较大，但基本上是稷下黄老之学的著作总集，它以道、法家思想的融合为基本内容，同时夹杂着先秦诸子的部分思想。《管子》在气论上的特色之一是“精气”说的提出。“精”在《老子》中已经出现：“道之为物，惟恍惟惚……窈兮冥兮，其中有精；其精甚真，其中有信。”（《老子·二十一章》）这里的“精”与窈冥的“道”本体相对，应当是指一种真实的物质性存在。前文中已经提到，气是古人通过观察而得出的关于万物构成元素的猜想，也许是为了区别气的各种表现形式，《管子》专门提出一种“精气”来与一般的气相区别。“精”本义是经过严格挑选的优质纯净的米，后引申出纯洁、纯净、细致、精华、完美、最好等含义。由此，精气乃精细、精华之气，它的特质在于变幻莫测，极尽精微，在天地之间流行不已。古人称这样的运动形态和表现形式为“神”，于是精气又是一种神灵之气。它的功用在于“下生五谷，上为列星”（《管子·内业》），创生了宇宙万物，自己却不依赖其他任何物

① 梁涛：《郭店竹简与思孟学派》，中国人民大学出版社 2008 年版，第 417 页。

质，而是自生、自化、自足、自成。人类也是由精气所生，所谓“天出其精，地出其形，合此以为人”（《管子·内业》）。根据这样的思维逻辑，就存在这样一种必然性：既然包括人类在内的天地万物都是由精气组成的，宇宙和人世的变化都是精气的运动使然，那么整个世界就是一个可以相互感通、交相互动的统一体，这种感通的中介就是精气。对此，徐复观先生曾指出：“精可以说是一种特殊纯一的气，流贯于天地及人的形体之中，并成为天与人及人与人、人与物，互相感通的桥梁。”① 感通不仅仅是一种物质性的交互关系，由于人的精神和意识活动也是精气运动变化的结果，因此，人的思维借助于精气也能达到感通的效果：“思之思之，又重思之。思之而不通，鬼神将通之。非鬼神之力也，精气之极也。”（《管子·内业》）不过，这只是理想的情形，要想达至心灵感通的神妙境界，就必须通过“心术”使心能静、能定、能和，“能去忧乐喜怒欲利”（《管子·内业》），勿烦勿乱，进而使其“可以为精舍”（《管子·内业》），即成为精灵之气可以安立的处所。只有这样心才能顺利思考，获得智慧，成就德性，甚至达到“无卜筮而知吉凶”（《庄子·庚桑楚》）、“遍知天下，穷于四极”（《管子·内业》）的境界。

《管子》所说的内心静定平和的修养之术其实就是“诚”的功夫，“实也，诚也……谓之心术”（《管子·七法》），“中不精者心不治”（《管子·心术》），后一句中的“精”已经超出了本体论的内容而有了功夫论的内涵，它所指的就是真诚、专一

① 徐复观：《两汉思想史》（二），九州出版社 2014 年版，第 216~217 页。

的修心之术，也就是说此时“精”即“诚”。可见，心、精、诚三者之间已经建立了密切的关联，其内在的逻辑可以概括为：心诚精至，精诚则灵，诚心感通。人心之诚既能“畅乎天地，通于神明”（《管子·九守》），又能感化同类，施以教化。因此，“诚信者，天下之结也”（《管子·枢言》）便是必然的结论了。总的来看，《管子》的“气感诚通”的思想与思孟学派的至诚能动、至诚前知的思想（详见下文）类似，但中间多了“精气”这样一个环节，可以看作是对楚简气学和儒家“诚”学的进一步发展。

《庄子》并没有使用“精气”这个概念，“精”却是庄子学派非常重视的范畴，“精”指的是“小之微也”（《庄子·秋水》），这种精微之物就是《老子》所言的“其中有精”之“精”，是道虽“神之又神”但又时时刻刻产生的“精”。《在宥》篇借广成子之口而言曰：“至道之精，窈窈冥冥……必静必清，无劳女形，无摇女精，乃可以长生。”联系上文提到的守气、养气、定气可知，这种道表现在人身上的“精”其实就是气。在庄子看来，只要遵循道家的修养路径，由精气组成的精神便能上通于天，下通乎人，游于逍遥之境。与《管子》类似，“精”在《庄子》中也具备了功夫论的内涵，并且，它还直接与“诚”合称组成“精诚”一词，出现在《庄子·渔父》篇中。与楚简从情感的角度论述真诚之气可以感动他人的思路一样，《渔父》中的精诚动人之说也是以情气为中介的。

真者，精诚之至也。不精不诚，不能动人。故强哭者

> 虽悲不哀，强怒者虽严不威，强亲者虽笑不和。真悲无声而哀，真怒未发而威，真亲未笑而和。真在内者，神动于外，是所以贵真也。其用于人理也，事亲则慈孝，事君则忠贞，饮酒则欢乐，处丧则悲哀。……真者，所以受于天也，自然不可易也。故圣人法天贵真，不拘于俗。

成玄英疏云：“夫真者不伪，精者不杂，诚者不矫也。故矫情伪性者，不能动于人也。”① “诚”在这里指的是意念的专一、纯真、集中，庄子后学借渔父之口所要阐述的意义是，只要人能够做到内心真诚专一，由精气而造就的精神、情感便会聚而不散，不伪不杂，完全而又真实地呈现，这种真实的生命与情感才是感动他人的力量。精与诚的结合，“也可以说是‘诚’激活了万物体内的生命力——精，使之爆发出意想不到的力量，甚至与天地、鬼神感通”②。反之，如果只是勉强而为，做的只是表面功夫，内心的喜怒哀悲之气不能真实地显现，那也就不能达到感通的效果。需要注意的是，《渔父》的作者往道家的思维框架中注入了儒学的因素，指出了精诚对于家国天下的意义；“真”受于天，就如同说“诚者，天之道也”，“法天贵真”也与儒家对于天道的“诚之”“思诚”异曲同工。可以说，《渔父》的思路已经与思孟“诚”论没有多大差别了。这说明在依据天道、追求真实的层面上，儒道二家有相通之处。

---

① 〔晋〕郭象注，〔唐〕成玄英疏，曹础基、黄兰发点校：《南华真经注疏》，中华书局 1998 年版，第 586 页。

② 宋小克：《上古神话与文学》，暨南大学出版社 2013 年版，第 198 页。

儒家早期的气论在道家思想的影响之下逐渐完善了“气感诚通”的思路，这种具有感通功能的气既可能表现为一种自然的情感之气，又可能体现为一种真诚的德性之气。但无论其形态如何，其感应功能的潜在发生前提都是被感动的对象具有与施动者相似的情感体验或道德素质，只有感同身受，才有可能感动、感通。正如有的学者所言：“这种‘有所感’实际上就是我们自己的性情存在状态和样式，也就是我们生命存在的内外向所彰显出来的生命的亮度。”① 在这种气学的氤氲之下，儒家“诚”观念中的神秘主义成分被逐渐建构起来，并在汉代达到顶峰。一些思想家对这种倾向展开了猛烈的批判，但往往只是去除了气的精神性成分而还原其物质性本质，并没有完全摆脱因诚心而感通的基本思路。

四、慎独的功夫

儒学是一种伦理道德学说，其关注的问题是如何通过使人走向一条德性修养的道路而实现内圣外王的理想。孔子已经区分了达到这个目的两种路径：一是“为仁由己”似的偏重于心性内省、道德本体发明的路径，一是“博学于文，约之以礼”似的向外体认、伦理实践的路径。大致来说，这就如同楚简《五行》所谓的“为德”与“为善”的区别。楚简《五行》将人之道德修养的程度区分为“德之行”与“行”，并在此基础上区分了天道的“德”与人道的“善”。“德之行”与“行”的区分标准是仁、义、礼、智、圣是否“形于内”，即是否形成、

---

① 何仁富：《生命教育引论》，中国广播电视出版社2010年版，第164页。

发自于内心，是否是“中心”的本真性情驱使才体现为行动。这种内在的发动不是时时刻刻都能达到的境界，需要道德主体“有志”能“思”：

> 五行皆形于内而时行之，谓之君子。士有志于君子道谓之志士。善弗为无近，德弗志不成，智弗思不得。思不精不察，思不长不得，思不轻不形。不形不安，不安不乐，不乐无德。①

这里主要针对能够体认天道的圣人君子而言，对他们的成“德”来说，内心的志向与思虑活动尤为关键。此处还特别强调了心之“思”的重要性，并对“思”做出了精明与长久的规定。“精”即“惟精惟一”，指的是精研专一，由“精”而能致“察”，犹言自诚而明。可见，这里虽没有明言，但已经蕴含着对于人心思虑、情意的精诚专一的要求了。

与外在的礼乐规范相比，人内心的自觉才是根本。曾子一日三省己身，正是这种自觉精神的体现。郭店楚简多次强调要穷源反本，从内心出发来成就德性：

> 是故君子之求诸己也深。不求诸其本而攻诸其末，弗得矣。②

① 李零：《郭店楚简校读记》（增订本），中国人民大学出版社 2007 年版，第 100～101 页。

② 李零：《郭店楚简校读记》（增订本），中国人民大学出版社 2007 年版，第 158 页。

故君子所复之不多，所求之不远，窃反诸己而可以知人。是故欲人之爱己也，则必先爱人；欲人之敬己也，则必先敬人。①

形于中，发于色，其诚也固矣，民孰弗信？②

唯君子道可近求，而不可远借也。昔者君子有言曰“圣人天德”何？言慎求之于己，而可以至顺天常矣。③

这种“求之于己”的精神在孟子那里发展为“反求诸己”的主张。不过，与简文所言的“己”主要指主体自身不同，孟子所谓的“己”已经有了丰富的心性论内容，多指道德主体本然的善性。因此，“反求诸己”与仁、义、礼、智是分不开的。例如，孟子说：“爱人不亲，反其仁；治人不治，反其智；礼人不答，反其敬。行有不得者，皆反求诸己。”（《孟子·离娄上》）

楚简中所阐发的内向性的道德修为并不缺少具体的德性内容。上文提到，《五行》看重的“思”就是以精诚为标准，以明察为目的的。《性自命出》说：“闻道反上，上交者也。闻道反下，下交者也。闻道反己，修身者也。上交近事

① 李零：《郭店楚简校读记》（增订本），中国人民大学出版社2007年版，第158页。

② 李零：《郭店楚简校读记》（增订本），中国人民大学出版社2007年版，第159页。

③ 李零：《郭店楚简校读记》（增订本），中国人民大学出版社2007年版，第159页。

君，下交得众近从政，修身近至仁。”① 简文认为，言行无过是闻道、知道的表现；闻道后以道为标准来节制在上者的言行，这就是与君主交往的原则，做到这些庶几可以算作事奉君王；闻道后以道为标准来规范在下者的言行，这就是与民众交往的原则，只有这样才有可能得到民众的信任，才有资格参与国政。当然，闻道并不意味着自身就能遵道而行，还需要以道为标准去反思自身。做到了反思自身，才会向仁的方向迈进。那么，如何“反己”呢？结合上下文可知，这里的反己就是“心术”的内容之一，又具体表现为通过礼乐的教化来“生德于中”。与《五行》中“德”指仁、义、礼、智、圣和谐地生发于内心之中不同，《性自命出》的“德”更多地是对性情的规定，其最根本的原则是“情”，也就是真与诚。在使性情趋向“德”的修养过程中，真诚的性情通过礼乐的节制与感发功能而显现，《性自命出》最后一节详细地展示了这样一种过程：

凡忧患之事欲任，乐事欲后。身欲静而勿羡，虑欲渊而毋伪，行欲勇而必至，貌欲庄而毋伐，心欲柔齐而泊，喜欲智而无末，乐欲怿而有志，忧欲敛而毋昏，怒欲盈而毋希，进欲逊而毋巧，退欲肃而毋轻，欲皆敏而毋伪。君子执志必有夫广广之心，出言必有夫柬柬之信，宾客之礼必有夫齐齐之容，祭祀之礼必有夫齐齐之敬，居丧必有夫

① 李零：《郭店楚简校读记》（增订本），中国人民大学出版社 2007 年版，第 139 页。

恋恋之哀。君子身以为主心。①

这就是“反己”的具体表现，也是“心术”起作用的具体途径。思虑不虚伪，容色要庄重，欲望要淡薄，行动要坚定，志向要坚守，言语要诚信，情感要有节制地释放，意愿也要有节制而不虚伪，这一切无不是“诚”的精神在身体上的完美展现。可以说，作为“心术”之一的“反己”所要“反”的就是人心的精诚，就是给人的心和意加上“诚”这个“滤嘴”，这就是《大学》所谓的“诚其意”。这种主张在简文“慎独”说中体现得更为明显。

慎，《说文》云：“慎，谨也。从心，真声。昚，古文。”这个“昚”字，上半部分是一个讹变的“火”，下半部分从“日”，至于为何从火从日的字会读为“慎”，刘乐贤认为这中间经历了一个古音之转的过程。② 根据许慎的观点，昚有柴祭上天之象，故不可不谨敬虔诚；再看这个从心真声的“慎”字，更是突出了心之真诚的一面。因此，笔者认为“慎”字作“谨慎”讲时可能属于后起之义，“诚敬”才是它的本义。或者说，谨慎只是诚敬的情感所必然要求的结果，与谨慎的言行相比，内心的真诚才是根本，“慎”主要指一种诚敬的心态和修养。因此，《尔雅·释诂》才会将“慎”训为“诚”：“展、谌、允、慎、亶，诚也。”这种诚敬有时针对的是礼乐威仪，有时指向的是人的言语和行动。从

---

① 李零：《郭店楚简校读记》（增订本），中国人民大学出版社 2007 年版，第 139 页。

② 刘乐贤：《释〈说文〉古文慎字》，《考古与文物》1993 年第 4 期。

根本上说，所诚所慎的终极对象就是人自身的德性，其要求就在于专一、精诚于内在之德，使其真实无伪地显现出来。再看“独”字，此字从犬，蜀声。《说文》云：“独，犬相得而斗也。羊为群，犬为独也。”因此，“独”的本义就是孤独、单一、独自，引申为独特、独断、老而无子孙者等。

一般认为，“慎独”就是“古人的一种修养方法，指人独处时谨慎不苟”①。这是否展现了它的本质内涵呢？《中庸》说：“是故君子戒慎乎其所不睹，恐惧乎其所不闻。莫见乎隐，莫显乎微。故君子慎其独也。”从字面上看，这段话明确地将“慎”理解为“戒慎”“恐惧”，指的是一种谨小慎微、战战兢兢的进德态度，“独”则是指幽隐、细微的境地。因此，“慎独”就很容易被理解为个体在独处独居而不被别人发觉的境况之下应该谨言慎行。但是，这种解释忽略了“道也者，不可须臾离也，可离非道也”这句话所要表达的人在任何时候都应该遵道而行的意思。试问，如果人处在并非“幽隐”的大庭广众之下时，内心就不需要“戒慎恐惧”了吗？答案显然是否定的，因为在公共场合下个体的言行会受到严密的监督和评判，如果说独居独处时还可以肆无忌惮的话，那么在公共场合就必须有所顾忌了。因此，将“独”局限为幽隐的独居独处有缩小“慎独”内涵的嫌疑。《大学》对于“慎独”的理解与《中庸》有所不同：

> 所谓诚其意者，毋自欺也，如恶恶臭，如好好色，此

① 中国社会科学院语言研究所词典编辑室编：《现代汉语词典》（第6版），商务印书馆2012年版，第1159页。

> 之谓自慊，故君子必慎其独也！小人闲居为不善，无所不至，见君子而后厌然，掩其不善，而著其善。人之视己，如见其肺肝然，则何益矣！此谓诚于中，形于外，故君子必慎其独也。曾子曰：“十目所视，十手所指，其严乎！”富润屋，德润身，心广体胖，故君子必诚其意。

这段话中的第一个“慎独”主要从主体道德心理的角度对人的行为进行规范，其内容就是“诚其意”，即要求人们的言行要“毋自欺也”。这里所讲的“慎”似乎更符合这个字的本义，并且，将“独”理解为主体的心理活动（“意”）也就避免了理解为“独居独处”时所造成的对于“慎独”含义的部分遮蔽。不过，这段话中还有一个“慎独”，并且在它的前面还有“小人闲居为不善”一句，这就造成了一种错觉，似乎此处的“独”指的是闲居独处，而小人独处时偏离善道的教训使君子有所戒备谨惧，所以提倡人们在独居独处之时应该慎之又慎。这其实是一种误解，误解的原因在于没有理解“小人闲居”与“诚于中，形于外”之间真正的关系。简而言之，小人在平时的生活当中所为有不善，但见到君子时可能会有所心虚戒惧，于是就试图伪装成行善的样子，掩饰自己内心的邪恶；可是，只有内心的诚实不伪（“诚于中”），才会表现为真正的善德善业，伪装终究会被人识破的；这对于君子的启发意义在于，只有“诚其意”，也就是使各自的心意、心志、性情都真诚无伪（也就是“自慊”），以道德滋润自己的身心，才是真正的修养之道。因此，笔者赞同梁涛教授的论断：

因此，这里并不是说，因为"小人闲居为不善"而要"慎其独"，而是说因为"诚于中，形于外"所以才要"慎其独"，而"小人闲居为不善"不过是作为一个例子，用以说明"诚于中，形于外"这个事实。所以后面的"慎其独"应当与前面一样，也是指"诚其意"，指内心的精神状态，而与独居、独处没有什么关系。①

可见，将"慎独"之"慎"理解为"诚"合情合理。这里还可以引用《性自命出》中的一句话进行说明："凡人伪为可恶也。……慎，仁之方也，然而其过不恶。速，谋之方也，有过则咎。人不慎，斯有过，信矣。"② 在论述人之虚伪所带来的消极影响之后，作者又从正面立论，说明"慎"的意义所在。可见，这个"慎"应该与"伪"相对，作"诚"解当无异议。但是，要论证思孟学派的"慎独"就是"诚其意"的话，还需要论证"独"与"意"之间的关系。除了《大学》提供的思路之外，我们在楚简之中也能获得类似的信息：

"淑人君子，其仪一也。"能为一，然后能为君子，慎其独也。③

① 梁涛：《郭店竹简与思孟学派》，中国人民大学出版社 2008 年版，第 296 页。

② 李零：《郭店楚简校读记》（增订本），中国人民大学出版社 2007 年版，第 138 页。

③ 李零：《郭店楚简校读记》（增订本），中国人民大学出版社 2007 年版，第 101 页。

“瞻望弗及，泣涕如雨。”能“差池其羽”，然后能至哀。君子慎其独也。①

故君子之莅民也，身服善以先之，敬慎以守之，其所在者入矣，民孰弗从?②

咏思而动心，菁如也，其居次也久，其反善复始也慎，其出入也顺，始其德也。③

在《五行》篇中，作者引用《诗经》中的两段话来说明“慎独”的问题。其一是《曹风·鸤鸠》中的“淑人君子，其仪一也”，属于子思学派的另一篇重要文献《缁衣》中也曾引用该句。鸤鸠就是布谷鸟，此鸟每于播种农耕时鸣叫，其声似在呼唤农夫抓住时节，辛勤耕种。古人认为布谷鸟还有均一养子、其心不移的特点，《鸤鸠》正是以此起兴，用以讽刺君主并没有做到公正宽厚。这句中的“仪”本义是仪表容止，泛指人的言行举止，句谓理想中的君子诚心坚定（“心如结兮”）、言行一致。专一、一致其实就是“诚”的体现，简文将“一”与“慎独”合而言之，就是在强调“慎独”乃指内心的专一致诚，也就是“诚其意”，或者说

---

① 李零：《郭店楚简校读记》（增订本），中国人民大学出版社 2007 年版，第 101 页。

② 李零：《郭店楚简校读记》（增订本），中国人民大学出版社 2007 年版，第 159 页。

③ 李零：《郭店楚简校读记》（增订本），中国人民大学出版社 2007 年版，第 137 页。

是使“意”“诚”。[1] 这就与简文所谓的“五行皆形于内而时行之”联系了起来：“形于内”指的是仁、义、礼、智、圣充实于人的心性，也就是所谓的“闻而知之，圣也，圣人知天道也”[2]，这是“诚”在“知”的层面真实无伪的表现；五行“形于内”之后，君子又“能为一”，使五行和谐，进而发而皆中节；“时行之”则是指内心充实的君子还要在“行”的问题上专一精诚，立志不辍。可以说，“君子‘和’五行为‘一’而‘时行之’，就是《中庸》所说的‘致中和’”[3]，也即君子符合天道的德性。需要指出的是，在五行形于内并发于外而“时行”的过程中，心之“思”的功能起了关键作用：“思”是心的活动的泛称，它产生志向和智慧，有志才能成德，有智才会明达；“思”不是天马行空的胡思乱想，“思”要“精”要“长”要“轻”，精是精审，长是恒久，轻是灵明，合而观之，精审、恒久、灵明就是“诚”的功效，于是“思”必须以“诚”为原则，如此我们便能更好地理解孟子“思诚”之说；心思不是纯然的认识活动，心的灵明靠的也不是它的认知能力，需要仁、智、圣等德性的充实才能使“思”精、长、轻——仁

① 晁福林指出，简文此处的“慎独”说是断章取义，与《鳲鸠》本来的主旨不合。他认为，该诗所描写的鳲鸠与其子实喻指周代宗法关系，“《鳲鸠》篇的‘其仪一’，必指淑人君子的仪容一贯守礼，做到了这些，就必然会守礼自信气度轩昂而受到国人尊重，宗法观念下的‘尊尊’原则就会得到体现”。见晁福林著《天命与彝伦：先秦社会思想探研》，北京师范大学出版社 2012 年版，第 230 页。

② 李零：《郭店楚简校读记》（增订本），中国人民大学出版社 2007 年版，第 102 页。

③ 孔德立：《子思与早期儒学》，中国社会出版社 2012 年版，第 182 页。

的思虑就会精细，智的思虑就会长久，圣的思虑就会灵明，每种思虑的作用过程就是一个有始无终的循环；正是在这个“思”的循环中，君子实现了“慎独”而使五行形于内并时时践行，君子知晓了天道和人道，有德又有行，知行如一，至诚明达，这就是所谓的“集大成”。①

再看《五行》篇所引《诗经》“瞻望弗及，泣涕如雨”一句。该句出自《邶风·燕燕》，诗歌写的是离别的场景，开头以燕子飞翔时上下参差、追逐不停、远走高飞②的景象起兴，描述的却是这样一幅场景：送别佳人远嫁，倩影逐渐稀疏，泪水犹如雨下。但《五行》的作者为何将这种“至哀”与“慎独”联系起来呢？显然，因亲人远去容易产生孤独之感，所以上博简才说：“《燕燕》之情，以其独也。”③ 此外，该诗中还有“淑慎其身”一句。这似乎在显示“慎”与“独”之间有着朦胧的关联，但孤独是送别者的心态，淑慎则是离人的德性，因此二者并不能合而称之为“慎独”。有学者认为，《燕燕》一诗中描写了因亲人远去而心生孤独、离群之感，笔者认为此处的“慎独”显然与《鸤鸠》所引出的“慎独”之说一致，但“慎独”并非指在离群索居时要“自我珍重”。首先，笔者并不认同“至哀”乃“至远”之讹，因为由于亲人的离开（以燕子“参差其羽”

---

① 李零：《郭店楚简校读记》（增订本），中国人民大学出版社 2007 年版，第 103 页。

② 马王堆帛书《五行》中“至哀”之“哀”有时又作“远”。

③ 上海大学古代文明研究中心、清华大学思想文化研究所编：《上博馆藏战国楚竹书研究》，上海书店出版社 2002 年版，第 182 页。

为喻）而泪如雨下本就是情感丰富的人类最为哀痛的场景之一，“哀”比“远”更能说明此情此景所带给人的深切震动。其次，人处在这种离别的场景之下，悲哀之情油然而生，这种情愫没有任何虚伪矫饰的成分，这就是内心的“诚”。于是，庞朴先生才会说：“《燕燕》则舍体任心，以‘至内者之不在外也，是之谓独’。可见所谓‘《燕燕》之情，以其独也’，指的是其情专一不渝（参见帛书《五行》说八‘无与终’）和不假修饰出于至诚。”① 最后，《五行》的作者强调因亲人远去而生出“至哀”之情，这其实是一种隐喻，所隐喻的是送别者本人已然具备了仁、智、圣的德性。《五行》中说：

> 不仁不智，“未见君子，忧心不能惙惙；既见君子，心不能悦；亦既见之，亦既觏之，我心则悦”，此之谓也。……不仁不圣，“未见君子，忧心不能忡忡；既见君子，心不能降”。②

这段话引用了《诗经·召南·草虫》里的诗句，《草虫》描写了思妇的内心波动：因为长久不见夫君的面，因此生出了无限的忧愁、慌乱和悲伤；如果能见上夫君一面，那内心就会变得安定和舒畅。《五行》对于这些诗句的引用也是一种隐喻，是为了说明

---

① 庞朴：《上博藏简零笺》，见《上博馆藏战国楚竹书研究》，上海书店出版社 2002 年版，第 238 页。

② 李零：《郭店楚简校读记》（增订本），中国人民大学出版社 2007 年版，第 101 页。

人在面对有德君子时的情感表现：不仁不智不圣，则不论未见君子之时还是已经见了君子都会不忧不乐，也就是内心并没有受到什么感动，不会以君子为榜样而充实自己的德性。由此，我们再来看《燕燕》中那位因亲人的离去而哀痛至极的主人公，那位将离别亲人“其心塞渊”（内心诚实而见识深远）、“淑慎其身”（小心谨慎地修养身心）的德性作为对自己的劝勉（“先君之思，以勖寡人”）的送别者，他难道不是见君子或不见君子都有所忧乐的代表吗？由他而引出的“慎独”难道不就是指将仁、义、礼、智、圣的五行和谐内化于心并时刻践行之，以君子为榜样专一致诚于天道和人道，最终成就德性、明达事理吗？于是，这就与上文《五行》引《鸤鸠》所要表达的意思一致了。

值得一提的是，马王堆帛书《五行》之说文对于出自《诗经》的这两段话也做了诠释，限于篇幅，笔者选取其中比较重要的段落进行说明：

> “能为一，然后能为君子。”能为一者，言能以多为一。以多为一也者，言能以夫五为一也。①
>
> “君子慎其独。”慎其独也者，言舍夫五而慎其心之谓□□然后一，一也者，夫五夫为□心也，然后德之一也，乃德已。德犹天也，天乃德已。②

---

① 国家文物局古文献研究室编：《马王堆汉墓帛书》（壹），文物出版社1980年版，第19页。

② 国家文物局古文献研究室编：《马王堆汉墓帛书》（壹），文物出版社1980年版，第19页。

> “……能差池其羽，然后能至哀。”言至也。差池者言不在衰绖，不在衰绖也，然后能至哀。夫丧正绖修领而哀杀矣。言至内者之不在外也。是之谓独。独也者舍体也。①

需要注意的有两点：其一，说文将“能为一”理解为将五行统一于心，也就是超越五行之上而直接将修养的对象转向五行所存于其中的内心，这个心就是独体，“慎独”就是慎心，慎心便是有德，有德就是遵循了天道。作者在这里强调了五行之“和”的层面，这又间接地说明了作者注意到了五行之间有可能会出现冲突、偏颇等不和的情况。正如张丰乾教授所言：“德行的复杂并非简单的‘善’与‘恶’的对垒，而往往是各种美好的德目，相互之间的冲突，这才是人格修养的艰难之处。”② 可能是为了从五行之间复杂的关系之中抽身出来，作者试图寻找“一以贯之”之道，这个道就是慎心之道，就是用心专一之道，就是人的成德之道，也就是天之道。可以说，这里虽没有明言“诚”道，但将“慎心”理解为“诚心（意）”是非常恰切的。对此，可以引《说苑·反质》中的一段话作为佐证：

> 《诗》云：“鸤鸠在桑，其子七兮。淑人君子，其仪一兮。”传曰：“鸤鸠之所以养七子者，一心也；君子所以理万物者，一仪也。以一仪理物，天心也；五者不离，合而

① 国家文物局古文献研究室编：《马王堆汉墓帛书》（壹），文物出版社 1980 年版，第 19 页。

② 张丰乾：《〈诗经〉与先秦哲学》，北京大学出版社 2009 年版，第 135 页。

为一，谓之天心。……是故诚不远也。夫诚者一也，一者质也；君子虽有外文，必不离内质矣。”①

其二，说文对于“能差池其羽，然后能至哀”的理解虽与诗意有所扞格，有过度诠释之嫌，但这可看作是对下文所言“舍体”的举例说明。说文强调心灵（内）是身体（外）的主宰，将“慎独”之“独”理解为“舍体”，即舍弃外在的形体、仪容，回归内心真诚的意志、意念等内容，这又被称作“舍其体而独其心”②。这个“独其心”犹如《礼记·礼器》“礼之以少为贵者，以其内心者也”中的“内心者也”，郑玄注云：“用心于内，其德在内。”由此，我们可以推测，这里所说的内心的意志、意念是以道德意识为内容的，这就如同上文所引《性自命出》“其反善复始也慎”中的“善”和“始”，即人本真的道德情感和意识。对于这些道德方面的内容，仅有谨慎、珍重之心是不够的，最重要的是要将它们真正内化为真实的德性，外化为切实的德行。正如《成之闻之》所言，要先“身服善”，将德性通达于人自身，然后“敬慎以守之”，用诚敬的态度去坚守

① 卢元骏注译：《说苑今注今译》，天津古籍出版社 1988 年版，第 702～703 页。

② 郭齐勇教授将“舍体”与上文“言舍夫五而慎其心”中的“五”联系起来，认为“帛书《五行》是说，心为‘一’，五官四体为‘多’，正因为心能独，即超越于五官四肢，故能对五官四肢均平（不偏不倚）、专一，进而能统摄之。这与《荀子·解蔽》的‘虚壹而静’相类似”。郭齐勇《郭店楚简身心观发微》，见武汉大学中国文化研究院编《郭店楚简国际学术研讨会论文集》，湖北人民出版社 2000 年版，第 206 页。

善德。因此，将“慎”训为“诚”是比较合理的选择。

可见，郭店简中的“慎独”之“慎”是“诚”的含义，“独”是内心的认知、情感或意志，特别是那种人所不识而己所独知的心理活动。简言之，“慎独”就是“诚其意”①。“慎独”是修心之术，是“独善其身”“反身而诚”之术，是孔门后学在考察天人关系、反思人的本质、规范人际伦理的基础之上所做出的必然选择，目的就是使真诚情感和美善德性充实于内心，从而复归他们所构想的人类的本性，最终完成对身体性、物质性的超越，达到与天的合一。这种修养方法在人的道德实践上就会体现为一种专一、真诚、谨慎、自觉、坚定、持之以恒的态度，而这正是思孟学派在功夫论上的最根本要求。

五、小结

以上笔者从对真诚性情的重视、由天道而言人道的思路、气感神应论的影子、慎独的修养方法等四个方面发掘了郭店简

① 廖名春教授在综合古今学者关于“慎独”的诠释的基础之上，认同简帛《五行》和《中庸》《大学》《荀子》等所言的“慎独”其含义具有一致性。不过，他认为将“慎”训为“谨”、“诚”或“顺”皆不足取，主张“慎”字应当训为“重”，即“心里珍重”之义。因此，“慎独”的真正含义就是珍重内心、珍重出于内心者、珍重内心修养或珍重人之良心等。详见廖名春著《中国学术史新证》，四川大学出版社 2005 年版，第 86～93 页。先不论他通过将“慎”拆解为“心”和“真”来探究“慎”之本义的做法是否合理，单是分析“慎独”乃珍重内心这个结论来看，珍重内心并没有脱离“诚意”所要表达的含义：其一，珍重是内心之“诚”所表现出来的态度之一，与“诚”并不冲突；其二，珍重内心与“诚意”相比，其充实良心、复归本性的内容不突出，这就不能很好地概括“慎独”说的核心内容。

中所蕴含的“诚”观念，并将其与思孟学派的其它材料做了对比。虽然郭店简文中没有明确的“诚”字出现，但思孟学派“诚”观念所表达的思想基本都能在简文中找到对应的内容。与《中庸》《孟子》比较系统的“诚”论相比，简文中所体现的内容更像是这种学说的原始形态。此外，儒家简对于孔子所罕言的“天道”有一种试图开掘的意向，但更偏重于人在日常生活中的德性修养。这也就意味着，《中庸》《孟子》很可能是在继承子思一系儒者要求心、性、情真诚信实的思想主张的基础之上，将这种“诚”的精神上升、膨胀为具有无穷能力的宇宙力量（“天道”），并将其功效夸大为能给人类带来全知、全能、神妙的智慧。无论是本体论还是功夫论上，由《中庸》和《孟子》所阐发的儒家“诚”哲学具备了更多的形上学色彩，这种理论上的突破对儒学的哲学性建构产生了巨大的影响，其利弊得失笔者将在下文中予以阐述。

第二节　思孟学派对“诚”观念的哲学创构
——以《中庸》《孟子》为中心的讨论

笔者认为，孔子及七十子所面临的最大社会背景就是“礼坏乐崩”所带来的人伦的失序，虚伪的丛生，是非的淆乱。孔子已经着手解决这个问题，他的奔走呼号虽然犹如木铎之音，但没有起到多么强烈的警众之效。孔子之后，社会失序的状况并没有得到缓解，反而因为战乱频仍和百家之说的风起云涌变得更加严重。子思及其后学继承孔子的遗志，从诉诸天道着手，试图构建一个以天道为依据的真实无伪、趋向至善的人道秩序。正如张祥龙教授所言：

> 他（指子思——引者注）心中挂念着一个大问题，就是要为他的“先君子”辨清到底什么是“圣之时者”、“与时偕行”，什么是真正的乡愿、腐儒，谄媚虚伪的小人儒。所以，他觉得他必须说明人的真性所在，一旦这个地方得力了，那就可以去观察千变万化的行为言论中到底有没有这个真性：有真性就是真儒，就是权变；没这个就是小人儒，是假儒。(所以子思特别关注“诚”，这后边应该有此背景。)①

前文已经论述了原始儒家对于“诚”思想的重视，总的来看，孔子和郭店简中所展现的孔门后学更倾向于从人道的层面对“诚”观念所包含的真实、忠信、慎独等意蕴展开论证。此时的“诚”虽还没有成为一个哲学概念，但它所要表达的思想内容已经通过“信”“情”“敬”“慎独”等观念而显现了。但是，思孟学派并没有就此止步，与轴心时代其他文明的思想家们一样，他们在追求思想深邃度的道路上继续前行，这突出地表现为改变了以往只重视从人之性情自然、本然、真诚的角度论述“诚”观念的特色，而着力构建以“诚”为枢纽的儒家天人合一学说。相对于自然、真诚的性情而言，在天道规约、指

① 张祥龙：《先秦儒家哲学九讲——从〈春秋〉到荀子》，广西师范大学出版社2010年版，第156页。

引下的性情必将更多地具备价值性的内容：“性”由喜怒哀悲、自然之气逐渐变成了具备良善本质的道德之“性”；“情”则由可以自在显现发用的真实心理内容转变为应该受到更多限制的道德情感，这种情感要求去除阻碍本心、良知及善性正常呈现的个体欲念。可以说，这是先秦儒家哲学的一次重大演进和发展。《中庸》《孟子》关于“诚”的论述中蕴含着大量的哲学性内容，我们有必要探赜索隐，以期以小见大，对儒家思想中的哲理性成分做一番评论。

一、天道及本体的内在超越性

寻求终极真理是人类的本能性知识冲动。天地之初始虽“窈冥不可考而原也”（《史记·孟子荀卿列传》），但思想家们仍坚持不懈地试图从已知推向未知，正所谓“必先验小物，推而大之，至于无垠”（《史记·孟子荀卿列传》）。人作为“爱智”之存在就应该不断探索宇宙的本原，穷究万物的实质，追问人生的目的，并在这种探究和追问中获取知识，发现真理，进而赢得自由，获得幸福。处于不同文化圈的人们有一种共同的致思倾向，那就是要为人类认识活动和实践活动寻找一个永恒的、终极的、可效仿、可依靠、可追求的存在。这种追问和寻找反映在哲学思考上的成果便是形而上学，更具体一些便是本体论。西方哲学史上的本体论经历了诸如始基本体论、属性本体论、概念本体论、神学本体论、理性本体论、物质本体论、精神本体论、现象本体论、分析本体论、实在本体论等形态的演变，中国哲学中虽没有形成一种专门研究本体问题的学问，但诸子百家对于本根、本原问题的思考也留下了丰富多彩的论述。

在中国哲学中，最重要的本体是“道”。“道”的本义是通道、道路，由此又引申出原则、依据的内涵。老子最先对“道”进行了本体论的说明，在他看来“道”先天地而生，独立运行而不改变，周而复始而不间断，是万物的本原和依据。老子“道”论的最终目的是给人类的生存提供一种道路上的指引，他希望人们效仿道自然而然的特质而清静无为，最终达到无为而无不为的境界。能够做到这样，便是有“德”，所谓的“道德”就是顺承道之本性而成德于人自身。这是典型的由天（道）而言人（德）的思路。前文已经提及，孔子很少谈“天道性命”的话题，但这绝不意味着他没有形而上学的思考，至少晚年好《易》的学术转向说明了孔子对于天道问题的探索兴趣。他仍把天看作是宇宙万物存在的终极依据，并且对人类而言“道”更是道德价值的源头，即所谓“天生德于予”（《论语·述而》），而这个“德”的核心便是“仁”。这种推天道以言人事的思路与老子的“道德”说的结构有一致性，只不过与道家清静无为的功夫论相比，孔子对于仁和礼的重视显示出儒家更积极有为的倾向。但是，在孔子那里并没有很好地回答天如何生德于人、如何给儒家所重视的伦理道德规范提供形上依据这些重大问题。

那应该赋予天道何种性质才能更好地为儒家伦理道德提供形上的依据呢？郭店简中的儒家文献为我们提供了一些思路。孔子之后儒家内部虽然出现了分化，但以子思为代表的重视内在心性修养的一派无论是从思想的深度还是影响力的程度来看，代表了当时儒学发展的主流方向。这个学派的特色在于：在本体论上，他们以性情作为伦理道德价值的本原，从性情出发寻找人类的方向和出路；在人性论上，发挥了孔子的性命思想，并且有向性善论过渡的倾向，强调性情要真实无伪；在功夫论上，认为只有将内心之性情真诚信实地展现出来才能感动他人，才能使君主赢得臣民的信任，因此特别强调“慎独”。可见，追求内心的真诚是这个学派的重要特色之一。但问题是，如何更好地论证这个“诚”的合理性、如何更好地安顿内心的“诚”并没有在简文中获得完整的说明。这个问题是在《中庸》和《孟子》中得到解决的，可以说，《中庸》《孟子》对于“诚”的哲理性说明是孔子之后儒学发展的必然结果。

思孟学派创构“诚”论的最重要一步便是诉诸天道。天道话语在当时都不算什么新的创造，而是自古以来的传统。天道是一种最为信实的本体性存在，古人构造出它来的目的无非就是给整个自然和人世安排一种井井有条的秩序。思孟学派接受了这种思想传统，认为自然的生生不息、变动不居背后都是道在起作用，只有道才是真实的存在，是万物得以存在的保证，它是不变的、永恒的、唯一的。因此，认识了天道就认识了真理。既然真理由天而来，那么人事的法则也必然要从天道那里寻找答案。按照他们的逻辑，如果一种道德性的情感和态度本身是受天道的启发，那么这种情感就会获得至高的合法性，进而建立在此种情感之上的伦理道德规范也就应当成为普世价值。《中庸》第二十章说：“诚者，天之道也；诚之者，人之道也。”① 可以说，整个《中庸》文本都是围绕着如何体认天道的“诚”、如何实现人道的“诚之”而展开的。“诚”的本义就是

---

① 本文所引《中庸》原文及分章皆据朱熹撰《四书章句集注》，中华书局1983年版。

真实无妄，它是儒家对万物真实存在之情状的一种抽象；它不是天道本身，而是“对天道状态和属性的形容”①。与道家由于重道而轻视具体的事物不同的是，儒家承认万事万物的真实存在，并在此基础之上建立了“天道—人道”的哲学体系。有些学者认为，是先有真诚的情感，再有被情感所投射的万事万物。例如，谭宇权认为：

> 无论说《中庸》所使用的方法，都是“感知”或“体验”意思都是指“体悟”之意。以美学的观点说，即使用文学家、艺术家的手法，一方面将作者自己的感情——“诚”的要求投射到万物中，一方面即以这个“要求”作为万物的本质而加以表现。易言之，“诚”为“物之终始”是主观的要求的结果。而非能说明客观万物的本质是如此。②

中国哲学中的认识论确实有一种重视体悟的特色，但据此认为体悟就是纯主观的想象而没有任何客观的认知基础就有些武断了。《中庸》第二十六章云：“天地之道，可一言而尽也：其为物不贰，则其生物不测。天地之道：博也，厚也，高也，明也，悠也，久也。”可见，“诚”是对博、厚、高、明、悠、久这些自然万物之存在状态的概括和抽象。这与《周易·系辞传》从对天地万物的观察中抽象出形而上的“道”的思路非常相似：

① 胡家祥：《中国哲学原理》，中国社会科学出版社 2012 年版，第 134 页。

② 谭宇权：《中庸哲学研究》，台北文津出版社 1995 年版，第 222 页。

> 《易》与天地准，故能弥纶天地之道。仰以观于天文，俯以察于地理……范围天地之化而不过，曲成万物而不遗，通乎昼夜之道而知，故神无方而易无体。（《周易·系辞上》）
>
> 古者包牺氏之王天下也，仰则观象于天，俯则观法于地，观鸟兽之文与地之宜，近取诸身，远取诸物，于是始作八卦，以通神明之德，以类万物之情。（《周易·系辞下》）

面对自然界生生不息的状态、变化万物的奇妙，思孟学派抽象出“诚”这一观念来描述这种能够为人所切身感受的客观规律（天地之道），并把“诚”道凌驾于万物之上，将其视为能使万物开始和结束的永恒动力，进而通过人的性情论构造将天道与人道贯通，使超越性的天道内在于人的心性，即将天道人格化，“诚”也就自然成为人伦价值的根源。最终，整个自然界被赋予了浓厚的价值论的色彩，宇宙观和价值观完成了一次融合。“诚”不是凭空而造的，情感也不是不请自来的。人类在大自然面前的无力感与崇尚感激发了浓烈的效仿心情，结果就给自然注入了人文的性质，天地之间也就成为道德实践之可能的场域。总之，《中庸》的作者通过观察客观的世界而获得启发，建构起了一种以“诚”为基准的理想世界。人类伦理活动的归宿也就变为努力接近这种真实存在，引导自己的行为朝着更完善的方向迈进，从而实现与天地同德的终极追求。

但问题在于，将本体色彩浓重的天道作为认识的对象，使得本以模糊不清的自然状态更加难以捉摸。我们知道，孔子是罕言天道的，道家也认为“道”不可言说。但语言作为一种思想的符号其本身的表达冲动又是与生俱来的，加之任何被命名为“真理”的存在都有被传播的需求，否则就更是一种独语。因此，《中庸》通过这种文字性的知识建构来描述已经存在的状态，以“诚”为本体的形上思维应运而生。从《中庸》的文本来看，它明显受到了老子“道”论的影响，但老子对于“道”的最重要的性质断定是“无”，也许为了显示与道家思想的不同之处，道之“无”的特色被有意忽略，而被冠以“诚”的性质，在有与无之间无疑留下了巨大的模糊而又极具张力的空间。

我们应该如何看待这种可能增加认识模糊性的哲理创造呢？其实，用一种抽象的、主观的、价值的“诚”来描述客观性的、真理性的宇宙万物的规律，可以说是思孟学派对于事物真实存在的信念。这种确证性的信念的意义在于，它可以为人类自身的生活提供一种情感和心理上的保障：

> 有了信念，我们也就会当然地希望这些信念能够如实地反映外在事物，因为我们在认识上所能够做的种种努力都是指向这样的一个清楚的目标：要急切地发现我们的信念是真的。只有相信我自己关于外在经验世界的信念是真的，我们才有可能获得真正的或真实的生活。否则，所谓的一切只不过是镜中花，水中月，我们的一生将注定要在虚幻中度过，这是多么可怕、痛苦而恐惧的一切。①

① 胡军：《知识论》，北京大学出版社 2006 年版，第 116~117 页。

不过，不同于自然科学知识可以借助于科学的手段、人类的观察、理性的推理和经验的证明来探究与外在世界之间是否一一对应，从而确保知识具有较强的可证实性，对于像“诚”这样的本体性认识，即便人们付出再多的努力，其认识的结果也不能被证实，当然也不能完全被证伪。即便宇宙万物是真实的存在，我们也不能证明它是形上之天道的显现，因为“天道”本身是不可能被人类的理性所认识的。也就是说，作为事物之本性的“诚”虽有其“能指”的符号意义，但其“所指”却是流散的、不明的。

也许有论者会说，“诚”虽然是抽象的，但其只是对天地自然特性的一种领悟。因此，我们不能拘执于语言层面的表述，而应该将其还原为丰富生动的客观世界。但问题是，如果我们把“诚”的本体还原为自然万物，那就意味着可以通过客观的符合论来证实其有效性吗？事实上，儒家“诚”哲学为我们所展示的世界已经不是单纯的不以人的意志为转移的客观世界，即便它以世间万物为讨论的起点，其结论也是模糊不明的。总之，作为形上之本体的天道诚体一旦进入认知的视域，就难免会被诟病为难以证实，其实在性很容易受到现代西方哲学特别是分析哲学追求确定性知识思潮的批判。“诚”虽然一再被儒家定位为真实无妄，但由于它方方面面的模糊性，其科学性也就很微弱了。因此，笔者很难相信一种模糊不清的“诚”体可以很好地安立于人心而为人类的道德生活提供指引。这也就意味着以“诚”为中介而建立的“天道—人道”之和合的结构是极不稳定的，最终只能将其作为一种信念、信仰的成分才可以起到一定的作用。不过，儒家的信仰系统又是很松散的人文宗教结构，没有强制力做保证，也不像基督教、伊斯兰教、佛教等具有那样完备的教义教规体系，因此，由“诚”哲学所开展的道德理想主义终究只能成为一种理想，若要变现为实际的道德教化效果还需要增加其他形式的理论创构。

二、圣、常及体道路径的双重性

思孟学派所言的天道诚体是超越的，同时也是内在的。《中庸》所言的“诚之”和《孟子》所说的“思诚”都是内在化的路径，二者相比，很显然孟子更抓住了关键——直接将修养的中心放在“心”上，重视心之“思”的作用。《中庸》“诚之”给人的感觉是达到至诚之天道的路径有很多种，无论是匹夫匹妇还是君主大臣都要在日常生活中遵循中庸之道，也就是通过诚于“中”而“和”于外，其“诚”的对象也是心性的内容。而在孟子那里，由于他以心说性而明确提出性善论的观点，因此心性又具备了更多的价值意义。通过心思的作用而牵引出来的“诚”无疑也具备善的性质，于是“思诚”更多地是为了明善，是为了找回人类丢失的“良心”。虽然《中庸》也讲“明善”，说“诚身有道，不明乎善，不诚乎身矣”“诚之者，择善而固执之者也”“祸福将至：善，必先知之；不善，必先知之”，但是这些“善”指的并非人之善性，而是善的事物。再结合郭店简所蕴含的“诚”思想，我们可以看出，思学派“诚”论本身也有一个发展变化的过程，即由早期子思学派重视真诚性情向孟子看重明善诚身（诚即善）的演变。

“诚之”和“思诚”之外，思孟学派还论及不同的人生境界对于“诚”的意义。在儒家的理想人格中，一直有圣、常之分，这种分别的意义在于给常人、普通人树立一个道德上的榜样，希望他们通过学习圣贤以成就道德品格。这种人格上的高低之分首先体现在认识论的层面，这种认识不是对客观事物的精密考察，而主要是对人类道德知识的获得①。孔子首先提出了“生知”与“学知”的理论，他说：“生而知之者，上也；学而知之者，次也；困而学之，又其次也；困而不学，民斯为下矣。”（《论语·季氏》）他依据认识的能力和境界把人分为生知、学知、困而学、困而不学等不同等级。所谓“生而知之者”，即指那些不经过学习便具有各种知识（主要是关于“道”的认识），能认识各种事物的“上智”之人，次一等的是“学而知之者”，即那些通过学习而获得各种知识、认识各种事物的“中人”。除此之外，便是“困学者”和“困而不学者”，也就是所谓的“小人”。孔子认为“生知”的“上智”和“困而不学”的“下愚”都是先天注定、不可改变的，“惟上智与下愚不移”（《论语·阳货》）。通过德行的学习，孔子希望达到的效果是：“君子学道则爱人，小人学道则易使也。”（《论语·阳货》）在孔子的思想体系之中，“学”占有相当重要的地位，就连他自己的一生也是在不断的学习中成就完美的道德和渊博的知识。

孔子之后，孟子也区分“大人”与“小人”，大、小之别不是以财富和阶级划分的人之等级，而是两种不同的人生境界。在孟子看来，“小人是不能运用人类道德觉知能力去力行实践生

① 当然，儒家对于这两种知识基本是不做区分的，他们认为人道的真理与天道的规律是一体的。

命哲学的人”①，因此人类的全部价值和意义要向“大人”靠拢，“大人”之“大”首先在于他能够运用天生的道德能力去成就伟大的人格。孟子一方面强调人的认识能力、道德观念乃是先天赋予的本性，不待后天的学习、思虑而与生俱来。他说：“人之所不学而能者，其良能也；所不虑而知者，其良知也。孩提之童，无不知爱其亲也；及其长也，无不知敬其兄也。亲亲，仁也；敬长，义也。”（《孟子·尽心上》）孟子哲学思想的核心论断之一是人具有“不虑而知”的“良知”、“不学而能”的“良能”，仁、义、礼、智等都是上天所赋予人的道德本性，是先天固有的，不是后天学习而来的。人生来就有“恻隐之心”“羞恶之心”“恭敬之心”“是非之心”四个善端，把这四端扩充起来，就成为“仁”“义”“礼”“智”四种道德，扩充是向内心寻求，不是求索于外物。这个过程就是所谓的“思诚”“反身而诚”，良知良能就是人类之“诚”，就是天道下贯而成就的人性。与孔子相比，孟子似乎有意忽略了在认识能力和方法上的上智与下愚之分，这是为他的人性论服务的，只有承认人在认知方面的先天能力才能得出“人皆可以为尧舜”的结论，才能完成“反身而诚，乐莫大焉”的德性修养。另一方面，既然吾心本已具备德性，类似于“生而知之”，那么如果再强调学习的话恐怕也只能向内心去寻求了。事实上，除了“乃所愿，则学孔子”（《孟子·公孙丑上》）之外，孟子眼中的“学”基本上都是内求于心的。他说：“仁，人心也；义，人路也。……学问之道无他，求其放心而已矣。”（《孟子·告子上》）如果说孔子

① 谭宇权：《孟子哲学新论》，台北文津出版社2011年版，第103页。

眼里的“学”还需要靠在日常生活中的勉力践行而外向培育的话，那么孟子所谓的“学”就变成了通过寻求“本心”、认识自己的真诚本性、把丧失了的良心善性重新找回的内向过程。到了荀子那里则是革故鼎新，与孟子截然不同，突出了学识的经验主义路径：

> “生知”与“学知”在先秦时期是哲学家们注意探讨的一个问题，思孟学派发展了孔子的“生而知之”的先验论，荀韩则发展了孔子的“学而知之”的反映论，这两种认识路线的争论，经过荀子的批判性的总结、提高，使“学而知之”的唯物主义认识论，在先秦时期取得了初步的胜利，并达到了相当高的认识程度。①

我们再看《中庸》在这个问题上的讨论。《中庸》第二十一章指出：“自诚明，谓之性；自明诚，谓之教。诚则明矣，明则诚矣。”朱熹说：“德无不实而明无不照者，圣人之德。所性而有者也，天道也。先明乎善，而后能实其善者，贤人之学。由教而入者也，人道也。诚则无不明矣，明则可以至于诚矣。”② 很明显，《中庸》的作者继承了孔子对于“生知”与“学知”的划分，不过又有所损益。“自诚明”是圣人的本性使然，属于“生而知之”那一类，与孔子的“学知”相比，在“知”中又注入了“性”的成分，这无疑启发了孟子的思路。在《中庸》

---

① 姜国柱：《中国认识论史》，武汉大学出版社 2013 年版，第 274 页。

② 〔宋〕朱熹：《四书章句集注》，中华书局 1983 年版，第 32 页。

看来，由诚而明是一种不需要通过后天的学习就能成就的境界，常人是达不到的：

> 唯天下至圣，为能聪明睿知，足以有临也；宽裕温柔，足以有容也；发强刚毅，足以有执也；齐庄中正，足以有敬也；文理密察，足以有别也。溥博渊泉，而时出之。溥博如天，渊泉如渊。……故曰配天。（《中庸》第三十一章）

圣人的德性十分完备，内在的根基十分深厚，这种不学而知的本性使他足以监临天下，包容万物，决断万事，这是从人世间的“小德”的层面来展现圣者至诚而带来的明察。在探究宇宙万物终极真理的“大德”层面，圣人更是明察秋毫：“唯天下至诚，为能经纶天下之大经，立天下之大本，知天地之化育。夫焉有所倚？肫肫其仁！渊渊其渊！浩浩其天！苟不固聪明圣知达天德者，其孰能知之？”（《中庸》第三十二章）这里的“知”字点出了圣人因“诚”所“明”的内涵，那就是洞察宇宙的真理和规律，明晰天地化育之究极，因为是由本性自然体现而出，故而不需要什么别的依赖。这种对宇宙全体的明察是淳厚的、深沉的、浩大的，实在是无以复加。朱熹总结说：

> 承上章而言大德之敦化，亦天道也。前章言至圣之德，此章言至诚之道。然至诚之道，非至圣不能知；至圣之德，非至诚不能为，则亦非二物矣。此篇言圣人天道之极致，

至此而无以加矣。①

圣人在知与行这两个层面都能显出一种洞察，这一切都源于他与天同德，所“知”就自然而然“达天德”，所“明”也就毫无疑问为天道，实非常人所能认识。可见，“自诚明”之“明”是一种诚道的自明，是指生来体知天道诚体的圣人不需要通过理性的证明或推理就能获得的一种知性和德性的明察作用，是儒家最高的人格——圣人之自我开拓、自我完成而又内在灵明的感知机能。在《论语》中这种极为高妙的知性作用并不为孔子所特别强调，《中庸》的思路与孟子“尽心—知性—知天”的认知理路更为相似。

当然，并非任何人都可以成为圣人。在《中庸》中，德行高尚的圣人是有具体所指的，那就是孔子。《论语》中的孔子并没有自命不凡，也没有以圣人自居，更像是一个在追求仁德的道路上不断摸索前行的可敬老者。《中庸》之所以要把孔子描绘得如此崇高无上乃是出于将抽象的“诚”具象化，是为了说明至诚所带来的神奇功效。但既然一般人在本性上做不到像孔子那样由诚而明，是否意味着大多数人就要选择无奈、绝望与随波逐流呢？这显然不符合儒家的理论旨趣。儒家一再强调的“道”绝非仅仅是形上的、抽象的概念游戏，它更多是一种指引，是人活在这个世界上成就完善生活的根本依据。对于普通人而言，若要求道、知诚，就必须通过后天的教与学来曲成诚道，这就是所谓的“诚之”的过程与“自明诚”的路径。宋代

① 〔宋〕朱熹：《四书章句集注》，中华书局1983年版，第39页。

学者候仲良说：

> 自诚而明，生知者也，天之为天，亦曰诚而已，故曰天之道；自明而诚，反之者也，人之为人，修道而已，故曰人之道。“诚则明矣，明则诚矣。”诚固明矣，明而未至诚，非明也。①

可见，“自明诚”之“明”是一种后天的知性和德性的培育过程，需要接受圣贤的训教、经过一番切实的努力来获得一种明察的效果。这个过程便是“学知”的过程，其目的不是获得关于外在事物的科学知识，而是获取贯通天道和人道的“诚”的学问，这是一种境界的获得，自然是一种主观的体悟。

对于天道的后天认知与掌握而言，《中庸》一再强调要遵循“中庸”的原则：

> 子曰：“道之不行也，我知之矣，知者过之，愚者不及也；道之不明也，我知之矣，贤者过之，不肖者不及也。人莫不饮食也，鲜能知味也。”（《中庸》第四章）
>
> 故君子尊德性而道问学，致广大而尽精微，极高明而道中庸，温故而知新，敦厚以崇礼。（《中庸》第二十七章）

这里所谓的“道”是中庸之道，但其背后的本体依据恰恰可以

① 〔宋〕卫湜撰，杨少涵校理：《中庸集说》，漓江出版社 2011 年版，第 328 页。

看作是作为“诚”者的天道。因此，践行中庸之道的过程其实也就是向天道归趋、自明而诚的过程。与圣人体道能“致中和”不同，无论是智者还是愚者，无论是小人还是贤人，他们在对道的体认与仿效过程中往往不能遵行中庸的标准，因而常常会表现出各种不“明”的状态。这就好比没有人会不吃不喝，但很少有人能够品尝出真正的滋味一样。可见，要想真正达到对于天道的明察，就必须时刻秉持中庸的原则。这是一种内心选择的过程，背后隐藏着一系列借助于理性的比较、衡量、分析与评断的内心活动，是认知的高级阶段。

“明”要以“诚”为旨归，否则就会如候仲良所言“明而未至诚，非明也”。但明道并不意味着一定就会达到“诚”的境界，像孟子那样过分强调心性的力量似乎是行不通的。《中庸》认为，对道的体认决不能止步于“知之”，在“择善”之后还需“固执”，因为认知的行为有可能是暂时的、不稳定的甚至是虚假的。在知的层面，人们要像颜回那样“择乎中庸，得一善，则拳拳服膺而弗失之矣”（《中庸》第八章），要通过长久的努力建立“明道”的长效机制；在行的层面，内心更要有一种强大的魄力，把对于“诚”道的明察通过切实践行中庸之道体现出来，变现为一系列的日常行为，遵道而行，不能半途而废。圣人的境界很难达到，但对于君子而言，只要能在生活中明察诚道，中道直行，笃行不辍，照样可以“察乎天地”（《中庸》第十二章），这也就是第二十三章所谓的“致曲”。对此，《中庸》讲得非常具有鼓动性：

博学之，审问之，慎思之，明辨之，笃行之。有弗学，学之弗能弗措也；有弗问，问之弗知弗措也；有弗思，思之弗得弗措也；有弗辨，辨之弗明弗措也；有弗行，行之弗笃弗措也。人一能之己百之，人十能之己千之。果能此道矣，虽愚必明，虽柔必强。(《中庸》第二十章)

笔者认为，这里所谓的学、问、思、辨都是属于“明”的范畴，也属于“学而知之”的“诚之”路径，其间贯穿着切实践行知、仁、勇“三达德”的真诚精神，其目的只有一个，那就是由明而诚，体认天道，启发人道。虽然，《中庸》所设想的天道诚体有着极为浓厚的本体意味，但对于它的体知却是有门路可循的。这个门路就是在不断地去伪存真的过程中把握“诚”体的实质，明晰它的内在精神，并且勤勉、努力地通过实践来把“知之实”转变为“行之实”，以弥补大多数人不能成为圣人的先天之不足。这里，《中庸》又继承了孔子重视外在伦理实践的人文主义特色。清代李光地总结说：

此书以《中庸》名篇者，此理原于性命，行乎道教，惟其诚实而无妄，是以至中而至常。学道者以诚实无妄之心求之，则内无隐怪之慕，外无功利之贪，淡泊平常，无声色臭味之可娱悦，然后可以明庶物、察人伦，而返乎性命之真矣。①

① 〔清〕李光地：《中庸章段》，《景印文渊阁四库全书》第210册，台湾商务印书馆1986年版，第27页。

可见，在《中庸》中，无论是“生知”还是“学知”，这两种认识能力和方法都体现了人作为理性的动物所具有的对客观秩序（天道、人道）及主观结构（人伦、性命）的反思能力。但是，由于作为个体体认对象的天道诚体具有形上与形下不分、主体情感与客体秩序交融的特色，所以对于普通人“自明诚”的修养路径而言，对于德性的认知极有可能陷入某种极端和误区——一方面诚体夹杂的精神因素使其极易变成类似于黑格尔哲学中的“绝对概念”和“绝对精神”，从而使认知活动趋向神秘与直觉；另一方面，个体由明而诚的践行过程过多地依赖内心的自觉体认，这极有可能使对诚道的体知流于形式。

三、直觉及“诚”道体验的神秘性

对于诚体的认知不能像认识自然现象那样采取感官获取的方式直接形成经验，同样，这种认知的成果也不可能经由逻辑推理的方法而确切地给出，而要通过一种当下“同情共感”的直觉体悟方式去获得。以西方知识论中的基础主义的观点来看，天道诚体便是那个无需证明、不言而喻、直接确证的公理，与其说是一种客观的知识，不如说是一种主观的信仰。但是，为了对生活、道德、物理世界做整体性的把握，思孟学派又不得不做着认识论建构的努力而对它勉力求取。对于这样一个根本无法在现实中得到客观确证的认识对象而言，只能寄望于主体特殊的心理机制才能实现对超越性本体的感知，这种感知同时也是实现本体内在化的根本路径。成中英先生指出：

《中庸》……是把人对实在的觉察和对真诚的感觉加以

> 存在宇宙论化，使之成为终极实在，这是理解和了解天或是终极实在的源泉和基础。这样，获得实在的知识就成了去体现和实现潜在的实在。①

这种体验便是一种内心的直觉机制。以卡尔纳普的观点来看，思孟“诚”哲学属于“直觉形而上学”，意指“一种不是理性的而是纯粹直觉的过程的结果”②，是一种“非理性的知识”。这种直觉的认识在宋明理学家那里被明确提了出来，例如，张载所言的“德性之知”乃是借助于心的直觉而获得的知识，它区别于直接观察客观事物而获得的“闻见之知”。在二程那里，德性之知也是“不假见闻”，他们一再阐发的“天理”则是通过他们常引以为豪的“自家体贴”的方式而给出的，程颐甚至直接宣称：“大凡学问，闻之知之，皆不为得。得者，须默识心通。”③ 这里需要指出的是，与《中庸》的“诚”论相比，理学中天人合一的纽结已经由“道”转变为“理”“心”等，天理通过心之灵明而具于吾身，同样，理也存在于万物当中，并且只有人类才能认识它：“夫心之体具乎是理，而理则无所不该，而无一物不在，然其用实不外乎人心。盖理虽在物，而用实在心也。”④ 如此看

① 成中英：《成中英自选集》，山东教育出版社 2005 年版，第 483 页。

② ［德］鲁道夫·卡尔纳普著，陈启伟译：《世界的逻辑构造》，上海译文出版社 2008 年版，第 335 页。

③ 〔宋〕程颢、程颐著，王孝鱼点校：《二程集》，中华书局 1981 年版，第 178 页。

④ 〔宋〕黎靖德编，杨绳其、周娴君校点：《朱子语类》卷十八，岳麓书社 1997 年版，第 373 页。

来，人对于真理的认识不必外求于物，只需反观内省，一颗虚灵明觉的心就可以认识宇宙一切的表里精粗，最终至乎其极了。对此，朱熹的弟子陈淳又做了详细的论述。他说：“此心①之量极大，万理无所不包，万事无所不统。”② 人只要“极尽乎此心无穷之量”，“尽得个极大无穷之量，无一理一物之或遗，方是真能尽得心”③。做到如此这般“尽心”，就可以“虽万里之远，一念便到；虽千古人情事变之秘，一照便知”④。这种心照万物的思想正是思孟“诚”哲学所阐发的直觉体证方法的变种。至于陆王心学“致良知”“发明本心”“即心观妙”“收拾精神、自作主宰”的功夫论主张，则使这种直觉论登峰造极。

颇为吊诡的是，思孟“诚”哲学虽然试图寻找天地万物真实的本性，但它所引出的本体论和方法论却走向了一种飘渺虚幻的神秘境地，这种思维倾向塑造了中华民族重视内在道德自觉、忽略客观知识诉求的民族性格。如果严格地按照西方知识论的标准来衡量的话，思孟“诚”学的认识意蕴，以及后世所强调的“德性之知”根本算不上知识，更谈不上是什么真理，只能算是一种意见或者信仰。但是，我们可以从中窥探中国传统认识论的一些特色。

---

① “此心”指的是“道心”。

② 〔宋〕陈淳著，熊国祯、高流水点校：《北溪字义·心》，中华书局1983年版，第13页。

③ 〔宋〕陈淳著，熊国祯、高流水点校：《北溪字义·心》，中华书局1983年版，第13页。

④ 〔宋〕陈淳著，熊国祯、高流水点校：《北溪字义·心》，中华书局1983年版，第13页。

在认识活动的过程中，往往伴随着各种心理体验活动，这些活动可能发生在认识活动的各个阶段。什么是体验呢？可以说，体验是“人在生命的某一时刻通过对一种对象、情景或事态的经历，在其深刻的意义内涵中把握生命和存在的本质的原始意识过程”①。体验的特点在于其强烈的情感直接性、震撼性，它虽然可能是在有意识地进行思维加工的情况下发生的，但更多的是源于心灵自发、无意识的活动。体验的诱发物不仅有客观外在的对象，还包括梦境、幻觉、渴望、想象等心理机制。因此，体验有可能是现实可循的，也有可能是虚幻不实的。通过研究思孟学派“诚”观念所体现出来的认识论的思想，我们可以强烈地感受到其间所蕴含的天人合一的神秘体验。这种体验贯穿于体道的过程之中及其完成之后，并且，它基本上是建立在幻觉和想象的基础之上的。根据思孟学派“诚”论的描绘，在认识、追求诚道的过程中，人与天、人与鬼神之间有一种精神上的契合，如神灵降临一样，人们能够感受到一股神奇的力量；在获知、把握天道诚体之后，人类也会具备一种奇妙的能力，能够察往知来，优入圣域。

这种“诚”所带来的神秘性体验与认知是源于祭祀活动的。祭祀活动在中国古代国家、社会及家庭生活中具有非常重要的意义，《左传·成公十三年》就说：“国之大事，在祀与戎。”在思想家眼里，祭祀是“天人合一”观念的实践化形式。《论语·尧曰》说：“所重：民、食、丧、祭。”孔子还强调“祭如

① 乐黛云等主编：《世界诗学大辞典》，春风文艺出版社 1993 年版，第 522 页。

在，祭神如神在”，并说“吾不与祭如不祭”。可见，他特别看重祭祀时的诚心敬意，希望以此来培养人们诚敬的道德品质。此外，祭祀祖考还可以培育人子的孝敬品德，进而培育整个社会的良好风气，即所谓“慎终追远，民德归厚矣”（《论语·学而》）。

对于祭祀时的情形，《中庸》描述得很具体形象：

> 子曰：“鬼神之为德，其盛矣乎！视之而弗见，听之而弗闻，体物而不可遗。使天下之人齐明盛服，以承祭祀。洋洋乎！如在其上，如在其左右。《诗》曰：‘神之格思，不可度思！矧可射思！’夫微之显，诚之不可掩如此夫。”（《中庸》第十六章）

在孔子眼里，祭祀是能够切实体验到鬼神之存在的最便捷法门。祭祀活动起源于原始信仰，其对象主要是天地、鬼神与祖先，由此形成的复杂的外在仪式规定和内在情感要求构成了中国礼乐文化的悠久传统。在祭祀活动中，人们要遵循一系列的行为程式与规范，否则就会被认为是对神灵的不敬。斋戒沐浴、整齐穿戴就是体现诚敬精神的神圣性仪式要求，祭祀的目的在于歌颂鬼神盛大的功德，希望以此得到神灵亲临的眷顾，进而给参与祭祀的人员带来好运和福佑。在极力追求至诚境界的过程中，在庄严肃穆的情境里，人们产生了一种与神灵相互感通的极致体验，这种体验无法用科学理论来解释，甚至除了设身处地参与祭祀的人之外，也没法在人际之间进行传达。当然，能获得神秘体验的祭祀绝不仅仅靠仪式的严整与祭品的丰盛，更重要的因素是斋戒沐浴、穿戴整齐这些仪式背后的诚敬之心，以及由于恐惧、崇敬而产生的心理虚幻、扭曲情态。可以说，祭祀为接近鬼神设置了一种神奇的场域，它是获得人神合一神秘感的最直接形式。其实，《中庸》是用鬼神来譬喻诚体（道）的，鬼神无处不在，犹如道无处不在；鬼神视而不见，听而不闻，不可测度，这同样也是天道诚体的特质。因此，祭祀之中的神秘直觉其实也就是追求天道的过程中所带来的内心体验，这种体验主要呈现为认知达到至诚境界时人与天地万物的合一感：

> 唯天下至诚，为能尽其性；能尽其性，则能尽人之性；能尽人之性，则能尽物之性；能尽物之性，则可以赞天地之化育；可以赞天地之化育，则可以与天地参矣。（《中庸》第二十二章）

即便不能臻至诚的境界，只要坚持不懈地向“诚”靠近，在日常生活中处处以“诚”为追求的目标，也同样可以获得妙化万物的感应：“其次致曲，曲能有诚，诚则形，形则著，著则明，明则动，动则变，变则化，唯天下至诚为能化。”（《中庸》第二十三章）正如朱熹所言：“曲无不致，则德无不实，而形、著、动、变之功自不能已。积而至于能化，则其至诚之妙，亦不异于圣人矣。”① 如果说上述感应还有些温和的话，那么下面这段话则直接把这种神秘的体验推到极致：“至诚之道，可以前

① 〔宋〕朱熹：《四书章句集注》，中华书局1983年版，第33页。

知。国家将兴，必有祯祥；国家将亡，必有妖孽；见乎蓍龟，动乎四体。祸福将至：善，必先知之；不善，必先知之。故至诚如神。”（《中庸》第二十四章）

人如果能达到对诚道的最终体认，便能如神明般预测未来。这显然是在用善恶福报的思想传统来解说诚道感知的神秘效用。我们知道，孔子本着“知之为知之，不知为不知”的理性精神，“不语怪、力、乱、神”，对天、道、性、命基本上采取“存而不论”“敬而远之”的态度。有学者指出：“这种朴素的‘理性精神’不仅避免了原始儒学宗教化的发展方向，而且区分了经验世界与超验世界的知识阈限，暗合了现代化的知识标准。”①而在《中庸》所建构的认识论中，那些被孔子所刻意回避的“怪、力、乱、神”等因素被重新塑造了出来，并且还特别以“善报”的思维来确保其理论学说的必要性。也就是说，在“诚”观念所展现的福祸报应学说背后还潜藏着认识论意义，这主要体现为《中庸》试图对秉持真诚信念所带来的实际效果进行确认。从消极的角度来说，如果不以诚作为为人处世、治国理民的原则，上天就会降下灾异之象，甚至会采取某些具体的惩罚措施来教训人类的无知。囿于当时自然科学的落后，这显然是对某些自然现象所做的价值性的曲解。从积极的角度来看，如果一切以诚为旨归，那就意味着“积善之家，必有余庆”（《周易·坤·文言》），人类必定会得到上天的赏赐，如此就能国泰民安，风调雨顺。作者是想从正反两个层面展示体认、追

① 陈炎、孟庆雷：《从不语怪力乱神到奢谈天道性命——从认识论角度对儒学发展史的反思》，《复旦学报》（社会科学版）2014 年第 6 期。

求“诚”道的重要意义，但事实上这种说教所能获得的至多是一种建立在恐惧、憧憬等宗教情感之上的信仰性认同，在这个认同的过程中认识论所真正要探究的知识证实问题是被忽略和无视的。

在《孟子》中，认识天道诚体的方法也是直觉。“万物皆备于我矣，反身而诚，乐莫大焉”（《孟子·尽心上》），这就很容易得出从“我”自身出发便可以直接体证天道的结论。孟子说：“尽其心者，知其性也。知其性则知天矣。存其心，养其性，所以事天也。夭寿不贰，修身以俟之，所以立命也。”（《孟子·尽心上》）人体就是一个小宇宙，心就是这个小宇宙的核心，它具备“诚”的特性，通过尽心养性、扩充存养等功夫将“诚”激发出来就能实现天人合一，因为天道本身也是“诚”的。天人合一的体验在君子那里表现为“过化存神”的效用，即君子所到之处众人无不受到感化，君子心中所存无不显示出神妙莫测的力量。总之，这就是一种“上下与天地同流”的人生境界，也就是《中庸》所谓“至诚如神”的神秘知觉。

思孟学派这种依靠直觉而实现天人合一的学说凸显了人类的主体力量，这种道德理想主义的追求造就了中华民族崇尚德性、重视修养的高贵精神。但是，对主体能力的无限夸大也为儒学走向歧途埋下了伏笔，特别是“诚”观念所内在的宗教神秘主义成分对汉代神学化的儒学影响甚深。因此，思孟学派“诚”论所隐藏的非理性、绝对化的思维也是应当被重新审视的。

四、成就及“诚”道追求的目的性

维特根斯坦强调，对于那些不可说的形而上学必须保持沉默，但哲学家根本无法沉默。人们希望通过哲学解答宇宙、人生中的各种困惑，希望因此过上更加自由、幸福、圆满的生活。正是因为人们并不能在现实中找到人类生存的终极依据，所以才寄望于超越的世界，创构了姿态各异的形而上学。虽然康德的批判哲学及现当代的分析哲学对形而上学展开了猛烈的批评和解构，但至少到现在来看，形而上学还难以说已经完全被打倒：

> 无论是借助于西方传统哲学的语汇体系，还是立足于现当代哲学的语汇体系，我们都可以为坚持实在论的基本立场提供必需的、有说服力的依据。……因而，讨论和确认知识、道德与价值观念以及行为的合法性、合理性的理论依据和逻辑预设，是哲学的题中之义。不同仅在于有人诉诸对经验生活的反省，有人则偏重于逻辑的思考。①

《中庸》“诚”论就类似于一种实在论，其思路也是承认人具有超越的品格和无穷的力量，其目的也是追求真理与美好的生活。从根本上说，“诚”哲学的理论兴趣在于为现实的道德生活提供一种形上的根据，一方面保证道德实践原发阶段的约束力，另一方面又确保道德行为主体具备一定的自觉性。当然，这种建

---

① 金延：《客观性问题：对实在论的批评与辨正》，《文史哲》2004 年第 3 期。

构本身并不是凭空而来的，上文中我们已经提到这是人们在观察自然万物之后进行理性抽象的结果，但我们不能忽略这种理论志趣背后还有具体的实践背景。杜保瑞教授认为，中国哲学的宇宙论与本体论其实都是工夫活动之后的结果，它们是在工夫实践之后的主体境界之展现而被言说为客观的普遍原理。如果没有这一套工夫实践活动的要求，则这一套宇宙本体论是根本没有存在的需要的。所以，中国哲学的宇宙本体论是为了工夫实践活动的目的而进行的知识建构。① 同样，思孟学派以“诚”为核心的心性哲学内容也是伦理学与形上学的综合体，这种主观性、价值性极强的理论虽然有可能陷入自说自话的尴尬境地，但它试图解决的问题却是具有一定的普遍性的。

思孟学派秉承了儒家一贯的重视现实人生特别是人类道德生活的特性。《大学》所谓的“诚意”之“诚”虽然是指人之意念的真诚，但其真实化的实现场域无疑是现实生活情境，也就是由各种人伦关系所构成的缘发性的社会结构系统。这意味着儒家“诚”观念指向的是人类的生活实践，目的在于使人以一种正当、积极的态度投身于具体之“事”中。温海明教授指出：“人的意念发动与事相关，意在事上，意在事中，意念的生发与事件的流变共同生发，并非二物。事件的发动和生成来自‘意念’的发动和持续实化的努力，所谓可以通过对‘意’的理解、领会，达致对事件的调节。”② 这种调节其实就是希望人

---

① 详见杜保瑞《〈中庸〉哲学体系探究》，台湾政治大学文学院编《孔学与二十一世纪国际学术研讨会论文集》，2001年，第391~434页。

② 温海明：《儒家实意伦理学》，中国人民大学出版社2014年版，第18页。

们能够以儒家之道的具体内容——仁、义、礼、智等价值标准——作为为人处世的根本原则，并通过自身的不懈努力使这些原则能够源源不断地实在发用，进而达到提升个人境界、改造人文环境的目的。

《中庸》第十三章引孔子的话说：“道不远人。人之为道而远人，不可以为道。”天道下贯为人道，如果这个道远离人的话，也就不能称其为道了。因此，对于“诚”道的体认最终要呈现为一种德性的实践，这种实践有许多层面，首先是对于君主的治理而言，作者认为要依据诚道制礼作乐：

> 大哉圣人之道！洋洋乎！发育万物，峻极于天。优优大哉！礼仪三百，威仪三千。待其人而后行。故曰：苟不至德，至道不凝焉……温故而知新，敦厚以崇礼。（《中庸》第二十七章）

儒家认为，圣人依据至诚的天道创制了庞大的礼乐系统，并且还要借助于自身德性的力量来成就礼乐的教化功能。但制礼作乐不能僭越，否则就是不诚。《中庸》第二十八章明确提出，制定礼乐者要有位还要有德，这样才能名副其实。一方面，礼乐之行要与高明的知识合一，有行而无内在真切之知只能流于形式主义的虚伪狡诈；另一方面，知也要与行相一致，有德而无位，人人以自专，往往会造成自我主义、分裂割据，这也是诚道所不允许的。因此，《中庸》说：“非天子，不议礼，不制度，不考文。”（《中庸》第二十八章）可见，《中庸》的诚道与圣王的政治理想是密不可分的。我们知道，“礼坏乐崩”是先秦儒家最深刻的时代背景，追求圣王之治、内圣外王的理想政治是儒家的根本旨趣。《中庸》以“诚”为根基的哲学体系在“王天下有三重”① ——礼乐、制度、文化——中都能显示其自身的价值。这也就意味着，对天道诚体之于人类的价值意义的证实也应从这三个方面寻找答案：

> 王天下有三重焉，其寡过矣乎！……故君子之道：本诸身，征诸庶民，考诸三王而不缪，建诸天地而不悖，质诸鬼神而无疑，百世以俟圣人而不惑。质诸鬼神而无疑，知天也；百世以俟圣人而不惑，知人也。是故君子动而世为天下道，行而世为天下法，言而世为天下则。（《中庸》第二十九章）

君王知天而又知人，从根本上说就是真正体知了诚道，具备这种崇高的道德素质之后便又通过“三重”的形式使“诚”道的价值得以展现，其结果必定是获得民众的信任，得到上天的眷顾，受到圣人的协助。宋代卫湜引高要谭氏曰：

> 化民之道，则当本之于身。彼上焉者，专言道德虽善矣，然微妙而无征；下焉者，专言刑政虽善矣，然卑陋而不尊。是二者皆不足以示信于民，而民弗从焉。唯君子之

① 郑玄认为指三王之礼，指夏、商、周。朱熹引吕氏日：“三重，谓议礼、制度、考文。惟天子得以行之，则国不异政，家不殊俗，而人得寡过矣。”见朱熹著《四书章句集注》，中华书局1983年版，第36~37页。

> 道，一本于身。盖身者，实理之所在，而仁义礼知所从出也。求之在我，既有可言之实；验之于民，则亦天下之所同然。①

君主要想取得良好的治理效果，就必须时刻以“诚”为己任，从体知诚道入手，努力去完成天道下贯所带来的实践功效，这也正是孟子强调“诚身”的原因之一。

当然，“诚”的实践要求并非局限于君王这一层级，对于普通人而言，也要在自明而诚的道路上不断提高自身的道德修养。“诚”首先体现为个体实践上的真实不欺，即所谓的“忠恕”之道：“忠恕违道不远，施诸己而不愿，亦勿施于人。……庸德之行，庸言之谨，有所不足，不敢不勉，有余不敢尽；言顾行，行顾言，君子胡不慥慥尔！”（《中庸》第十三章）朱熹说：“尽己之心为忠，推己及人为恕。”② 这个“己”指的就是天道之“诚”所体现出来的人的“诚”性。《中庸》认为人可以认识这个“诚”，虽然在获得的过程中有所谓的圣贤与常人的区分，但这还不是问题的关键。“诚”对于个体而言，不仅是一个认识的对象，更是一个效仿的榜样。人与人之间在践行诚道层面的差别显得更为紧要，因为普通人可以通过由明而诚的途径来认知天道，这多少会有助于缩短他们与圣贤之间的差别。但圣贤也不是全而无过，就连被儒家看作是圣人的孔子也在反思自己在

---

① 〔宋〕卫湜撰，杨少涵校理：《中庸集说》，漓江出版社2011年版，第308页。

② 〔宋〕朱熹：《四书章句集注》，中华书局1983年版，第23页。

德行实践层面的不足，可见“诚”之行并不是一件容易的事情，有知而无行，或者行并没有恰到好处，才是拉大自己与圣人之间差距的症结所在。因此，如果在平常的道德践行与日常言论的谨慎方面有做得不够的地方，就应该努力去弥补；即便做得比较好的地方，也不该自满地认为已做到位；言论要顾及行动，行动也要顾及言论，总之，君子必须忠诚信实地践行儒家之道。

如果要对以上两个层面进行总结的话，无疑就是《中庸》所追求的“成己”与“成物”的和合：

> 诚者自成也，而道自道也。诚者物之终始，不诚无物。是故君子诚之为贵。诚者非自成己而已也，所以成物也。成己，仁也；成物，知也。性之德也，合外内之道也，故时措之宜也。(《中庸》第二十五章)

如果说“成己”是指成就自己的德性的话，那么什么是“成物”呢？这一直是个含混不清的问题。从字面意思来看，成物就是成就事物，不过这种成就不是宇宙论意义上的生成，而是价值论上的化成。儒家非常重视人类在宇宙之中的地位，虽然诚体作为天地万物包括人的根本依据而存在，但人类的特殊性质决定了其更具有主体性的自觉。对于人类而言，自我完善叫作仁，这是一个德性培育的自我提升过程；但人又不能对其它存在形式置之不理，这就需要人把自身所体知的诚道展现为具体的行动，以此来对待万事万物，促进万物朝着更为完善的方向迈进，在这个过程中人类的大智慧也不断得到展现。这个过程可能不是有意为之的，而是体知诚道之后自然而然的功效。

如果说这样还不能把“成物”说清楚的话，那么我们可以拿儒家传统的“内圣外王”观念来做比附。内圣和外王是分不开的，正如仁（主内）和智（主外）是人类固有的能力一样，二者没有偏废。对于这样一个人文化成的“成物”之功，上文所引用的第二十三章为我们展现了“诚—形—著—明—动—变—化”的过程，对此，《中庸集说》引晋陵钱氏曰：

> “诚则形”，谓有诸内，必形于外也。“形则著”，人得而见之也。“著则明”，其德昭明，人不能掩也。“明则动”，人为不善者，不能自安也。“动则变”，人从之也。“变则化”，化民成俗，不知其所以然也。①

这里所谓事物的变化根本上还是要依赖作为主体的人自身的变化。体认了诚道的圣贤将自身的风采展现出来之后便能起到一种模范的作用，他人由此而受感动，以圣贤为榜样，便能变化自身的气质，进而以新的姿态待人接物。也许客观的事物本身并不会发生什么明显的转变，但在生活中做事情的个人、体察万物的主体的思想一经诚道的洗礼，便能积极追求与天地万物的合一，以及行事上的真实无妄。如此一来，万物各随己性，和谐并生，事情明通显达，顺遂畅通，礼坏乐崩、列国纷争的情形说不定还能缓解不少，怎能不说是一种巨大的转变和显著的成就呢？笔者认为，这就是《中庸》里“成物”思想的真谛。我们可以从其对孔子的

---

① 〔宋〕卫湜撰，杨少涵校理：《中庸集说》，漓江出版社 2011 年版，第 258 页。

描述中体会到这种“成物”的功德：

> 仲尼祖述尧舜，宪章文武；上律天时，下袭水土。辟如天地之无不持载，无不覆帱，辟如四时之错行，如日月之代明。万物并育而不相害，道并行而不相悖，小德川流，大德敦化，此天地之所以为大也。(《中庸》第三十章)

卫湜引蓝田吕氏曰：

> 此言仲尼辟夫天地之大也。其博厚，足以任天下；其高明，足以冒天下；其化循环而无穷，达消息之理也；其用照鉴而不已，达昼夜之道也。尊贤容众，嘉善而矜不能，并育而不相害之理也；贵贵尊贤，赏功罚罪，各当其理，并行不相悖之义也。①

孔子将尧、舜作为自己思想的渊源而极力称述他们，把文王、武王的功绩看作规章而效法他们。他的思想主张上以天时为律令，下以水土为凭据，合乎天地自然的规律，也就是合乎真实无妄的诚道。这样就能像天地那样没有什么不能够承载，没有什么不能够覆盖；就能像四季那样交替运行，像日月那样轮流照耀。这为我们描绘的正是一幅万物共同繁育而不相妨害，各种规律同时并行而互不冲突的景象。如果说上面是就成就“物”的层面而言的话，那么在成就“事”的层面，表现出来的就是

---

① 〔宋〕卫湜撰，杨少涵校理：《中庸集说》，漓江出版社 2011 年版，第 311 页。

在人际交往的过程中小德能像河水常流般永不止息、大德能够敦厚化育而无穷无尽的景象。如此“任天下”、“冒天下”、使万物“各当其理”的功绩便是“成物”的最高体现。可见，孔子以天地之诚道为规范，并将其施用于自然与社会之间，达到了成就事事物物的功效，不愧为最为崇高的圣人形象。总之，至诚才能尽性，尽性是由尽己之性开始的，然后推展开来可以尽人之性、尽物之性，最终达到参赞天地之化育的程度。万物之本性得以真实地显现，也就意味着它们都将最充实、最完美地存在于时空之中。对于儒家来说，这就是圣人极高明的神力，不过圣人不是神，不是上帝，不是造物主，他们是在具体的生活世界中遵守中庸之道进而可以呈现天道的人，是最大程度地实现自我与万物本性的人。

思孟学派这种以“诚”为本的道德哲学体系虽然将其目的最终落实在了实践领域，但实践的标准却建立在没有客观可靠性的主观价值之上，这容易使德性实践的可控性变得微弱，道德的自由裁量成分则过分浓重。在现实生活中，这种道德哲学的缺陷往往造成虽极力倡导诚信为人、真诚处事的行为规范，但处处还有不诚信的现象发生。此外，对于内在德性认知的看重也就相对忽略了外在的约束和规范，中国人信德不重法的民族性格得以建立。好在《中庸》还一再强调“三达德”“五达道”的笃行精神，看重“自明诚”的下学而上达、平实而伟大、中庸而高明的路径，否则在实践上就会像后世陆王心学末流一样有空疏之弊端、虚浮之遗憾了。

五、对思孟学派“诚”哲学的评价

通过梳理思孟学派的“诚”论体系，我们可以很清晰地感受到其思想内容的重要特色：从形上的本体论层次来看，他们试图在天道与心性之间建立某种联系，为儒家内圣外王之学的合理性展开学理上的论证。从形下的道德践履层次而言，由于内在的心性与作为本体的天道存在一致的可能，儒家伦理道德完全来自天道本体的启示。一切道德的践履活动都要以复归人之本然的德性为依归，并借此而上达天道，实现天与人在现实生活中的完美合一。因此，性善论是思孟学派天人合一之说的必然结论，而“尽心知性知天”“诚之”“思诚”“反身而诚”也是儒家德性修养的必经之路。归根结底，这种天人合一之说建立在主体对于本体的体认之上，其实是主体创设了本体而不是相反，其中虽有自立门户并与其他学派进行争论的成分，但最终目的还是要借助于效仿本体的性质而不断完善、提升自我，使主体不再局限于经验世界，而成为一个具有超越性的存在。这就是儒家最高境界的道德人文理想。不过，理想终归不是现实，但理想一经确立又具备了很难再被改变的惰性。儒学可以提出天地万物统一于“诚”，但它并不能保证人人皆可以达到至诚的境界。天人合一更多的是一种可能，就实际而言，人最佳的状态也不过“永远只在乾乾精进的途程中”①。

用现代哲学的观点来看，思孟学派的天道诚体论虽然源于

---

① 李景林：《教养的本原：哲学突破期的儒家心性论》，北京师范大学出版社2009年版，第284页。

先秦思想家对于世间万物生生不息状态的深切体察，但这种认知也仅限于对一种客观性质的抽象描述，它并不能提供任何具有科学性质的、可以明确证明或否证的知识内容。限于当时的科学发展及人类思维的水平，我们不可能奢望先秦儒者在“知道什么”的层面做出多么具有科学性的判断。我们对于某一领域具体问题的评判可以采取科学的、客观的标准，但我们不能因此脱离具体的历史语境，用今人的标准去过度苛责古人。思想史、哲学史的研究一定要把问题放在具体的社会文化境遇当中，首要问题是研究当时的问题，考察一种思想之所以能够产生的背景、渊源及其对于后世的影响；其次才是要站在一个更高的层面进行评断，但评判不等于抹杀，否则就违背实事求是的研究态度了。

英国哲学家赖尔曾经把知识分为“知道什么”的命题性知识和“知道如何做”的行为性知识两大类。“知道什么”指向的是个人的智力或理智的程度，而“知道如何做”则是指个人行为能力所达到的程度。在《心的概念》一书中，他写道：

> 理论家们一直热中于探讨我们所应用的理论的性质、起源和背景。他们几乎忽略了要认识怎样去完成各种任务的问题。相反地，在日常生活中以及特殊的教育活动中，我们极为关注的是人的能力而不是认识了多少东西，是人的活动而不是掌握了多少真理。其实，甚至在确定人的理智方面的长处和短处时，我们的兴趣也多半不在所获得和坚持的真理的数量上，而是更关心人自己发现真理的能力

以及随后组织和利用真理的能力。①

思孟学派“诚”哲学根本上是以道德实践为旨归的，其根本目的不在于认识客观世界的事物，而是成己成物、内外合一、天人合一、仁智合一的修养目标与德性实践。所以，它更像是一种行为性的知识，“透过‘诚’的理论设计，达成‘人道’与‘天道’间的一致性与延续性，亦即使人的道德实践与自然宇宙背景能共存共荣于同一整体中”②。在这种追求德性的体道实践中，人们所应该采取的最重要的认知方法只能是直觉体悟。在直觉的体悟之中，难免会附带着某些扭曲的心理机制，从而产生一些神秘的心理体验。到此，我们已经明显感受到这种知、德不分的思想特色。诚体既是宇宙本原，又是道德法则，思孟学派试图从价值的根源说明宇宙的秩序，这种理论混淆了两个本然不同的世界，是粗糙的。它过分重视理想的人文世界，忽视客观自然的真实情形，由此而建构道德的形而上学也就难免会遭到“孤芳自赏”的批评。也正是从这个意义上说，思孟学派所创建的天道诚体无论是在知识的有效性还是德性的普适性上都很难得到保证，这也是一切道德形而上学最大的问题所在。

---

① ［英］吉尔伯特·赖尔著，刘建荣译：《心的概念》，上海译文出版社 1988 年版，第 23 页。

② 黄秋韵：《中庸哲学的方法性诠释》，台北文史哲出版社 2010 年版，第 166 页。

第三章　“明于天人之分”：荀子对思孟学派“诚”观念的继承与解构

孟子曾批判墨子、杨朱的“邪说”“淫辞”，以圣人之徒自居捍卫儒家之道。但孟子并没有一挽狂澜的能力，当时的思想环境也不太可能让某家学说一统天下，所以《庄子·天下》才发出“道术将为天下裂”的感慨。到了荀子生活的战国末年，思想界的纷争局面没有改变。荀子对当时粉饰邪说、美化奸言而枭乱天下的局面深感忧虑，对流行于世的各种学说追根溯源，毫不留情地加以批判。他批判的对象也包括与他同属儒门的思孟学派，语言不可谓不激烈。应该如何理解荀子对思孟的批判呢？学界对此已多有解释，笔者试图通过对比思孟之“诚”论与荀子关于“诚”观念的论述来考察二者在一些关键问题上的差别，借此进一步理解荀子与思孟学派在对由孔子所开创的儒家思想的发展上所体现的不同理路。

第一节　从天人合一于“诚”到“明于天人之分”

荀子主要是通过批判思孟学派的理论来建立自己的思想体系

的，其中以对思孟天人之说的批判最为关键。思孟学派内部虽然也极不统一，但大体上看，他们都倾向于从天道的规律直接推衍出人间的道德准则，特别是通过抽象的“诚”观念实现了天与人的合一。笔者在前文已经指出，思孟学派的“诚”哲学虽奢谈天道，但重心仍在人道的层面，但荀子关注的问题则是以“诚”为中介的天人合一理论所透显出的神秘性、虚妄性内容，已经违背了原始儒学的真谛，走到邪僻、幽隐的道路上去了。

一、自然之天与对人事的看重

在孟子那里，从“天道—人道”的统一性结构自然会得出人性善的结论，而荀子则将天人之间本然性的联接截断，将原本被孟子赋予的良善性质从天道中移除，于是天作为宇宙万物的代名词更多地承载了自然的意蕴，它无所谓善恶，因而也就不能对人之善恶做出任何规定。学者们经常引用如下一段文字：

> 列星随旋，日月递照，四时代御，阴阳大化，风雨博施，万物各得其和以生，各得其养以成，不见其事，而见其功，夫是之谓神。皆知其所以成，莫知其无形，夫是之谓天功。唯圣人为不求知天。(《荀子·天论》)

这是荀子对于天的总的定位。很显然，正如冯友兰、侯外庐等先生所言，荀子的天论明显地受到了道家自然天道观的影响并有所改变。荀子眼里的“天”主要是自然之天，它在阴阳二气相互作用之下产生了运动变化：“天地合而万物生，阴阳接而变化起。”(《荀子·礼论》)在他看来，天并非无所作为，其博施造物之功甚为神妙强大，这与孔子对于天虽不言但四时兴、百物成的观感是一致的；不同的是，孔子所谓的“天”还是一种留存着意志性、神秘性的义理之天和命运之天，“荀子之天，则脱尽神性与意志，是自然之天，是老子所言的客观存在”①。与以“诚”为核心内容的思孟学派之天论相比，二者在对天道之性质的描述上其实是一致的，它们都强调了天道自然，真实存在，生生不息，神妙莫测。所以，荀子的天道也可以称为“诚者”：“荀子以天地为诚，就是表示天象和四时的变化过程是前后一致的，它们化育万物具有一定的规律性，指的是自然规律的真实性、实在性。”② 荀子与思孟学派的差别在于“唯圣人为不求知天”一句，这意味着在荀子眼里，思孟学派所提出的圣人因至诚、与天道合一而成为人伦典范的创制者，普通人要在圣人所指引的通往天道之“诚”的道路上奋力前行的理论是行不通的。对于自然，人能够了解它们是自然而然的就足够了，至于非要在自然之外设计出一个至诚的天道来作为终极依据就不应该是圣人所为、所虑的了。这也就意味着，荀子并不认同思孟学派将事实、认识、逻辑的问题与价值、道德、情感的判断混为一谈。不过，荀子并没有否定“诚”在政治、社会关系中的作用，他所反对的是由天道直接定义人道的思路。荀子与思孟学派相比，其思想有一个明显的变化，即由奢谈天道性命到多言礼义法度的转向。他在《非十二子》中已经明确说明了这样一种学术旨趣：“今夫仁人也，将何务哉？上则法舜禹之

① 陈荣庆：《荀子与战国学术思潮》，中国社会科学出版社 2012 年版，第 151 页。

② 廖名春：《〈荀子〉新探》，中国人民大学出版社 2014 年版，第 128 页。

制，下则法仲尼子弓之义，以务息十二子之说。如是则天下之害除，仁人之事毕，圣王之迹著矣。”荀子呼吁以仁为追求的儒者们不应再像十二子那样秉持曲折怪僻的异端邪说，不应再试图探求上天的奥秘，而是直接从礼义、礼法的人道入手，这就是其“明于天人之分”之说中所谓的人的职分。这种天人有分的思想也不是荀子的独创，子产“天道远，人道迩，非所及也，何以知之”，以及郭店楚简《穷达以时》中“有天有人，天人有分，察天人之分，而知所行矣”的思想应该直接影响了荀子。此外，孔子的人文理性精神及道家顺其自然的观念也是荀子此种天人观的思想资源。

二、天人相分与对思孟“诚”学的解构

荀子对思孟学派展开了激烈的批评，这说明他对子思、孟子的思想材料是做过细致研究的。例如，《荀子·不苟》篇记述了他对于“诚”观念的讨论①，其中有些思想与思孟学派“诚”

---

① 关于《不苟》篇“诚”论的性质与意义，学术界有不同的看法，概括来说有三种立场：其一，部分学者认为这段论述与荀子以“性恶”为代表的思想体系不相洽，而更接近思孟学派的性善论立场；其二，一些学者认为《不苟》之“诚”论虽然体现了“心”之“善”的一面，但又与“性恶”论不冲突，而是代表了另一层面的修养功夫；其三，还有一些学者认为这段论述恰恰是“性恶”思想体系不可或缺的一环。（详见邓小虎著《荀子的为己之学——从性恶到养心以诚》，北京大学出版社 2015 年版，第 123～125 页。）笔者倾向于第三种观点，并且也认同“与其说《不苟》‘诚论’是‘性恶’体系的一部分，不如说‘诚论’和‘性恶’各自是荀子思想的构成部分”（邓小虎：《荀子的为己之学——从性恶到养心以诚》，北京大学出版社 2015 年版，第 124 页）。

论如出一辙：其一，荀子确实将“变化代兴”而“不言”的“天德”以“以至其诚者也”定义之，这是《中庸》《孟子》“诚者，天之道也”的延续；其二，荀子说君子的修养要以“诚”为关键，真诚无妄地践行仁义之道，这明显受到了思孟学派“诚之”“思诚”观念的影响；其三，荀子在论述养心求诚的功效时说“诚心守仁则形，形则神，神则能化矣；诚心行义则理，理则明，明则能变矣”，这袭取了《中庸》“诚—形—著—明—动—变—化”的思路；其四，荀子由“诚”也推出了“慎独”的功夫论，这也是思孟学派观点的承续；其五，荀子讲君子守诚能感召同类，并且强调“操之则得之，舍之则失之”，这明显受到孟子论气时所引孔子“操则存，舍则亡，出入无时，莫知其乡”(《孟子·告子上》)之语的启发。

不过，与思孟学派不同的是，荀子先言人在达到“诚”境界时的功效，然后才言及天道之“诚”，其内在的思路是：君子养心要以“诚”为本，诚心守仁，诚心行义，如此便能将德性显现于行动之上，事情就会变得很有条理，给人一种神明智慧的印象，进而能够改变、感化他人。这种“变化代兴”的君子“至德”与天地四时之“常”道类似，但由于天人各有职分，所以不能说人德来源于天道。所以，荀子更像是在有意提高人道的地位，矫枉而不惧过正。这同样得出了上文所言由天道之“诚”推不出人道之“诚”的结论，这是荀子对于思孟“诚”哲学最大的解构。可以说，为了切断天人在德性上的合一传统，荀子在天道之“诚”上只是虚晃一枪，转而将“诚”定位于从个体修养到国家治理的全过程：

> 善之为道者，不诚则不独，不独则不形，不形则虽作于心，见于色，出于言，民犹若未从也，虽从必疑。天地为大矣，不诚则不能化万物；圣人为知矣，不诚则不能化万民；父子为亲矣，不诚则疏；君上为尊矣，不诚则卑。夫诚者，君子之所守也，而政事之本也，唯所居以其类至。操之则得之，舍之则失之。操而得之则轻，轻则独行，独行而不舍，则济矣。济而材尽，长迁而不反其初，则化矣。(《荀子·不苟》)

既然荀子试图切断思孟学派以“诚”为核心的天人之间的关联，那么他就需要在“诚”论所开出的天人感通的问题上做出不同的说明。思孟学派为了说明至诚的功效，构造出人如果能秉持至诚之情感便能感动上天、通于鬼神、预知未来的理论，荀子则反其道而为之，在用自然解释天道的同时也切断了天人相感通的可能路径。荀子虽然也多次提到天之“神”性的一面，但这个“神”是对自然变化过程中所体现的生生不息、奇妙莫测状态的描述，不是上帝、祖先、鬼神这些颇具人格性的神秘存在。由于荀子主张不求知天，这也就意味着即便天再神妙莫测也不会对人产生什么主宰的意义，只要人类真正地肯认自我主体性的能力，天就不过是“不为尧存，不为桀亡”(《荀子·天论》)的外在性力量罢了。于是，天象的风雨晦明与人事的治乱兴衰之间根本就没有什么必然的关联，这就叫“治乱非天”(《荀子·天论》)，即便人类再精诚万分，也不会改变、感动天之分毫。真正能决定人类命运的还是人自身的努力，所以君子要“敬其在己者，而不慕其在天者”(《荀子·天论》)。荀子认为，流星陨落、树木鸣响这些怪异的自然现象使人们甚为惊慌，感觉好像是上天要降下什么灾祸似的。对此，荀子反对时人以感应论解释天象的邪说，直指日月有蚀、风雨不时、怪星傥现并非今之独有，这一切都是“天地之变，阴阳之化，物之罕至者也”（《荀子·天论》）。对这些现象觉得奇怪情有可原，但因此而感到畏惧就不应该了。荀子并没有停留于此，他又将人们对天之问题的关注转向了人的层面，指出真正可怕的是“人妖”，即人事中的怪乱之象。耕稼不理、民不聊生、政令不明、举措不时、礼义不修、秩序淆乱、内忧外患就是“人妖”的表现，这些乱象直接造成了国家的动荡不安。荀子在此想要表达的是，与其汲汲求取幽远无羁的天道，不如将心思用在人事治理之上，这才是君主所当行之道。

荀子所生活的年代，邹衍等人的阴阳五行之说正大行其道，这种思想的核心特质便是大谈天与人之间存在着相互感应的关系。在荀子看来，这种天人感应之说的来源就是思孟学派的“五行”之论。不容否认，邹衍可能是受到了思孟学派五行思想的影响，并将这种以仁、义、礼、智、圣为内容的德性之“五行”与诸如《尚书·洪范》的水、火、木、金、土自然之“五行”体系、《易传》阴阳之说，以及方术之士的迷信学说杂糅为一体，把本不相属的学说混为一谈，形成了别具特色的“五德终始”等观点。他将德行、教令、历史、社会与宇宙纳入到一个神秘的五行体系中，《史记·封禅书》说“邹衍以阴阳主运显于诸侯，而燕齐海上之方士传其术不能通，然则怪迂阿谀苟合之徒自此兴，不可胜数也”，足见其影响之深远。由于这种迂怪之说专注于神道，因此也就会挤压作为人道的礼义教化的空间。

荀子作为稷下学宫的领军人物，他对邹衍的思想内容及影响应该有着比较深切的认识，所以才会批评邹衍之流“不遂大道而营于巫祝”（《史记·孟子荀卿列传》）。笔者认为荀子所批评的“甚僻违而无类，幽隐而无说”的“五行”之说应该是指思孟学派五行论与邹衍五德终始说混融之后形成的着重阐发天道、相信天人感应的理论。在荀子看来，“自然界中的外在五行已成知的体系，不可用所谓形于内的五行（五德）来混淆，否则将同时是‘以名乱实’与‘以名乱名’”①。但这本不应该混为一谈的理论却出现了合流的趋势，在这种思想的影响之下，一些鼓吹天人感应的迷信活动大行其道，荀子对此是深恶痛绝的。前文已经提到，祭祀是古代政治社会生活中的重要活动，因其仪式的隆重、气氛的庄严很容易让人产生一种超脱于现实、神接于久远的虚幻感。有些别有用心之人利用祭祀活动的这些特性而大肆进行愚弄欺骗活动，很多百姓都深受其害却不自知。荀子明确指出祭祀活动只是向先祖表达一种思慕、忠信、爱敬之情罢了，这是一种人道的体现，而与鬼神之事没有什么关联。例如，有人相信天旱之时要举行求雨的雩祭，通过人类的虔诚祈祷就可以感通上天而降下甘霖。荀子认为这些祭祀行为根本就不会有什么神通，只不过是统治者混淆视听的文饰罢了，百姓不明所以，认为是天人之间存在着神秘的感应，把自己的命运寄托在神秘的天身上。其实人在天面前没有那么无助与渺小，人若要明达事理无需先要体验什么至上的天道，只需忠诚于礼

---

① ［美］成中英：《荀子对思孟五行说的批评与思孟荀的本体整合》，见庞朴主编《儒林》第四辑，山东大学出版社2008年版，第47页。

义就足够了：“在天者莫明于日月，在地者莫明于水火，在物者莫明于珠玉，在人者莫明于礼义。”（《荀子·天论》）在荀子看来，人对于礼义的“明”（明晰、辨别）与“诚”（坚守、施行）才真正体现了人类在宇宙中的主体性地位，通过崇礼而轻天，人类可以自由地裁制万物，就连天也变成可以蓄养之物；人们不再被动地顺从天意，而是“制天命而用之”（《荀子·天论》）；人们不必再苦苦企望万物生长的时机，而是随顺天时使物为己所用；人们不必再依赖万物的生长来丰富它们，完全可以通过施展自己的才能来改造万物；人们不必再追求将万物据为己有，因为对于万物的利用已然展现了人对于物的主宰；人们也不必再去探求万物生长的原理，能够促进万物的生长足以使人获得成就与满足。因此，荀子不会希望做什么“谈天衍”，因为“错人而思天，则失万物之情”（《荀子·天论》）。

当然，我们不能说思孟学派对于人的主体性就是无视的。相反，在荀子看来，思孟学派甚至使人变得“材剧志大”。因为当人类不为自身理性的认知能力和非理性的体验能力设置任何囿限的时候，主体就具备了与任何可以构造出来的本体合一的可能。在这个合一的过程中，人的主体性得到了张扬。但是，主体性的过分张扬并非一定意味着人类认识和改造世界能力的提升，有时反而会形成一种幻象。以思孟学派“诚”哲学为例，其天道之“诚”规范人道之“诚”、主体反身而达至诚天道的双向互动关系其实是主体自身的一种膨胀。因为“诚”从本质上看就是一种主观的情感，思孟学派将这种情感对象化为宇宙万物的运行规律，这也就意味着天道只不过是为人类情感需求寻找依据的本体性构造。思孟学派“诚”观念所暗含的哲理其实是，客体化的天道其实只是主体规范、裁制万物之能力的显现。荀子看到了思孟学派以“诚”为核心的天人合一之说的实质，他所做的正是要削弱作为主体的人妄想感知、规范天道的企图，所以他才会一再强调天人各有职分而人不应该追求“知天”。因此，荀子的学说并非扩大了人的主体性能力，反而是缩小了主体能力的作用范围。不过，这种缩小体现了儒家理性精神的进一步发展。

荀子关于天人关系的论说虽然以试图对二者进行区分为主导，但这种分别又不是绝对的。他虽然对思孟学派多有批评，但有意无意中也吸收了他们的一些思想。例如，荀子在论证礼义的合法性问题时，他一方面从历史、社会发展的客观规律和现实情形立论，指出礼法的出现是为了解决因利益的无序争斗而产生的混乱问题；另一方面，他又吸收了思孟学派用天道论证人道的传统思路。例如，他说：“君臣、父子、兄弟、夫妇，始则终，终则始，与天地同理，与万世同久，夫是之谓大本。”（《荀子·王制》）这就把伦理规范与天之规律视为一体，与他的天人相分之说有所扞格。其实不惟如此，他的礼论虽没有明言，但仍留有从天道寻求人道根据的痕迹。他甚至还说“并一而不二，则通于神明，参于天地矣”（《荀子·儒效》），不过，这在他的思想中并不是主流，不能因此否定其对于思孟学派的“解蔽”意义。

第二节　从“诚之”“思诚”到“养心莫善于诚”

一、性恶之论与化性起伪

思孟学派用天道来规范人道，天对于人的作用是通过人的心性作用达成的。因此，为了解构思孟学派的天人学说，荀子在人道、人性的问题上也必须另立新说。荀子对于性、情、欲有一个基本的定义：

> 性者，天之就也；情者，性之质也；欲者，情之应也。以所欲以为可得而求之，情之所必不免也。以为可而道之，知所必出也。故虽为守门，欲不可去，性之具也。虽为天子，欲不可尽。欲虽不可尽，可以近尽也。（《荀子·正名》）

荀子认为“性”乃天生造就的性质，“情”则是人性的实质，这也就意味着喜、怒、哀、乐等情感不可以泯灭，否则就难以称其为人了。欲望又是情感的反映，人类求取欲望是性情的必然展现，而人类的智慧又帮助人去获得欲望的满足。欲望是性之本具，不可能被完全消除，不过人可以对其加以节制；同时，欲望也不可能完全得到满足，但可以接近于达到满足状态。欲望的节制与满足要根据人所处的位置与情境，在二者的张力之中人要获得最好的安顿而不应为外物所役使。上文所引《荀子·不苟》中有“济而材尽，长迁而不反其初，则化矣”一句，其实暗含了荀子与思孟学派在人性问题上的不同。子思虽没有直接提出性善论，但以《性自命出》为代表的关于心、性、情的论述，以及“心术”的主张的最终目的在于追求性情的真与诚，所以他们一再强调要反己、反善复始，这也就是“率性之谓道”；孟子直接提出性善论，人天生就已经具备像天道那般的诚性，诚就是善，只是有些人失去了他的善性。因此，孟子主张“思诚”“反身而诚”，通过心思的作用回归主体本来的善性，进而实现对天道诚体的把握。总之，思孟学派认为人性乃天之所命，是人道的起点和归宿，因此要“反求诸己”。荀子对人的自反之功并不是特别信任，他并不认同将礼义作为人之本性，而是认为把礼义看作是外在的规范更能起到整齐人心的作用。既然已经将仁、义、礼、智等从人的本然之性中移除，那么在他的思想体系中再谈什么“反其初”就等于说弃“明”投“暗”了。所以，思孟学派的五行之说，以及由此而来的“反身而诚”的理论在荀子眼里难免有些颠倒是非，属于“俗儒”的怪说奇辞。

荀子重新定义了人性，在他看来，人性首先表现为自然性，“饥而欲食，寒而欲暖，劳而欲息，好利而恶害”（《荀子·荣辱》），在自然性的层面上人都是一样的。自然性相对于道德性来说有趋向恶的可能，因为它很可能更靠近利欲而与礼义相悖。但是，这并不意味着要弃绝利欲，真正合适的做法是对欲望有所节制。既然人都具备自然性，那人与人之间为何又产生了善与恶的差别呢？荀子认为，差别在于是否节制了利欲，节制当然要靠后天的人为（也就是“伪”），人为有两种表现：从个体来说，就是人的道德修养之行；从整体上看，则是人类社会习俗的累积，整个环境的综合作用。人就是靠自身的行为与社会的熏染而成就德性以变化自然之性的，这就叫“化性起伪”。在荀子这里，没有思孟学派所言的生而至诚的圣人了，人人都是生活在具体社会环境中的个体，高尚的品质不是生而所具者，而是“起于变故，成乎修修之为，待尽而后备者也”（《荀子·荣辱》）。

人为上的差别体现为君子与小人之分。荀子一再强调君子与小人在各个层面上的差别，他的目的并非在于确立圣人君子遥不可及的崇高地位。在《中庸》中，圣人更像是一个生来至诚、体察天道、参赞化育、前知神通的偶像，他是人世的楷模，是人类最高道德境界的完美展现。孟子对于圣人的看法有所变化，他虽然也极力赞颂圣人的功德，但为了使他的性善论更具鼓动性，于是就提出了“人皆可以为尧舜”的口号。成圣的路径在孟子那里主要是内求，即通过一系列内心修养的功夫来努力返归本然的善性，但由于诉诸内在的“幽隐”的体验而使得操作性显得并不是很强。在荀子的思想中，圣人君子的至上性、神秘性明显下降，荀子在承认圣人与众人在本性上是一致的、“涂之人”也可以通过后天的学习和修养而成圣的同时，也建构了一条更为切实可行的修养之道，那就是“积善”，即在日常生活中遵守礼义习俗，一点一滴地积累善业，最终成为一个圣人君子。所以，他说：“故圣人也者，人之所积也”，“故人知谨注错，慎习俗，大积靡，则为君子矣”（《荀子·儒效》）。也就是说，圣、常之区分的关键在于圣人践行礼义之“伪”。相反，那些放纵自己性情去追求利欲、不懂得学习礼义而积累善业之人就只能归于小人之列了。圣人君子不再是一个高高在上的偶像，不再是一个“生而知之”的全知全能的人物，他就成长于具体的人伦日用生活当中，就存在于受到礼义教化的百姓之中，他靠着点滴的为善积累而成就完美的德性。同样，他的意义更多地不是参赞化育、总领万物这类的“虚”德，而变成治国理民的“实”政，他们就是礼法得以落到实处的关键，兴衰治乱就系于他们一身。所以，《荀子》才会说：“故有良法而乱者，有之矣；有君子而乱者，自古及今，未尝闻也。”（《荀子·王制》）荀子并不是认为君子一定会重于良法，他看重的是良法得以施行靠的正是那些专一至诚、固守不辍的君子们，二者并没有偏废。

二、礼义法度与养心之术

可见，礼义在人道中的作用非常关键。礼义的意义就在于节制人之性、情、欲：“是以为之起礼义，制法度，以矫饰人之情性而正之，以扰化人之情性而道之也。”（《荀子·性恶》）但节制不是为了减少或者取消人类追求物质幸福的权利，相反，礼的最终意义在于“养”，即更好地满足人类口、鼻、目、耳、体之欲望，这个过程是通过礼对于心的作用来实现的。对于礼义，也可以从两个层面来观察：其一是从社会的层面，它是君主制定的“群居和一之道”（《荀子·荣辱》），也就是使人类社会群体和谐统一之道。不过，这个和合却又是通过“分”和“别”的形式来达成的，也就是分中求和、不同而一：

> 礼起于何也？曰：人生而有欲，欲而不得，则不能无

> 求。求而无度量分界，则不能不争；争则乱，乱则穷。先王恶其乱也，故制礼义以分之，以养人之欲，给人之求。使欲必不穷乎物，物必不屈于欲。两者相持而长，是礼之所起也。(《荀子·礼论》)
>
> 故先王案为之制礼义以分之，使有贵贱之等，长幼之差，知贤愚、能不能之分，皆使人载其事而各得其宜，然后使悫禄多少厚薄之称，是夫群居和一之道也。(《荀子·荣辱》)

荀子所处的时代，物质生活水平还远远不能满足所有人的需求，如果纵任人类贪利之性驰骋，一味追求生存、利禄，偷安懒惰，恣情欢悦，所求没有什么底限，那么就会产生争斗混乱，国家也会因此变得穷困不堪。在荀子看来，人应该依据等级、年龄、贫富的不同而享有不同程度的福利，礼义的作用就是为社会中的个体寻找一个合宜的位置，并且为他们确定所能享受到的权利的范围和程度。人如果依据其位置来追求福利而不过分求取，那社会就必定不会那样混乱不堪。这其实是孔孟义利观的继续，只不过是荀子将“义”（合宜性）的标准确定为礼。与孟子将礼也看作是人之内在善性不同，荀子所谓的礼义则是外在的伦理道德规范的总和：“圣人积思虑，习伪故，以生礼义而起法度，然则礼义法度者，是生圣人之伪，非故生于人之性也。”(《荀子·性恶》)礼义法度不是人生来具有的，他是圣人以仁为根本原则、在深入具体生活的基础上经过深思熟虑而构造出的，这就上接孔子及子思一派对于礼的看法。这种从具体的社会现实考察伦理道德、法律规范之起源的看法与性善论相比更具合理性，因为人类的文化成果不可能是凭思想家们天马行空的想象力和全知全能的灵感智慧而构造出来的，它们必定奠基于具体的、历史的境遇之中，是从事社会生产的人类在面对某些特定问题时而创造的物质的或精神的成果。

礼义并非是人的本性，它就在日常生活之中，是人类活动的外在规范。当然，荀子对于孟子可能会有误解和偏见，但思想家们一般都会这样，即要想真正树立自己鲜明的观点，就要寻找一个颇具影响力的对象来作为明确的靶子，他们在引述这个对象的观点时难免会将所批判的观点放大甚至曲解。荀子虽然重视外在的礼义规范，但他又不得不承认外因要通过内因起作用，礼义真要发挥作用，必须借助于心的力量。因此，他也提出“心术”之说，心术的具体内容就是礼义，只有用礼义充实内心，才能使“心顺之”(《荀子·非相》)。这与郭店简中的提法类似，但他明显受到了道家思想的影响，特别是强调在礼义充实于内的过程中清净心态的作用，这就是下文所谓的“虚壹而静”。

礼既然成为治气养心之术，那么荀子所谓“养心莫善于诚”之“诚”的对象便不再是天道，而是作为人道的礼义了。礼义与“诚”之间存在何种关系呢？我们知道，礼起源于原始崇拜和图腾禁忌，又经历了三代特别是西周的损益变化。但无论如何，在整个礼乐制度“事神致福”的实践之中，对于人类虔诚情感的重视是一致的。孔子非常重视礼的作用，但他又强调礼乐制度背后仁爱情感的根基性意义，礼只是形式，而仁则是其内在的实质。在子思学派看来，礼和乐则是使人之性情得以真实呈现的重要手段，也是心术的重要内容；人之性情在礼的指引下得到释放、展现、节制和升华，人最终获得了内心的愉悦和满足。孟子则直接将礼看作是人之善性的组成部分，由外在的节文制度转向了内在的辞让之心、恭敬之心，礼并非“非由外铄我也”，而是“我固有之也”，因此对于礼要内求而不舍。到了荀子这里，所谓的礼与西周那种建立在宗法制度上、主要表现为一系列祭神祈福的仪式活动不同，而与思孟学派偏重于从性情的角度来谈礼乐意义的旨趣相似，所以荀子说：“乐合同，礼别异，礼乐之统，管乎人心矣。穷本极变，乐之情也；著诚去伪，礼之经也。”（《荀子·乐论》）礼在荀子看来主要是指一种通过确立人在社会中的层级位置和权利内容来确保上下有序的规范体系，这种秩序是通过礼乐的节制而使性情不失其正来保障的。① 联系到荀子对于天人关系的新看法可以推知，传统礼乐中对于鬼神、祖先的虔诚之情是不被他看重的。荀子对于礼的真诚态度表现在对制度的遵守及对规范的践行上。在荀子看来，礼就是义，礼和义一样其功能在于节制万物、万民：“夫义者，内节于人而外节于万物者也，上安于主而下调于民者也。内外上下节者，义之情也。”（《荀子·强国》）可见，礼义是万物的标准，故也是人道之标准，是人的治气养心之术。礼义的贯彻最重要的是要靠一“诚”字，“诚”从正面来说就是“守仁”与“行义”的结合。“守”是坚贞，“义之所在，不倾于权，不顾其利，举国而与之不为改视，重死持义而不挠，是

---

① 例如，《荀子·礼论》说：“礼者，断长续短，损有余，益不足，达爱敬之文，而滋成行义之美者也。”《荀子·乐论》云：“乐者，圣人之所乐也，而可以善民心，其感人深，其移风易俗，故先王导之以礼乐而民和睦。”

士君子之勇也”（《荀子·荣辱》），每个人都要在自己的位置上安定处之，踏实做出一番成绩，这就叫“立隆而勿贰也”（《荀子·仲尼》）；做到这样就能实现公道和公义，远离私心和私利。“行”是完成、成就，“道虽迩，不行不至；事虽小，不为不成”（《荀子·修身》），它表现为要把自己经过学习而获知的礼义付诸实践，也就是要在实践中本乎仁义，分清是非，言行一致。从反面而言，“诚”便是“君子审于礼，不可欺以诈伪”（《荀子·礼论》），还要“不诱于誉，不恐于诽”，这样才能“率道而行，端然正己，不为物倾侧”，最终成为一个“诚君子”（《荀子·非十二子》）。

荀子之“诚”的意义体现为对于人性的改化，即由趋利的恶性转向遵守礼义的“化性起伪”的过程，而在思孟学派那里，“诚”的意义在于返归善良本性，是个重新找回人性的过程。一个改变，一个找回，一个就“明分使群”的礼义从外在的规范开始，一个就仁、义、礼、智、圣“五行”从内在的修养着手，二者差异虽然明显，但从根本上说却构成了人之德性养成两个不可或缺的环节。当然，荀子也认识到礼义最终还是要借助于内心的机制才能更好地发挥作用，所以他也要讲“心术”；而思孟学派对于礼义的价值也并非视若无睹，《性自命出》之“心术”的内容就是礼乐，孟子也说“无礼义，则上下乱”（《孟子·尽心下》），并将礼与义并举，说“夫义，路也；礼，门也。惟君子能由是路，出入是门也”（《孟子·万章下》）。从这个方面来看，荀子与思孟学派在人道问题上的差别并非是要不要主张礼义、该不该追求“诚”等这样原则性的分歧，而只是侧重点有所不同罢了。对于荀子这样一个具备更多理性精神的思想家而言，他自然不能完全相信“仁义礼智，非由外铄我也，我固有之也”的论调，也不能认同“反身而诚”的全部功效，因此他才会批评子思、孟子“犹然而材剧志大”，与子思、孟子相比，荀子显得更现实、更审慎了。

总之，礼义是荀子所抓住的确保人世良好秩序的关键，是人道修养的核心内容，也就是他最终要“诚”的对象。根据之前笔者对于思孟学派的叙述，我们可以推断，在荀子的眼里，思孟学派太横生枝节，既要追求性情的真诚信实，又要强调礼乐的教化作用；既有继承孔子遗教而罕言天道的内容，又逐渐走向了一条借天道而言人道的天人合一的思想道路。更重要的是，从子思到孟子这一段儒学发展的道路本身就发生了不少变化，我们从他们关于“诚”的内容和对象的论说中就可以发现这些改变。可想而知，当荀子面对思孟学派的一些思想材料时，他会自然生发出一种“闻见杂博”的印象。因此，荀子要以一己之力去改变儒学的发展方向，在他看来，最重要的一步就是扭转思孟学派内部各种学说、理论杂乱无章的局面，希望重新找到一条可以统贯整个宇宙人生的线索。这条线索就是礼义，礼义学说最大的学术意义就在于它不再像思孟学派那样“略法先王而不知其统”，而能做到“以类行杂，以一行万”（《荀子·王制》），这里所言的“类”和“一”指的是事物总法则，其实就是礼义。礼义不是人之天性，而是人类生活于社会中的产物，人忠诚于礼义以养心，诚心守仁，精诚行义，将礼义的规范真正落到实处，整个国家和社会也就会得到很好的治理。这也就是荀子最终的理想所在。

第三节 从“自诚明”到“虚壹而静”

一、心知大道

与其重视“礼”与“分”的思想相应，荀子强调了人在认识活动中“辨”的能力。在他看来，人与其他生物进行区分或者说人之所以为人一个重要的标志就是人可以区分事物、辨别是非。因此，“辨”对于人而言意义有二：其一，有辨才有分。《荀子·正名》说：“故知者为之分别，制名以指实，上以明贵贱，下以辨同异。贵贱明，同异别，如是则志无不喻之患，事无困废之祸，此所为有名也。”人借助于分辨的能力才能区分事物，使名实相符，进而确立各种事物在宇宙中的位置，特别是确定人类各种等级秩序，这样也就为礼义的建立提供了保障。其二，辨别的能力体现在言语表达上便是擅长辩论，善辩才能更好地宣扬自己的思想。荀子所处的时代，处士横议，“奸言”四起，君子手中没有能改变这种混乱局面的权势，只能借助于自己的辩说来申明是非，激浊扬清，惩恶扬善。关于言辩的问题，荀子继承了儒家的传统，反对虚伪狡诈，追求“成文而类”“文而致实”（《荀子·非相》），这也就是文质彬彬的真诚精神。需要指出的是，荀子所谓的“类”和“实”指的就是礼义、礼法，这也就是一切言行的最终标准。因此，如果说荀子要忠诚于什么的话，那么“诚”的对象就是礼义、礼法。

荀子分辨精神最重要的体现是他对于是非曲直的判定，也就是要解除蒙蔽人心的异端邪说，重归他所谓的“大理”。是非问题是个价值性问题，每个国家、每个民族、每个学派乃至于每个人都有可能站在各自的立场上进行论说。在荀子看来，人类在是非价值上最大的问题是“蔽于一曲而暗于大理”（《荀子·解蔽》）。他之所以要重新审理当时流行的诸多学说，目的就在于解除这种“大理”的遮蔽状态。他认为，造成这种遮蔽状态的原因是各家“私其所积”“倚其所私”（《荀子·解蔽》），偏于一端而不能见全体，再加上可能还会受到他人的引诱和蛊惑，心也就很难求其正了。荀子与孔子及思孟学派一样，认为天下只有一个绝对的、正义的、普世的“道”作为一切存在的主宰。“道”作为恒常之体能穷尽一切变化，一曲之见自然不能察其大体，只有像孔子这样的圣人才能获知周全的大道，他“兼陈万物而中悬衡焉”（《荀子·解蔽》），也就是能用一个统一的、至上的标准（即“道”）来衡量万事万物。

按照思孟学派的观点，圣人生而至诚，也就能察识天道，而常人只能在日常生活中以圣人的至诚为榜样，通过修心养性的功夫，在获知天道的道路上不懈努力。思孟学派所言的“天”，主要是义理、道德之天，而荀子并不认同也不主张主体对于这种天道的直接察知，他虽承认人有认识自然之天的能力和必要，但人对于自然的认知活动仅限于天、地、四时、阴阳等所表现出来的可以预期的现象、适宜万物生长的各种条件等：“所志于天者，已其见象之可以期者矣；所志于地者，已其见宜之可以息者矣；所志于四时者，已其见数之可以事者矣；所志于阴阳者，已其见知之可以治者矣。”（《荀子·天论》）当然，这并不意味着荀子不去认知义理和道德，他只是将他们与天的联结断开了。他眼中的圣人是通过不断的学习和积累而自然而然领悟大道的，这里的“道”主要不是天道，而是人道，也就是礼义之道。在这个认知人道的过程中，心的作用是至为重要的一环。“心”在儒家思想中既是一个接收经验材料的感觉器官，又是一个能够体验本体的灵明之所，只有通过心的作用才能“知道”，而“知道”又是解除“大理”遮蔽状态的关键：

> 心知道，然后可道；可道然后能守道以禁非道。以其可道之心取人，则合于道人，而不合于不道之人矣。以其可道之心与道人论非道，治之要也。何患不知？故治之要在于知道。(《荀子·解蔽》)

可见，道理明才能禁非道，进而有益于整个国家和社会的治理。这其实就是要通过统一全社会的价值标准来寻求秩序的安定。这种想法同儒家其他派别的思路一样，从理论上说有实现的可能，但前提是人不是作为现实、具体的个体而存在，而是抽象的、大写的“人”。但人性的奥秘就在于它的多样性和可变性，希望通过整齐人性来获得良好的治理效果似乎难以成真，最终只能是一种价值信念和理想。对于这些问题，我们先存而不论，再回到荀子的思路上。既然体知天道如此重要，那心如何才能够“知道”便是至为关键的环节。

二、虚壹而静

荀子的回答是“虚壹而静”，对此他详细做了解释：其一，所谓“虚”，就心的内容而言，并非《儒效》篇所言的夸诞之

“虚”，而是类似于西方现象学所谓的“悬置”，张祥龙先生说：

> “虚”就是将对象的现成存在设定悬置起来，不让它们起实体性的作用，然后才能“壹”，朝向事情本身，朝向事情生成过程本身。最后达到的效果，就是“不以所已臧害所将受”，这样心才能从根本上被开启。①

在这里，荀子的目的在于将内心已有的观念特别是之前所接受的“蔽于一曲”的歪理邪说悬隔，为大中至正的“大理”充实于内心留下足够的空间，这种思路明显受到《管子》、《黄帝内经》和《孟子》等存心养气之说的影响。“虚”并非指空无一物，而是为心性的充实、变化提供一种清净的场域，这也就是“养心莫善于诚”的逻辑起始。其二，所谓“壹”，就心的功能而言，荀子一再强调在政治社会领域要“壹天下”“壹统类”(《荀子·非十二子》)，“道足以壹人”“调壹天下”(《荀子·王霸》)，“壹于道法”(《荀子·正名》)，这些“壹”指的是整齐划一。而此处的“壹”则更强调内心的专一不二，《管子·白心》有云：“一以无贰，是谓知道。”《管子·心术下》也说：“专于意，一于心，耳目端，知远之证。”《荀子·成相》有云：“思乃精，志之荣，好而壹之神以成。精神相反，一而不贰，为圣人。”也就是说，人心虽可以依靠其认识能力(即《荀子·正名》篇所言“心有征知”)来同时认识不同的事物或道理，但认

① 张祥龙：《先秦儒家哲学九讲——从〈春秋〉到荀子》，广西师范大学出版社2010年版，第285页。

识大道时应该专一不二，即不能让对其它事物或道理的认知妨害对于大道的体认，否则人的认识就不可能精微明通。这其中也有排斥异端的意思，“类不可两也，故知者择一而壹焉”（《荀子·解蔽》），即君子要专一精诚于正道，与“虚”所要达成的效果是一致的。其三，所谓“静”，就心的活动而言，如果不对心加以限制，它就可能进行某种偏差性的运动，如虚幻的梦境，以及天马行空的胡思乱想，这种非理性的认识活动会影响人们对于大道的认知，因此要使内心静定下来。这种思想也受到了稷下学派的深刻影响。① 综上，“虚壹而静”就是描述这样一种认识的过程：排除心中已有的不实内容，让心安静下来，精诚专一地体认大道。概言之，“虚”、“壹”和“静”无不是养心之“诚”术的具体展现，由“虚壹而静”而体道无疑是受思孟学派“诚”与“天道”思想的影响。不过，荀子想要获得的“道”主要不是玄远的天道，而是人类社会的道理。

如果达到了对于大道的认识，那么就能明察事理，再将道付诸实践的话，就真正成为一个圣人君子了。思孟学派眼中的圣人因至诚而明达，因为与天道为一而洞察宇宙万物及人事之理，这就叫“自诚明”。荀子受其启发，也推出了他的“大清明”之论：

> 虚壹而静，谓之大清明。万物莫形而不见，莫见而不论，莫论而失位。坐于室而见四海，处于今而论久远。疏

① 参见白奚著《稷下学研究——中国古代的思想自由与百家争鸣》，生活·读书·新知三联书店1998年版，第291页。

> 观万物而知其情，参稽治乱而通其度，经纬天地而材官万物，制割大理而宇宙里矣。恢恢广广，孰知其极？睪睪广广，孰知其德？涫涫纷纷，孰知其形？明参日月，大满八极，夫是之谓大人。夫恶有蔽矣哉！（《荀子·解蔽》）

这段话的基本思路是，人通过“虚壹而静”的功夫实现了对道的认识，认识了大道也就明达了宇宙万物。这其中有道家清静无为思想的影子，但更多地是受到了思孟学派“自诚明”思路的影响。不过，二者的区别也比较明显：其一，就“诚”来说，“自诚明”之“诚”更多的是指一种圣人所达到的真实无妄、与天道完美合一的境界形态，而荀子此处已经将境界性、本体性意味浓厚的“诚”改换为功夫论层面的专一致诚（即“虚壹而静”）。其二，就“明”而言，思孟学派所言之“明”是一种德性之明，即明察人之善性，而荀子此处的“大清明”之“明”的对象似更为广泛，既有宇宙万物的真实规律，又有人事的当然之则，但德性的色彩并不浓厚，这与他对人性的看法是相关的。此外，“大清明”的功效与思孟学派所言至诚能够“参赞化育”不同：“精于物者以物物，精于道者兼物物。故君子壹于道，而以赞稽物。壹于道则正，以赞稽物则察；以正志行察论，则万物官矣。”（《荀子·解蔽》）《中庸》所谓的“参赞”基于人通过“尽性”而实现天人合一，而荀子所谓的“赞”并非上达天地化育之运行，而只是对于考察事物、明达事理的帮助。可以说，“君子壹于道”是荀子思想中的“内圣”和“成己”，而以被大道所规正的心志去实践所明察的事理，从而支配万物（也就是“制天命而用之”）

则属于“成物”的“外王”之功了。

与思孟学派“诚”论所开显出的直觉认识天道的方法相比，荀子“虚壹而静”之“诚”功夫所阐发的认识论则更为看重通过对客观事物进行观察来获得有益于人类政治社会实践的道理。所以，作为思维器官的“天君”也就是“心”的“大清明”还只是获得真理性认识的主体要件，人还必须通过感知具体事物才能激发出对大道的体认。他承认：“凡以知，人之性也；可以知，物之理也。”（《荀子·解蔽》）“凡以知”指人类自身的认识能力，“可以知”乃是作为认识对象的事物之理。不过，他认为就人的认识能力而言，通过经验的观察来获得万事万物之理是一个不可能完成的任务，人不能被完全淹没在纷繁多变的具体现象之中：“以可以知人之性，求可以知物之理，而无所疑止之，则没世穷年不能遍也。其所以贯理焉虽亿万，已不足以浃万物之变，与愚者若一。”（《荀子·解蔽》）人之性与物之理之间存在着同一性的可能，但荀子“也透露了对认识主体生命有限与认识客体多元无限之矛盾的思虑”①。因此，他也讲“知止”，“止”既是为人的认识能力确立一个限度，也是为人类知性的追求确定一个目标。这个目标受《大学》“止于至善”的启发，《大学》之“止”不是从认识论的角度出发，而是直接谈论道德的标准问题，荀子则是由认识而谈论“止”的问题，并试图从经验认识中跳出，最终也进入了道德领域。《大学》“止于至善”指明德、亲民皆应于“事理当然之极”处精诚不移，具体来说就是：“为人君，止于仁；为人臣，止于敬；为人

① 陆建猷：《中国哲学》（卷上），上海三联书店 2014 年版，第 122 页。

子，止于孝；为人父，止于慈；与国人交，止于信。”这就是《中庸》所谓君子“以人治人”的忠恕之道的具体要求，也就是“改而止”之改变、改正的标准所在。“止”不仅仅意味着一种到达，更是一个重新开始，德性的修养就是这样一个终而复始、精诚不辍的过程。由此进行推论的话，思孟学派之“五行”（仁、义、礼、智、圣）皆可视作当“止”之“善”。但依据荀子的看法，这些“止”和“善”有闻见杂博、不成体系之嫌，没有一个统类可以将它们贯穿起来。于是，荀子提出了他所认为的当止之“止”：“故学也者，固学止之也。恶乎止之？曰：止诸至足。曷谓至足？曰：圣王。圣也者，尽伦者也；王也者，尽制者也；两尽者，足以为天下极矣。”（《荀子·解蔽》）

思孟学派也讲“圣”，它超越了仁、义、礼、智，是一种最完美的道德境界，圣人之所以成圣的根据在于其对天道的体认、对德性的充实，以及对外在情欲的限制。在荀子看来，思孟学派这种一味靠内求而达道成圣的路径是有问题的。《荀子·解蔽》篇记载了一则寓言，生动地讽刺了思孟之类的儒者拘执于内心幽隐、闭约的修养之道。这些人擅长思考，其思想如同谜语一样难以猜测，他们认为外在的感觉经验会扰乱他们的心思，于是就试图与外界隔绝开来，通过闲居静思来通达大道。荀子认为这体现了他们自我勉励、内心警惧的道德追求，但并不能因此实现精微、至圣之境界。圣人“纵其欲，兼其情，而制焉者理矣”（《荀子·解蔽》），即不会刻意要求内心对外部世界保持克制、警惧，不会像子思、孟子那样只是寄希望于内心的真诚去达至最高的境界，而是从心所欲，顾忌到人之情感的需求，只有这样才能理顺万物。荀子在此抓住了思孟学派重视内省的特点展开批判，但他对于该学派的认识也是有偏颇的：其一，思孟学派并非不重视人类的情感需求，郭店简子思学派文献中就指出对于喜、怒、哀、惧等情感的满足也是正当的、合理的，并且德性修养的目的就是获得内心的悦乐；其二，思孟学派并非不重视对于外物的治理，“内圣外王”一直是儒家学派的传统。不过，荀子应该是认为思孟学派并没有很好地说明内圣与外王、认知与行为之间的关系，在知与行之间还缺少切实的环节。荀子之所以要将圣与王、圣与伦、王与制结合起来，其深意就是说明德性要想转化为真正的行动、实现最大的效果就必须以具体的制度为依托，他所谓的圣王之制就是礼法。于是，是非曲直的标准就是圣王的礼法，而不再是内心能否“诚”这类内在的虚幻标准了。这里隐含的意思是，如果不确立一个客观的、可以切实察知的标准，仅仅抛出一个所谓的天道来作为宇宙和人生的终极依据的话，就会出现“治怪说、玩奇辞”等是非混乱的局面。因为，人人皆可为天道置一辞，每个人都可以宣称自己因内心的真诚而体验到至上的道理，每个人都可以自我包装为天道的承载者。

荀子说：“故善言古者必有节于今，善言天者必有征于人。凡论者，贵其有辨合，有符验，故坐而言之，起而可设，张而可施行。”（《荀子·性恶》）任何理论都要经过“辨合”和“符验”，只有名实相符，人类才能获得正确的认识，荀子在认识上的努力就是为了获得正道、真理。他将圣王的礼法作为人事的标准，其合理性就在于礼法可以在历史和现实中获得检验，也就是说它的是非曲直是可以被证实或证伪的。对于那些“无稽之言，不见之行，不闻之谋”（《荀子·正名》）等没有经过实践检验的学说、道理，君子一定要慎之又慎，只有将被证实的礼法运用到实践当中去，人心才能终归大道，如此便使“邪说不能乱，百家无所窜”（《荀子·正名》）。这种名实相应的知性追求是儒家“诚”精神在认识论上的表现，与思孟学派重视直觉的认识方法相比，它无疑更具合理性。

第四节　从“成己成物”到“诚”乃“政事之本”

一、礼法之信

儒家虽然追求对大道的感知，但他们并没有停留在认识的层面。荀子在《儒效》中就强调，行是高于知的，“知之不若行之，学至于行之而止矣”，荀子所言大道之行就是指礼法在政治、社会、生活中的具体实施。荀子所处的时代是战国晚期，虽然大一统的局面马上就要到来，但黎明之前的黑暗又是那样可怖，整个社会呈现出“万物失宜，事变失应，上失天时，下失地利，中失人和，天下敖然，若烧若焦”（《荀子·富国》）、“上无贤主，下遇暴秦，礼义不行，教化不成，仁者绌约……为恶得福，善者有殃”（《荀子·尧问》）这样严峻的局面。荀子也像孔孟那样在纷争战乱之中浮沉游荡，辗转燕、齐、楚、秦、赵等国宣扬自己治国理民的思想。荀子虽受到法家慎到等人的影响，他的思想还直接影响了法家的代表人物李斯与韩非，但他本人的政治思想却仍然以德礼为主要内容，发展了孔子“道之以德，齐之以礼，有耻且格”（《论语·为政》）的主张，看重礼义对于人之修养及社会治理的重要意义。在政治的层面，这种礼义思维又发展为对于礼法的重视。如果说“礼”是“法之大分，群类之纲纪”（《荀子·劝学》）的话，那么“法”也就是“礼”在政治活动中的具体表现。礼法就是正义的人道，是强国固本的根基，所以“隆礼至法则国有常”（《荀子·君道》）。可以说，整个国家治乱兴衰的命运都被荀子寄托在礼法之上。

荀子对于礼法的重视受到了法家和兵家的影响。在孔子及思孟学派的思想体系中，法的作用并没有那么突出，它主要是作为道德的辅助力量而存在的。荀子则将儒家之“礼”与法家之“法”结合起来，试图建立一套内可以修身养性、外可以移风易俗的完整规约体系。笔者认为，法家、兵家“赏罚诚必”的思想对于荀子的礼法思想影响很大。我们知道，在荀子之前，一些国家经历了变法的浪潮，它们亟需通过成文法的颁布来确保新的政治社会关系的稳固。在这种时代背景之下，儒家在政治领域的诚信主张似乎已经不太符合历史发展的潮流，其实不然，诚信反而在礼法的框架之下发挥着更重要的作用。试想，如果法律得不到切实的遵守和一致的遵行，那么它就只能沦为一纸空文。法的内容主要表现为对于赏罚的规定，因此，战国法家非常重视刑罚庆赏过程中的诚实信义。法令若要顺利推行首先要解决的问题是如何取信于民，特别是当新的法令行将颁行而民众又处于游移观望的态度之时，树立法律的威信才能保证它落到实处。例如，商鞅曾采取“立木为信”的手段赢得秦国百姓的信任。《商君书·画策》还直接指出儒家仁义之论的最大问题就是很难施行，只有“法必明，令必行”才能治理天下。荀子既然强调礼法的作用，那么礼法赏罚功能的信实施行就成了其发挥作用的关键。在《荀子·天论》中，他把治国之道分为“王”、“霸”和“亡”三种情况，“隆礼尊贤而王”是最高理想，“重法爱民而霸”次之，“好利多诈而危，权谋倾覆幽险而尽亡”则根本不足语于治道；“隆礼尊贤”则“义”立，“重法爱民”则“信”存，故荀子说：“义立而王，信立而霸，权谋立而亡。”（《荀子·王霸》）那么如何才能取信于天下呢？荀子指出要靠“信法”与“信士”。所谓“信法”，主要指的是政令和赏罚要符合信实的标准，即要赏罚必行、诚实如一。荀子说：“政令信者强，政令不信者弱”，“制号政令，欲严以威，庆赏刑罚，欲必以信”。（《荀子·议兵》）只有礼法真正落到实处，人民才能“反诚”，社会的争斗动乱才可能终止，良好的秩序才能够建立。总之，荀子意识到在现实社会中，人的生命很有限，而诚信的道德及信法、信士却是长久的、永恒的，这是荀子从历史经验中总结出的道理。在信法与信士二者之间，荀子更看重信士的作用，原因很简单，若要法律落到实处，人对于礼法的忠诚是不可或缺的。在他看来，具备仁德的君子，“忠信以为质，端悫以为统，礼义以为文，伦类以为理，喘而言，臑而动，而一可以为法则”（《荀子·臣道》）。君子忠诚于礼义，他的言行举止都可作为国人的榜样，故而荀子才会认为法是国家治理的端绪，君子则是礼法的本源、道法的总要。如果有可以忠诚于礼义的君子（即《荀子·强国》所谓“端诚信全之君子”），那么即便法律很简略，它也会得到全面的施行。相反，如果法律非常繁琐却没有秉持法律精神的君子，那么法律施行起来就会混乱无序，不能应对现实情形的变化，随之而来的便是整个国家的混乱。因此，荀子得出结论说：“故明主急得其人，而暗主急得其势。”（《荀子·君道》）这种观点强调了法律实行过程中人所起的主导性作用，但一味强调“有治人，无治法”（《荀子·君道》）很容易走向人治主义，甚至是打着法律的旗号而为君臣的胡作非为鸣锣开道。

同样，对于在战乱时代应运而生的以行军作战为理论重心的兵家来说，赏罚的诚信显得更为重要。虽然孙武等人相信“兵以诈立”，用兵诡诈看似是对诚信精神的抛弃，但这是对敌人所应采取的策略，战场上的诡诈不会被人视作不道德的行为，因为对敌人的仁慈就是对自己的残忍。而对于军队内部而言，诚信的意义就很重大了。《孙子兵法》说：“将者，智、信、仁、勇、严也。”①《六韬》曰：“所谓五材者，勇、智、仁、信、忠也。”②《孙膑兵法》也认为将领应具备“忠”“信”“敢”三种品质。这个“信”指的就是将领在治军过程中的严明赏罚。在兵家看来，将领不能不诚信，否则军令很难得到执行，军队也就因此不能凝聚为一体，战斗也就很难获得胜利。《尉缭子》主张赏罚要严明有信：“号令明，法制审，故能使之前。明赏于前，决罚于后，是以发能中利，动则有功。”③ 只有严明赏罚，才能使三军用命，才能禁止奸诈邪恶，“明赏赉，严诛责，止奸之术也”④。司马穰苴也主张赏罚之信，并且强调赏罚要及时：

① 〔春秋〕孙武撰，〔三国〕曹操注，郭化若今译：《孙子兵法·计篇第一》，上海古籍出版社 2006 年版，第 3 页。

② 骈宇骞等译注：《武经七书》（下），中华书局 2007 年版，第 413 页。

③ 骈宇骞等译注：《武经七书》（上），中华书局 2007 年版，第 204 页。

④ 骈宇骞等译注：《武经七书》（上），中华书局 2007 年版，第 249 页。

“赏不逾时，欲民速得为善之利也；罚不迁列，欲民速睹为不善之害也。”① 赏罚及时才能令将士们迅速辨明是非，增强战斗力和执行力。总之，“故信者，兵之足也”②。没有双足，如何能行？诚信无论是对统治百姓而言还是对统领军队来说都极为重要，它能获得民众和兵士的信任与归附，从而为富国强兵的远大目标奠定基础。

荀子对于用兵打仗中的诚信精神比孙武更为看重，他甚至把“兵以诈立”也给否定掉了，一切要以诚为本，在与敌人的交战之中也是如此。《荀子·议兵》记载临武君与荀子议兵于赵孝成王前，临武君颇为认同孙武的诡诈之道，荀子则不以为然：“臣所闻古之道，凡用兵攻战之本在乎壹民。……故善附民者，是乃善用兵者也。故兵要在乎善附民而已。”在他看来，仁人之兵，不可狡诈，决战沙场最终依靠的不是诡诈的权谋，而是民众的亲附和拥护。那么如何能使民众亲附呢？荀子说：“天地为大矣，不诚则不能化万物；圣人为知矣，不诚则不能化万民。”(《荀子·不苟》) 又说：“故君子者，信矣，而亦欲人之信己也；忠矣，而亦欲人之亲己也”（《荀子·荣辱》），“仁眇天下，故天下莫不亲也”（《荀子·王制》），“不能生养人者，人不亲也”(《荀子·君道》)。总之，君子要有仁爱恻怛之诚心才能获得百姓的亲附，如此“近者亲其善，远方慕其德”便能实现“兵不血刃，远迩来服”(《荀子·议兵》) 的功效。这就把战争的结果

① 骈宇骞等译注：《武经七书》（上），中华书局 2007 年版，第 155 页。

② 孙膑著，王丽华、贾广瑞译注：《孙膑兵法》，中国社会出版社 2005 年版，第 157 页。

与国家内部的治理结合起来，阐发了国泰民安才能百战不殆的思想，同时也反映了荀子禁攻反战的立场。

二、诚信生神

思孟学派的“诚”道是成己成物之道，是内圣外王之道，在这个思路上，荀子与他们是没有差别的。君子以礼义修身，君主法先王、隆礼义，其目的并非仅仅是提升自己的道德修养，还要追求社会政治功效，这就是荀子所谓的“正身安国”（《荀子·乐论》）。概括来说，儒者充实礼义之德于内心就是为了“美政”与“美俗”，即起到完善政治秩序、改善社会风气的作用，这是“成物”。同时，如果“君子务修其内而让之于外，务积德于身而处之以遵道”，那对他个人而言，“则贵名起如日月，天下应之如雷霆”（《荀子·儒效》），这也就是“成己”之效。在政治、社会中成己成物，如此便成就了完善的君子之道。根据荀子的看法，我们可以说君子之道就是礼义之道，这没什么问题，但这个礼义并不像孟子所说的那样是先验的德性，只需要反求诸己就有可能获得。对于作为外在规范的礼义，君子所能做的只有坚守它、践行它。由此，就引出了荀子对于修养功夫的看法，这就是所谓的“道出于一”。“一”作何解呢？用《儒效》篇的话说就是“执神而固”。“神”从何而来？荀子讲的很明白，“诚信生神”，“神”就是神通显明，即由真诚而明达事理；“诚信”就是专一致诚，一则固。因此，“执神而固”就是儒家特别是思孟学派所阐发的“诚”。可见，“诚”与社会政治生活密不可分，《荀子》一书中论述社会、政治的部分无不体现着荀子及其后学重视“诚”的思想。

第五节　荀子对思孟“诚”哲学的解构及其意义

荀子有强烈的正统意识。他批判思孟学派从根本上说是为了扭转儒学发展过程中出现的偏差，重新回归儒学初创时期的真精神。荀子直接以子思、孟子为批判对象，他不满思孟学派因奢谈性与天道而表现出来的心性化、内在化和神秘化趋向，他认为思孟之学中存在着逻辑上的困难与思维上的混乱，已经偏离了儒学的正统。因此他试图拨乱反正，希望通过一条学习诗书礼乐、践行圣王礼法及回归道问之学的途径体认大道。

因为思孟学派的理论是建立在以“诚”观念为核心的天人合一思想基础上的，所以荀子也从重建天人关系入手试图革除思孟学派思想的流弊。可以说，荀子的思想很大程度上就是对思孟学派以“诚”为核心的天人合一哲学的批判与改造。从天道之“诚”来看，荀子致力于纠正思孟学派天人合一于“诚”的理论所造成的“神人同形说的宗教神话的天道观”①。虽然他也承认天地自然表现出了生生不息、变化代兴、自然而然、神妙莫测等“诚”的性质，但他拒绝由天道之“诚”为人道设定终极目标，而是提出天人各有职分的观点，试图将天人合一的链条截断。于是“天道—人道”的合一关系被解构，人的美善本性也从天道中被移除，天更多地承载了自然的意蕴，它无所谓善恶，也就不能对人类社会产生任何价值性的规定。从人道

① 侯外庐等著：《中国思想通史》（第一卷），人民出版社 2011 年版，第 370 页。

“诚之”“思诚”的角度来看，思孟学派为了保证人人皆有与天道诚体合一的可能，于是就通过心性论的构造来证明，用仁、义、礼、智、圣等德目对应天道之“诚”。荀子所赞颂的是孔子、子弓这样的“大儒”“圣人”“雅儒”，综合荀子对这类人格的描述，我们可以总结出他们所具备的优良品质：首先也是最重要的一点，他们效法先王①，顺从礼义；其二，恭敬爱人，端悫诚信；其三，表里如一，不诬不欺；其四，宗原应变，专一于道；其五，内圣外王，调一天下。可见，在人道之“诚”的问题上，荀子除了特别强调对礼义的重视之外，与思孟学派“诚”的思想并无根本差别。但是，荀子不赞同“反身而诚”式的追求与天道诚体合一的功夫（也就是“尽心→知性→知天”的修养路径），这是因为：首先，他提出人性首先表现出来的是其自然性的内容，这些内容常常会有趋于“恶”的可能，由此否定了思孟学派在伦理学上的先验主义倾向。性恶论从人的情感上说似乎难以被接受，但相较于性善论来说，它在论证伦理道德的必要性时显得说服力更强一些。其次，由于思孟学派认定道德观念具有先验性，因此他们的认识论很大程度上表现为对于先验的、“幽隐”的德性的内向性追求，由此也就忽略了感

---

① 需要指出的是，荀子对“法先王”还是“法后王”的问题的看法是混乱的。一方面他批判孟子等人“法先王”而造成了政治上的混乱，另一方面他又明确提出“劳知而不律先王，谓之奸心”（《荀子·非十二子》），“法先王，顺礼义”（《荀子·儒效》）。其实，即便是他所谓的“后王”也并非如有些学者所谓的当世之王，而是三代之王。所以可以说，“荀子的法后王与别人提的法先王，在理论上没有原则的差别，只是提法不同而已”。参见刘泽华著《中国政治思想通史·先秦卷》，中国人民大学出版社 2014 年版，第 209 页。

性的认识，很容易造成一种无从下手而又难以证明的感觉。对此，荀子将关注的中心转向现实的政治、社会生活，认为只有在具体的历史和生活中才能获致大道，并且大道也只有在实践中才能获得验证。这正如黄俊杰教授所言：“相对而言荀子的‘道’是在时空之中的道，具有强烈的‘人间性格’；孟子的‘道’则除了‘人间性格’之外，也具有某种‘超越性格’。”① 于是“诚”道的内求转而成为外向的行动，人道也就变得更现实可感、切实可行，这在一定程度上杜绝了神秘体验的可能。这也就是荀子针对思孟学派“不知其统”“闻见杂博”“僻违”“无类”“幽隐”“闭约”等弊端所开出的“药方”。

荀子对于思孟学派的批判是他基于所处的社会现实特别是当时思想界鱼龙混杂、是非淆乱的现状而展开的，他抓住了思孟学派的关键特点，从根基处加以驳斥，表现了他的学术洞察和气魄。但他的批判是否合情合理？对此我们需要具体问题具体分析。

首先，荀子认为思孟学派的核心内容是“五行”之说，这在传世文献及出土文献中得到了证明。但是，他所着力批判的、在当时产生消极影响的“五行”理论已非思孟学派“五行”说的本来面目，而是夹杂了阴阳五行学派、稷下道家及方术之士的思想内容，所以才会让荀子产生“闻见杂博”的感觉。平心而论，思孟学派的“五行”观念及孟子所提出的“四端”说、性善论是儒学进一步体系化的结果，它们改变了孔子论学所具

① 黄俊杰：《中国孟学诠释史论》，社会科学文献出版社 2004 年版，第 100 页。

有的分散性、情境化、语录化的特点，表现了儒学在与其他学派的论争中试图从学理上进行系统论证的努力。“五行”论是他们着重阐发的“诚”观念落实于人之心性的结论，其原本的旨趣在于为实现天人合一、身心合一的理想追求而确立一系列具体的“人道”规范，也就是说人如果能让五行“形于内”并使它们处于“和”的状态，进而培育出“德之行”，便能实现人之道德本性的回归，也就能够“安身立命”，完成人生的意义。这种对于真诚德性的追求很难说就是完全“僻违”的。其实，对于思孟学派“五行”论中的任何一“行”，荀子都不会反对，只是“追求合理性的荀子无法依照他当时的知识和概念体系对更早时期产生的仁义礼智圣五行的涵义及其相互关系作出合理解释”①。于是他就删繁就简，从“五行”中抽出礼、义来申论发挥，这样一方面避免了对“五行”之相互关系所进行的复杂论证，另一方面也为他说明“性恶”提供了方便。

其次，思孟学派更重视内在心性的修养，因此难免会更多地诉诸个人“幽隐”的体验，很难有确定的标准去衡量人之体验的正当性与有效性，这也是思孟学说可能会走向“僻违”的重要原因。荀子看重的正是礼法所具备的公共性、客观性、可评判性的特征，认为与“反身而诚”相比，这种外在的规范才能引导人们实现成己成物的目标。但是，外在的规范真正要发挥作用也必须通过改变心性来达成，因此，荀子也不得不说“养心莫善于诚”，也主张“慎独”，要求人们通过“虚壹而静”

---

① 蔡树才：《荀子对思孟“五行”说批判的再认识》，《周易研究》2010 年第 5 期。

的“心术”去体认礼义之道，然后再真实无妄地去遵守、践行。可见，荀子并没有摆脱“诚心”的逻辑，只是所“诚”之心中内容有所不同罢了。

最后，荀子特别强调诚信在社会政治生活中的重要意义，其实质是保障礼义法度能得到切实的施行。自孔子一直到孟子，儒家向来重视诚信在政治社会治理中的作用，孔子有“去食存信”之说，子思学派特倡忠信之道，孟子建立在民贵君轻思想上的仁政主张更是诚信为政精神的体现，这些思想中已然包含了诚实遵守礼义法度的内容。荀子以他特重礼法的立场批评思孟学派“略法先王而不知其统”，其实不是他们“不知”，而是思孟学派在治国理政问题上的视野似乎更为宽广，从“先王”那里吸收了更多的经验和智慧。当然，如果对于吸收的内容不加甄别地予以接受，也就是一味复古，就难免因“闻见杂博”而有“材剧志大”的嫌疑了。

可以说，荀子在对思孟学派进行批评的同时，也重建了儒家的“诚”学，荀子的新“诚”学最大的特点就是试图切断天道之“诚”与人道之“诚”的合一关系，着重强调在人道的层面上对于礼法的忠诚。荀子这种颇具智识主义色彩的另类“诚”哲学在相当长的时间内一直是中国思想的潜流，它发挥着非常重要的矫枉作用，特别是在防止思孟学派以“诚”为核心所建立起来的天人合一之学过分滑向神秘、直觉、感应的层面上，它功不可没。荀子的新“诚”学标志着儒学中一种新的天人关系的确立，它一方面指明了儒学发展中出现的偏差，另一方面也给儒学提出了一系列新的课题和内容。在这个层面上说，荀学与思孟之学之间应该是一种互补的关系。仅就思孟“诚”学而言，荀子的学说至少会给它带来如下思考：

其一，荀子批判思孟学派在很大程度上是因为他们有走向幽隐神秘的趋势，偏离了孔子罕言天道性命的理性自觉。这种神秘性是建立在“精诚感应”的理论之上的，虽然思孟学派之“诚”的对象是内在的情感或德性，这表明他们关注的重心已经由神灵世界转入人文领域，但至诚如神、至诚前知的论调保留了部分原始宗教神秘性的内容。思孟之“诚”指明了一条通过心性真诚的修养而上达天道、与万物为一的超越之路，这种理论本身有着强烈的终极关怀和宗教情怀，表现了儒家一种“可上达形而上境地的人生非对待性向度”①。不过，这种思想也很容易与诸如阴阳五行说的天人感应理论及术士迷信相结合，形成儒家式的宗教神学，这种学说在汉代蔚为大观，深刻影响了两汉的政治和社会的发展。在道德性的真诚要求与宗教性的虔诚情感之间，儒家该何去何从？儒学究竟应该以怎样的形式影响国家的政治、社会和生活？这些至今仍是值得探讨的重要议题。

其二，关于道德与法律的关系问题。思孟学派重视内在的道德修养，相信人性有善的趋向，反身而诚于善性就能与天道为一而实现内圣，进而外王，这是大多数儒者的理想。荀子吸收了各家学说，认识到只讲道德理想的虚妄，于是又大谈特谈礼义法度等外在规范的重要意义。从此，如何处理道德与礼法的关系就更成为儒学不得不面对的问题。如何处理这两者的关

---

① 黄克剑：《由“命”而“道”：先秦诸子十讲》（修订版），中国人民大学出版社 2010 年版，第 181 页。

系在政治、社会的治理实践中尤为重要，而儒者的思考又影响了统治者的政策抉择。以“诚”为例，我们发现唐代的统治者对于“诚信”特别重视，甚至以法律的形式将其确立为全社会的规范。那么，法律真正能确保诚信成为被全社会所共同遵循的道德规范吗？唐代对诚信之德的推行有何经验和教训呢？对当今又有何启示？这都是需要我们深入考察的问题。

其三，关于什么是“诚者”的问题。虽然从本义上说，“诚”只是对一种事物的存在状态，以及一种人所秉持的情感态度的描述，但因其指向了“真实”，一些儒者就对什么才是真正的存在者这一问题进行追问。思孟学派与荀子之差别从根本上说就是什么才是“诚者”、什么才是大本大原的观念分歧。这种分别不仅仅说明了儒学内部的分化，其实也蕴含着儒家与其他学派在本体、本根等哲学问题上的差别。这种内、外之分别在后世儒学发展史上一直存在着，比较突出的表现是：从外部而言，儒学以自家之“诚”斥佛、道之“伪”；从内部来说，宋明一直到清代的儒者们对什么是“诚者”展开了不同的表述，体现了儒学本体论与功夫论的不同面向。

其四，关于情感的问题。在孔子看来，仁就是人类最本真的情感，若要实现仁、达到仁就必须做到真诚恻怛。子思继承了孔子的思路，比较重视情感的自然流露，这在《性自命出》等篇章中体现得比较明显。在《中庸》中，“诚”则是对情感之真实呈现需求的哲理性概括。不过，子思学派又使儒学情感论发生了转向，即由偏重自然情感之流露转向了对天道性命的精诚。由于天道具有道德内涵，所以，与它存在“合一”关系的人之性情（即“天命之谓性”）也就应以道德内容为优先，对于自然情感的调节、限制就不可避免了。受子思学派的影响，孟子认为某些情感是伦理道德的根基，如他说“恻隐之心，仁之端也”（《孟子·公孙丑上》），这就是说“作为文明社会基本规范的仁道原则，便是人的内在心理情感的展开”①，“四端”之情都是这样一种思路。孟子受其即心言性思路的限制，讨论情感时已经不再强调内心自然意向的显发，而是将其作为人与禽兽、“野人”进行区分的重要标志。荀子不同意孟子的性善论，其原因在于他对人之性情中诸如欲望等自然情感的无序状态很是担忧，认为“人情甚不美”甚至是“恶”的，于是他要“以道制欲”，即试图用礼义法度来节制情欲，达到“情安礼”“法胜私”（《荀子·修身》），借以预防混乱局面的发生。

总的来看，先秦儒家各派别并不否定情感、欲望之于人的重要意义，认为情欲能够得到满足是人获得幸福与快乐的重要条件，但又都对其采取了趋向于节制的态度。这种节制有三种表现：一是直接提出中庸的原则，要求人们时刻警醒，不要越出正当的界限，正所谓“发而皆中节”；二是诉诸天道以建立至善标准，从而为人之性情确立道德性目标；三是利用外在礼法的约束，培养中和情感，安定人之血气，防止人之情欲的过度。这三者都与“诚”关系密切，可以说，没有内心“诚”的情感就难以践行中庸之道，难以返归良善本性，难以确保礼法养欲安情的作用。因此，“诚”是最重要的道德情感，是道德的情感之基。在儒家看来，没有诚，就不会有善和美。无论是思孟学

① 杨国荣：《善的历程：儒家价值体系研究》，华东师范大学出版社 2009 年版，第 61 页。

派还是荀子，一谈“诚”都是将“道心”置于“人心”之上，到了宋明理学那里更是发展为“存天理，灭人欲”之说。在儒家道德理想的笼罩之下，人的饮食起居总是要受道、理、礼法或良知的绝对支配，面对儒家上达天道、成为圣人的人性期许，以及对于善恶的明确分立，人们有时难免会产生一种禁锢和不自由的感觉。儒学发展到后来，就不得不重新审视人之情欲和天理良知之间的关系，例如刘宗周就试图“将‘道心’世俗化，日常生活化”，“他要在日常生活中，在人的情感欲望之中，建立起真正的道德主体”。① 与此相似的是，明清儒家“诚”学发生了一个重要的变化，那就是“实学”开始作为一种社会思潮而出现，这无疑是对空谈心性之“诚”的一种纠偏。儒学仍然影响着当今时代，发挥着道德教化的作用，但在物质生活水平日益提高、人类情感需求日益多元、社会民主程度不断进步，以及不同价值日益交融的现代社会，我们是仍然要追求儒家天道性命一体之“诚”的道德理想，还是要专一精诚于“圣王”制定的现实礼法？是虔诚地信仰孔子的学说，还是摆脱儒家的“道德陷阱”？在情与理的碰撞中，又如何安顿自己的生命和心灵，实现人生的价值？这都是儒家特别是思孟学派“诚”哲学留给我们的思考。

① 蒙培元：《情感与理性》，中国社会科学出版社 2002 年版，第 235 页。

第四章　真实与虚妄的交响：儒家“诚”观念在汉代的发展与演变

先秦儒家“诚”观念主要在“天道—人道”的框架之内展开，是天人合一思维的重要纽结，是儒家特别是思孟学派哲学建构的重要环节。通过对“诚”观念的分析，我们既可以看到儒家对真实性、超越性之宇宙本体的追寻，又可以看到他们对于人之真诚情感与良善本性的规定。人们追求、体认“诚”道的过程之中伴随着直觉的认识方法和神秘的情感体验，这往往为现代提倡确证的科学知识论所激烈批判。但是，知识论上的无效并不能掩盖“诚”学建构的现实趋向，在“成己”与“成物”的互动之中人们发掘了“诚”的规范性意义与实践性价值。

到了两汉时期，儒家“诚”观念基于一种政治上的需要似乎找到了更可以发挥效用的时空，但在更加重视天人之间相互感应的思想背景之下，“诚”观念自身的神秘体验成分被全方位地激发出来，这种神秘性发展到极端也就不可避免地走向了一条大讲阴阳灾异的虚妄不实之路。因此，为了重新回归先秦儒家“诚”观念的实在性与现实性内容，对天人感应、阴阳灾异论断背后“诚”思维的解构也就成了汉代思想家们的一种必然选择。

第一节　儒术独尊之前“诚”观念的神秘性与政治性建构

汉代早期的“诚”思想在《文子》《淮南子》等著作中有所体现。《文子》中有《精诚》一篇，专言天人之间的精诚感应。“精诚”观念首先出现于《庄子·渔父》，《渔父》是战国晚期的作品，其关于“诚”的论说受到了儒家“诚”观念的影响。相较于儒家的“诚”思想，道家把“诚”与精、气、神等观念结合起来，对其进行了改造，但继承了“诚”动天人的思路。丁原植先生认为，《文子·精诚》一篇“或许形生于文子学派后续的发展，但就目前史料来说，它与文子哲学思想当有区别。关于出现今本《文子》论述‘精诚’问题的文字，似与《淮南子》成书的来源较为密切，而非属《文子》的原始资料”①。通过考察《文子》和《淮南子》中关于“诚”的思想，我们就会发现，相较于先秦“诚”观念来说，汉初“诚”说有两个重要的趋向：一是更加强调天人感应的神秘性，一是更加注重经世济民的政治性。

① 丁原植：《〈文子〉资料探索》，台北万卷楼图书有限公司1999年版，第55页。

一、气动与感通

古人对于天地万物的运动变化保持着一种惊奇的态度，并把这种动化的原动力归结为天的运作。因此，对于天，古人发出了“神明”的感叹。《庄子 · 知北游》说：“今彼神明至精，与彼百化，物已死生方圆，莫知其根也，扁然而万物自古以固存。”天的这种不可知测的运作过程被思孟学派冠以“诚”的规定性，并且，人在心性的层面能够达到与天的贯通，即通过“思诚”“诚之”的后天努力就能成就明达天道的境界。与这种借助于心性论建构而说明天人贯通的思想模式不同，《文子》《吕氏春秋》《淮南子》等主要通过“气动”的观念来论证天人之感通：

> 精诚发于内，神气动于天。①
>
> 故诚有诚乃合于情，精有精乃通于天。乃通于天，水木石之性，皆可动也，又况于有血气者乎？②
>
> 故精诚感于内，形气动于天。③

什么是“神气”呢？它又为何可以“动于天”？从根本上讲，精就是气，《管子 · 内业》云：“精也者，气之精者也。”上文

① 王利器：《文子疏义》卷第二《精诚》，中华书局2009年版，第86页。

② 王利器：《吕氏春秋注疏》卷第十八《具备》，巴蜀书社2002年版，第2267页。

③ 何宁：《淮南子集释》卷二十《泰族训》，中华书局1998年版，第1375页。

已经提到，“气”是先秦表达物质构成元素的概念，“神”是对气运作时所显现之妙用的描述。因此，精气必定是神妙之气，“神气”之说得以建立。那么“道”与“气”又是一种什么样的关系呢？在道家看来，“道”虽然是万物生成和变化的主宰，但是其杳冥无垠的特色使得宇宙论的建构颇有些抽象化的虚悬。因此，道家又拈出一个“气”字来作为道之作用的物质性基础，万物都是道借由类似于阴、阳之类的精气生化而成，正所谓“精神生于道，形本生于精”（《庄子·知北游》），由此宇宙自然包括人在内在气的层面实现了统一。对于人而言，精气不仅是构成万物的基本元素，人自身的性质也是由其构成的，精气藏于心中，正是“道”的运作在人的身体起作用而形成人之本质的过程。我们现在常说的“精神”一词，其实就源于这种对人之本性的规定性。如果我们把“精”看作是“气”的话，那么“神气”就只不过是“精神”的另外一种表达方式而已。“精神”一词在《老子》中还未出现，但到了《文子》《吕氏春秋》《淮南子》等文本里则成为非常重要的观念，它对于人而言可谓是性命攸关。陆贾《新语》有云：“养气治性，思通精神，延寿命者，则志不流于外。”① 精神作为人与道之间的中介物而言，其与万物之间能够感应是其非常重要的特色，因此，为了更为明确地说明此一中介物质的沟通作用，道家后学提出了“精诚”的观念。这里的“诚”明显受到了儒家“诚”论的影响，《中庸》《孟子》的“诚”论正是在天道性命的关系上倡言天人合一的，并且强调至诚能够参赞化育、预知祸福，这为天

① 王利器：《新语校注》卷下《怀虑》，中华书局2012年版，第129页。

人感应的学说进行了张本。可见，汉初这种“道—心—精—诚”的逻辑架构显然是儒道思想结合后的产物。此外，又因为万物统一于气，人心中的“精气”也就能与诸如自然界的春生之气、秋杀之气等呼应感动。表现在社会政治的层面，人事之“气”也与自然现象相互感应，政治的治乱与自然的常变是可以相互证明的，这正如陆贾所言：“恶政生恶气，恶气生灾异。螟虫之类，随气而生；虹蜺之属，因政而见。治道失于下，则天文变于上；恶政流于民，则螟虫生于野。”① 这分明是董仲舒天人感应论的先声之一。人与道、人与宇宙万物完成了接续，这也就是道家天人合一观念的另外一种思路。由此，我们可以清晰地发现，汉初天人合一、相互感应的思想表现为两种思路：一种是天道转化为人之道德性命的思路，即经由“精诚内形”而“抱道推诚”② 的路径；一种是由万物统一于气而引发的气感神应的思路，即经由“气动于天”而“能以神化”的路径。这两种思路共同造就了汉代“诚”观念重视天人感应的神秘化特色，这也从一个细微的角度说明了先秦学术到了汉代出现了大融合的趋势。

二、精诚与化民

汉初“诚”论还沿袭了先秦儒道两家所共同主张的内圣外王思想。我们分析《文子·精诚》篇就会发现，“精”有时也可以理解为道内化为主体心性的部分，而“诚”则是这种内在

① 王利器：《新语校注》卷下《明诫》，中华书局2012年版，第155页。

② 王利器：《文子疏义》卷第二《精诚》，中华书局2009年版，第83页。

的道德心性显现为外在事功之时真实无妄的情感状态。先秦道家非常讲究无为而治，对于儒家的仁、义、礼、智采取了一种批判的态度。道家思想发展到汉代，已经不可能拘执于原始道家的无为思想，黄老学派的主张便是一种实例。在《文子·精诚》《淮南子·泰族训》等篇章中，作者并没有否定明显属于“有为”范畴的“政令”，相反，集儒、道思想为一体的“精诚”“诚心”观念反而成为指引法家“赏善罚暴”政策走向正途的根本原则，成为促使万民顺服的重要手段：

> 故赏善罚暴者，正令也；其所以能行者，精诚也。令虽明，不能独行，必待精诚。故捻道以被民，而民弗从者，精诚弗至也。①
>
> 圣人……抱道推诚，天下从之，如响之应声，影之像形，所修者本也。②
>
> 推其诚心，施之天下而已矣。③
>
> 赏善罚暴者，政令也；其所以能行者，精诚也。故弩虽强不能独中，令虽明不能独行，必自精气所以与之施道。故摅道以被民而民弗从者，诚心弗施也。④
>
> 故礼丰不足以效爱，而诚心可以怀远。⑤

---

① 王利器：《文子疏义》卷第二《精诚》，中华书局2009年版，第61页。

② 王利器：《文子疏义》卷第二《精诚》，中华书局2009年版，第83页。

③ 何宁：《淮南子集释》卷二十《泰族训》，中华书局1998年版，第1383页。

④ 何宁：《淮南子集释》卷二十《泰族训》，中华书局1998年版，第1384页。

⑤ 何宁：《淮南子集释》卷十一《齐俗训》，中华书局1998年版，第779页。

与此相似，贾谊在《新书·傅职》中也主张君主要“诚于赏罚”，遵循礼义之大道。其实，不惟赏罚，外王层面的“精诚”表现在治国理政的方方面面。不过，看似君主要致力于各种具体的事务，但“凡说与治之务若诚”①，最根本的一条原则就是顺天而行，即通过天道内化为人性的精诚而自然地处理政事，便能达到无为而治的效果，这体现的便是圣人“同乎大和”“含德抱道，推诚乐施”② 的智慧。这种政治上的智慧最终也体现为一种感化的力量，但与上文的气感神应不同的是，此种感化是君主对于天下万民的驯服，换句话说就是民众对于君主的心悦诚服，即“民化如神”③。圣王所施行的是真诚信实的教化，这种教化不靠言说而能感动万民，此之谓“贤圣之化”，也正是汉初黄老无为思想的一种体现。

刘汉王朝初立，一切都尚未走上正轨。为了巩固立足未稳的统治，确保自身的长治久安，他们选择了讲求无为而治的黄老之学作为治国的纲领，希望能够通过自己的精诚来感动上天，感化万民，在上获得天道的帮助，在下赢得民众的拥护。黄老之学起到了休养生息的作用，但已经积累了丰厚文治武功的大汉帝国不可能只是满足于无为而治。雄才大略的汉武帝内心之中还留存着因为不自信而产生的惶恐，他希望尽早从天地变化的终极规律及历史的治乱兴衰中获得政治智慧和助力。于是他

① 王利器：《吕氏春秋注疏》卷第十八《具备》，巴蜀书社 2002 年版，第 2267 页。

② 王利器：《文子疏义》卷第二《精诚》，中华书局 2009 年版，第 93 页。

③ 王利器：《文子疏义》卷第二《精诚》，中华书局 2009 年版，第 95 页。

发出这样的疑问：“何修何饬而膏露降，百谷登，德润四海，泽臻草木，三光全，寒暑平，受天之祜，享鬼神之灵，德泽洋溢，施乎方外，延及群生？”（《汉书·董仲舒传》）“天人之道，何所本始？吉凶之效，安所期焉？禹汤水旱，厥咎何由？仁义礼智四者之宜，当安设施？属统垂业，物鬼变化，天命之符，废兴何如？”（《汉书·公孙弘传》）对于这些问题，当时的一些知识分子纷纷做出回答，其中董仲舒的回答深得汉武帝之心，因而被刘汉政权所接受并对汉代的政治社会乃至于整个封建社会产生了深远的影响。董氏的思想可以被称作是政治神学，它“以‘天’为核心，宣扬‘天’是宇宙的最高主宰，以此为基础，进一步论证了秩序神圣、君权神授、祥瑞灾异理论”①。笔者认为，其政治神学的核心理路主要受到思孟学派“诚”观念的影响，并发展了附着在“诚”上的天人感应内容，造就了汉代“诚”学的最大特色。

第二节　两汉“诚”观念与神学化的经学

儒家学说建立在对经典的诠释与阐发之上，由此形成了所谓的经学。在孔子的时代，他就用六艺作为教材来向学生们讲授，并且亲自整理编订了《诗》《书》《礼》《易》《春秋》五经，开经学之先。到了汉代，“六艺经传以千万数”（《史记·太史公自序》），可见经学之发达。汉武帝顺应大一统政治

① 张荣明：《信仰的考古——中国宗教思想史纲要》，南开大学出版社2010年版，第80页。

之需要，罢黜百家，独尊儒术，《五经》成为法定经典，儒家学说遂成为君主专制时代的正统思想。汉代的经学有今、古文两派之分，大体而言，今文经学重视微言大义，强调通经致用，甚至通过附会的形式来对政治产生影响，受到朝廷的重视。古文经学则较为平实，注重名物训诂考证，基本上在民间传授。今文学派的《公羊春秋》大师董仲舒综合儒家、阴阳家与法家之说，建立了一整套的神学化的经学内容，倡言天人感应与阴阳灾异之说，使儒学与政治之间的关系非常密切。之后经学又与假托神灵的宗教性预言结合，产生了更为神秘复杂的谶纬之说。今文经学、谶纬之学发展到极致之后必然难逃因虚伪、矫饰而招致猛烈批判的命运，遂日渐衰微。神学化的经学对汉代政治的影响极为深远，概括来说：一方面，它为汉王朝的建立及政权的更替找到了“天命”的因由，使他们可以利用神学化的建构确立合法性的基础；另一方面，它又试图为统治者的治国理政设置“天道”的根据，借用功利化的说教以实现儒家的仁政理想。在这种政治学说的建构之中，儒家传统“诚”观念的影子一直挥之不去。

思孟儒学经过荀子的清理似乎应该能够摆脱那种可能导致虚妄的路径，但汉代儒学的发展似乎又回到了荀子所批判的阴阳五行化的天人感应老路上。事实真是如此吗？如果是的话，这又是什么原因造成的呢？如果不是的话，汉代儒学又新在何处呢？

荀子将儒学关注的重心转向了社会政治生活，这与汉代儒学的旨趣是一致的。汉代作为一个新兴的王朝，并没有什么现成的礼法可用，一切都需要重新摸索和建构，汉初一段时间内的无为而治、与民休息策略一方面保障了战乱之后政治的安定与经济的繁荣，另一方面也为酝酿更加“有为”的治国大法赢得了时间。汉人认识到先秦儒家特别是思孟学派的道德哲学因其理想主义色彩浓厚而“迂远而阔于事情”（《史记·孟子荀卿列传》），“博而寡要，劳而少功，是以其事难尽从”（《史记·太史公自序》），已经不符合汉王朝统一天下的“王政”需要。但是，儒家思想中的仁义、礼制、德刑、教化等内容却又是巩固新政权所必需的，因此对儒家思想进行改造就成为汉初统治者的选择，这个任务落到了以董仲舒为代表的思想家们身上。

董仲舒对儒学进行改造的思路是“在坚持儒学基本原则的前提下，对其他学派中那些有利于封建统治的东西加以充分的吸收，从而丰富和完善自己，使得自己能够更好地服务于封建现实政治”①。为统治者服务可以表现为提出一系列治理策略，也可以体现为为统治权转移的合法性提供一套说辞。邹衍等人的阴阳五行论及“五德终始”说、墨子的“天志”“明鬼”“尚同”论正好为董仲舒准备了现成的资源，只需要稍加改造（如将“五德终始”论改造为“三统”说，又如借鉴传统的感应论、灾异论而重新构建“天人合一”论等）就可以让它们重新粉墨登场了。②

---

① 黄朴民：《天人合一——董仲舒与两汉儒学思潮研究》，岳麓书社 2013 年版，第 14~15 页。

② 需要指出的是，董仲舒与阴阳家在阴阳五行观念上的差别在于，阴阳家以阴阳五行论天的自然规律，而董仲舒则以阴阳五行论人伦秩序，即试图从天道的层面论证儒家伦理的合法性。笔者认为，阴阳五行说之于董仲舒更像是一种推行儒家道德教化的工具和手段，他是借助于在当时被普遍接受的“天道”观念来推行自己的“人道”主张。

董仲舒的新儒学体系对思孟“诚”学最大的发展就是它为“至诚配天”“至诚如神”“至诚前知”等论调提供了具体的说明，使它们看起来似乎不再那么悠远难知。思孟“诚”论中的“天道”之“天”主要是一个义理之天，是作为道德的本原而存在的，人通过“诚”与“天”之间的合一更多的是在德性层面的统一。这种学说由于诉诸内心的道德体验也就难免有幽隐、僻违的特性，与现实的政治、社会还有不小的距离。所以，荀子才做了一个扭转，建立了更具现实精神的新诚学体系。到了董仲舒这里，他借鉴墨子的“天志”“明鬼”论，使天的神性、宗教性色彩加重，天与人之间的合一不再仅仅以抽象的德性为中介，而直接变成不同人格之间的沟通。天变成了一个人格神，是可以对人世行使赏罚权能的“百神之大君”①，是能够施予人“善善恶恶，好荣憎辱”等道德观念的至善存在，人所要“诚”的对象正是作为“人之曾祖父”② 的“天”，而君主则是“天之子”，作为沟通天人的中介而存在，其统治的最高原则就是“循天之道”，也就是对于天所启示的真理要真诚地信仰和遵循。这样一来，思孟学派的“诚”就具备了宗教性虔诚情感的色彩，一些思想家将其与某些自然、社会现象联系起来，从正反两方面进行神学性诠释，从形式上改变了思孟“诚”论幽隐的特色，更容易为人特别是君主所认同和接受。

① 曾振宇、傅永聚：《春秋繁露新注·郊语第六十五》，商务印书馆 2010 年版，第 298 页。

② 曾振宇、傅永聚：《春秋繁露新注·为人者天第四十一》，商务印书馆 2010 年版，第 223 页。

一、“诚”观念与阴阳五行说

1. 天人相副与至诚动人

董仲舒在论述人性问题的时候说道：

> 人之受气苟无恶者，心何栣哉？吾以心之名得人之诚。人之诚，有贪有仁。仁贪之气，两在于身。身之名，取诸天。天两有阴阳之施，身亦两有贪仁之性；天有阴阳禁，身有情欲栣，与天道一也。①
>
> 天地之符，阴阳之副，常设于身，身犹天也，数与之相参，故命与之相连也。②
>
> 天之副在乎人，人之情性有由天者矣。故曰受，由天之号也。为人主也，道莫明省身之天，如天出之也。③

在他看来，人性问题要从传统的阴阳之气学中寻找答案。天有阴阳之分，同样，作为“犹天也”的身体也有阴阳之别，这表现为人有贪、仁之性，即仁为阳而贪为阴。于是，人类的真实性质（“人之诚”）乃天道（表现为阴阳之道）所赋予，这无疑是先秦思孟学派“诚”学“天道—人道”结构的变种。董仲舒

---

① 曾振宇、傅永聚：《春秋繁露新注·深察名号第三十五》，商务印书馆2010年版，第212页。

② 曾振宇、傅永聚：《春秋繁露新注·人副天数第五十六》，商务印书馆2010年版，第266页。

③ 曾振宇、傅永聚：《春秋繁露新注·为人者天第四十一》，商务印书馆2010年版，第223~224页。

的人性论是孟子性善论与荀子性恶论的结合体，他将性情、善恶与阴阳合而言之，在阴阳二者之中，阳尊阴卑，因此，在人性之中仁善自然要比贪恶重要。既然仁、贪都是人之“诚”，是否就意味着要任其自在自由地发展呢？董仲舒说“天凡在阴位者，皆恶乱善”①，贪恶之性会破坏人之仁善，此时就要“变天地之位，正阴阳之序，直行其道，而不忘其难”②，表现在修养上就是要用心之仁善去抵抗心的贪恶。这在他看来就是所谓的“义”，人人都应该以义养心，并且还要将其施行于政治领域。这既是儒家推己及人、内圣外王的传统，又是传统“诚”论成己成物的“合内外”之道的继续。在政治领域里，作为天子的君主要根据人之“诚”性来开展治国的活动，根本的原则就是发扬人性之中的仁善，遏制人性里的贪恶。这个原则表现在具体的政策抉择上便是要“使德之厚于刑也，如阳之多于阴也”③，即在政治上要德主刑辅，恩威并施。在道德教化方面，董仲舒提出了所谓的“三纲”与“五常”，极力奉劝君主修饬，只有这样才能得到上天和鬼神的福佑和显灵。其实，归根结底还是一个“仁”字，君主要以诚行仁，“设诚于内而致行之”（《汉书·董仲舒传》），如此才会收到同样的回应：

---

① 曾振宇、傅永聚：《春秋繁露新注·天道无二第五十一》，商务印书馆 2010 年版，第 255 页。

② 曾振宇、傅永聚：《春秋繁露新注·精华第五》，商务印书馆 2010 年版，第 60 页。

③ 曾振宇、傅永聚：《春秋繁露新注·阴阳义第四十九》，商务印书馆 2010 年版，第 250 页。

> 夫尧舜三王之业，皆由仁义为本。仁者，所以理人伦也，故圣王以为治首。或曰发号出令，利天下之民者，谓之仁政；疾天下之害于人者，谓之仁心。二者备矣，然后海内应以诚。①

天地之气，合而为一，分为阴阳，列为五行。阴阳在政治上表现为刑德，五行则对应各种时节，并与君主施政行为的好坏联系起来。可见，君主要顺承天意而从事，顺应阴阳五行的变化规律而治国理民。在董仲舒的阴阳五行体系之中，存在着大量的提醒、劝谏和警示的内容，其目的就在于利用他眼中的天道之真理来规范、限制君主的行为，使他们能够在天道的指引之下确保人民生活安康，国家安定太平。董仲舒设想的效果就是天下人民能够同心所向，归依新立的汉王朝宛如归依父母一样，如此，天瑞就会“应诚而至”（《汉书·董仲舒传》）。反之，如若帝王不能真诚地遵循天道，淫佚衰微，不能统理群生，造成诸侯背叛、争夺无度、德教废弛、刑罚泛滥的乱象，则必然导致阴阳失衡、邪气滋生，反馈到上帝那里便是灾异横行，甚至是易姓更王而改制。当然，改换的是君王，不变的是天道，只要天不变，道也不会发生变化。于是，汉武帝所关心的受命、符瑞、灾异等问题在董仲舒那里就得到了巧妙的解答。

董仲舒继承了精诚动天的天人感应思路，他认为：“唯天地

---

① 董仲舒：《董子文集·诣丞相公孙弘记室书》，中华书局1985年版，第14~15页。

之气而精，出入无形，而物莫不应，实之至也。”① 因此，天人之间通过精气这个中介获得沟通，人世间的行为会得到上天的反馈。除了要奉行仁德之教、纲常之准来获得天地、鬼神的积极反馈之外，董仲舒还特别强调祭祀的沟通作用。在祭祀中需要全身心地情感投入，即要重视一个“诚”字：

> 君子之祭也，躬亲之，致其中心之诚，尽敬洁之道，以接至尊，故鬼享之。……故圣人于鬼神也，畏之而不敢欺也，信之而不独任，事之而不专恃。恃其公，报有德也；幸其不私，与人福也。②

在祭祀中能够做到“诚”就是一种有德的表现，在诚心实意的情感指引之下，人们就会获得福报，就像周文王一样“昭事上帝，允怀多福”③，这种德福一致的观点其实也正是诚感神应④学说的体现。那么如何才能做到“诚”呢？这就需要做到专一，即“忠”：

> 心止于一中者，谓之忠；持二中者，谓之患；患，人

---

① 曾振宇、傅永聚：《春秋繁露新注·循天之道第七十七》，商务印书馆 2010 年版，第 335 页。

② 曾振宇、傅永聚：《春秋繁露新注·祭义第七十六》，商务印书馆 2010 年版，第 331~332 页。

③ 曾振宇、傅永聚：《春秋繁露新注·郊语第六十五》，商务印书馆 2010 年版，第 298 页。

④ “诚感神应”是说因精诚而感动上天，进而获得神妙的回应。

之中不一者也，不一者，故患之所由生也，是故君子贱二而贵一……《诗》云：“上帝临汝，无二尔心。”知天道者之言也！①

在董仲舒眼里，人们如果对待上帝能够专一精诚、没有二心，那必然会极尽人事之所能为，从外在的形式到内在的情感都会想方设法地讨好上天。显然，与先秦儒家的天道观念相比较，这里的宗教神学的成分已经非常浓厚了。虽然在理论的说教上思想家们可以设想德与福能够实现一致，但真正体现在实际的事例上却没有那么灵验，即使人们再正心诚意地遵行仁、义、礼、智，再精诚专一地对待上帝鬼神，所获得的也可能并不是什么恩赐和福祉，而是处处碰壁、穷困潦倒，反倒是那些投机取巧、背信弃义之人腰缠万贯、身居高位。对于此种情形，董仲舒又承袭了先秦儒家的天命观，颇有些无可奈何的意味：“天命成败，圣人知之，有所不能救，命矣夫！”② 此外，在《春秋繁露·重政》篇中，他还提出了所谓的“大命”、“随命”和“遭命”之说：“大命”即天命；善有善报、恶有恶报叫“随命”；行善得祸、行恶得福则是“遭命”。其目的无非是要弥合诚感神应之说本身的虚妄不实罢了。

总之，无论是从人副天数的粗疏比附，还是至诚动人的感

① 曾振宇，傅永聚：《春秋繁露新注·天道无二第五十一》，商务印书馆 2010 年版，第 255 页。

② 曾振宇、傅永聚：《春秋繁露新注·随本消息第九》，商务印书馆 2010 年版，第 91 页。

应论调来看，董仲舒无疑是在继承思孟学派以“诚”为核心的天人合一理论的基础上对天人关系做出了新的说明。他主要通过引申思孟“诚”学中的神秘主义内容，为封建王权的政治秩序提供神学上的论证。不过，他也将“诚”视为君主必须具备的德性之一，这种“诚”既是对天道的遵循与承担，又是对自身行为的检视与督促。又由于儒家的重民传统，“诚”无疑在对君权进行某些限制的同时也间接为民众的利益提供了一丝保障。所以，董仲舒在证明君权神授的同时也申明“天立王，以为民也”①。可见，董仲舒的理论并非纯为绝对王权张本，在他的思想里还保留着孟子“变置”“易位”主张的痕迹。但在实际的政治运作之中，汉武帝对于阴阳灾异论的接受也是有限的。这是因为，在汉朝经历了初期的休养生息之后，武帝要承担的是开疆拓土、经国济民、速致太平的任务，而董仲舒通过灾异谴告的方式将儒家的理念纳入政治之中，希望王朝统治者把重心放在“纯任德教”上，这显然不符合汉武帝的胃口。不过，正如学者陈侃理所指出的那样，当灾异论自身不断完善、儒家权威得到提升和扩张，以及汉朝由盛转衰这三个条件得到满足的时候，儒家灾异论的影响也就随之扩大了。② 于是我们就可以理解为何董仲舒之后的两汉历史中倡言灾异者蜂拥而起。

---

① 曾振宇、傅永聚：《春秋繁露新注·尧舜不擅移、汤武不专杀第二十五》，商务印书馆2010年版，第158页。

② 参见陈侃理著《儒学、数术与政治：灾异的政治文化史》，北京大学出版社2015年版，第68页。

2. 诚则通天与阴阳和合

西汉思想家扬雄著有《太玄》一书，在“诚”的问题上，其意义在于接续《文子》《淮南子》的精诚思路，但创造出“玄”这个概念，认为“玄”分化为阴阳，阴阳又生出天地万物来，精、气贯穿于天地人三者之中，并沟通三者以达到玄。扬雄继承了精诚动天的思路，认为“信周其诚，上亨于天”①，即如果能诚心周遍、无所不诚就可以上通于天，保留了神秘主义的成分。更重要的是《太玄》文本本身的特殊性质，它是一部仿照《周易》体裁、专言卜筮的著作，扬雄本人也希望它能够像《周易》一样成为指导人们行动的规范。卜筮本身充满了神秘莫测的可能，因此，《太玄》一书也难以摆脱恍惚其辞、虚玄无羁、多言感应的特色：

> 是以圣人仰天则常穷神掘变，极物穷情，与天地配其体，与鬼神即其灵，与阴阳挻其化，与四时合其诚。视天而天，视地而地，视神而神，视时而时。天地神时皆驯，而恶入乎逆？②

在扬雄的眼里，圣人能够效法天地，穷尽天地之神妙奥秘，发掘万物之变化契机，穷极事物之万千情状，与天地互相比配，

---

① 刘韶军：《太玄校注》卷一《周》，华中师范大学出版社 1996 年版，第 7 页。

② 刘韶军：《太玄校注》卷三《文》，华中师范大学出版社 1996 年版，第 264 页。

与鬼神沟通灵感，与阴阳和合生化，与四时合同若一。总之，圣人视天则知天，视地则晓地，视神则通神，视时则合时，能与天、地、神、时冥合统一，这明显是对思孟的“诚”观念“参赞化育”之功效的铺陈。如果说这是《太玄》在天道层面的论述的话，在人道的层面，该书反复强调“三纲”即“君臣大义”等儒家纲常伦理，认为“夫玄也者，天道也，地道也，人道也，兼三道而天明之，君臣父子夫妻之道”①，并且也以阴阳、终始、日月、昼夜讲君臣、父子、夫妇之大义，正如桓谭所言“杨雄作《玄》书，以为玄者天也、道也，言圣贤制法作事，皆引天道以为本统，而因附属万类、王政、人事、法度”②，这又明显继承了董仲舒的基本理路。但扬雄的初衷并非要宣扬天人感应的神学经学，他只是为了通过认识天地人的根本大道为自己的安身立命寻找一条切实的路径。其实他与当时盛行的谶纬符命之说是颇有距离的，王莽篡汉自立之时，一些谈说之士依附王莽，假借符兆天命对王莽称功颂德进而获得封爵，而扬雄对此根本不屑一顾。

从整体上看，神学化、灾异化是汉代经学最为鲜明的特色之一。《汉书·五行志》记载说，自从董仲舒根据《公羊春秋》推言阴阳五行灾异学说之后，诸如《谷梁春秋》《尚书》《易》等皆向灾异说靠拢。据称是汉武帝时夏侯始昌所作的《洪范五行传》构造了一个灾异的分类体系，后来刘向、刘歆父子又为

---

① 刘韶军：《太玄校注》卷三《图》，华中师范大学出版社 1996 年版，第 277 页。

② 〔汉〕桓谭：《新论·闵友第十五》，上海人民出版社 1977 年版，第 60 页。

之作注解、修订，集合了上古以来的符瑞灾异之论。与汉代易学大师京房同时代、主攻《齐诗》之学的翼奉曾经说道：“《易》有阴阳，《诗》有五际，《春秋》有灾异，皆列终始，推得失，考天心，以言王道之安危。”(《汉书·翼奉传》)特别是《周易》卦爻符号本身明显具有阴阳分化的性质，以及占筮体系所带来的神秘变化，这使得《周易》与借阴阳五行而言灾异的学说相结合更为顺畅，孟喜、焦延寿、京房等人便是这种学术思潮的代表人物。京房《易传》在诠释“蹇”卦时说：

> 蹇：利于西南，民道通也。水在山上，蹇险难进。阴阳二气否也。阴待于阳，柔道牵也。险而逆止，阳固阴长。处能竭至诚，于物为合，蹇道亨也。……土上见水，柔而和此，五行相推二气合，取象则阴阳相背也。九五适变入坤宫，宫比得朋，阴气合也。①

可见，在京房的易学体系中，阴阳五行与诚感神应的学说是紧密结合在一起的。在京房之前的焦赣解《易》主以卦变、纳甲、飞伏之说而专论阴阳灾变、吉凶祸福，对于“诚”更是推崇有加，在他为《易》所作的传中就多次出现“信允笃诚”“精诚所在，神为之辅”“精诚不通，为人所冤”“中告吉诚，使君安宁”“明允笃诚，升擢荐举”等表述。这种“诚”论的建构虽然顺应了当时政治、学术之潮流，但思想家们自身并非一定会因此而加官进爵。相反，京房本人还因

---

① 卢央：《京氏易传解读》(下册)，九州出版社2004年版，第515页。

据“灾异说”力排佞臣而丢掉了性命，对京氏易学阐发精微细密的谷永虽曾官居高位，但因与外戚王凤结党营私，最终也没有得到皇帝的信任和重用。这就是处于那个风云变幻时代的知识分子们的无奈，纵使有千般万般的“真诚”，也难以挽回日益衰朽的世道人心。

二、“诚”观念与谶纬神学

1. 纬书中的“诚”观念

以董仲舒为代表的神学化的经学发展到极致便表现为谶纬学说的兴起。由于汉武帝时罢黜百家，独尊儒术，经书在汉代的地位大为提高，神化孔子、附会经义的纬书也应运而生，因为纬书中也有谶语，所以后来就把谶、纬合称，来指代这一时期神学化的经学。王莽曾大力扶持灾异和符命之说，据《汉书·王莽传》记载，王莽曾召集图谶之士，从汉平帝元始四年（4）至始建国元年（9），编成纬书四十二篇，是为汉代第一次编定纬书。《后汉书·儒林列传》记载，东汉光武帝时，薛汉曾受诏校定图谶，尹敏也因其博通经记而被令校图谶，删去为王莽造谶的内容。到东汉光武帝中元元年（56）时，编成八十一篇的纬书定本，并“宣布图谶于天下”。在谶纬学说的体系之中，诚感神应的思路继续生发，并且达到登峰造极的地步。在纬书中大量存在着这方面的论述，有些篇目甚至直接以“诚”字入题。例如：

此皆律历运期相一匡之神也，欲所按合诚。①

太微合诚，紫极合苞。②

帝乃载歌曰：日月有常，星辰有行，四时从经，万姓允诚。於予论乐，配天之灵，迁于圣贤，莫不咸听。③

皋陶鸟喙，是谓至诚，决讼明白，察于人情。④

营室流为并州，分为卫国之镇，立为明山。并之为言，诚也，精舍交并，其气勇抗诚信也。⑤

客星犯虚，人主不敬宗庙，不诚祭祀，将有灾殃。⑥

太白帅五精聚于西方七宿，白帝以勇武诚信多节义起。⑦

---

① 安居香山、中村璋八辑：《纬书集成·易纬乾凿度》，河北人民出版社 1994 年版，第 54 页。

② 安居香山、中村璋八辑：《纬书集成·易纬是类谋》，河北人民出版社 1994 年版，第 286 页。郑玄云：“太微，五精之官。紫极，紫微。书言太微五帝，合其诚信。”《史记·天官书》：“衡，太微，三光之廷，匡卫十二星藩臣。”张守节正义云：“太微宫垣十星，在翼轸北，天子之宫廷，五帝之座，十二诸侯之府也。其外藩，九卿也。”紫薇，即紫微垣，星座名，代称天子之宫。太微、紫微亦可象征人间帝王。

③ 安居香山、中村璋八辑：《纬书集成·尚书中候考河命》，河北人民出版社 1994 年版，第 430 页。

④ 安居香山、中村璋八辑：《纬书集成·春秋演孔图》，河北人民出版社 1994 年版，第 574 页。

⑤ 安居香山、中村璋八辑：《纬书集成·春秋元命包》，河北人民出版社 1994 年版，第 642 页。

⑥ 安居香山、中村璋八辑：《纬书集成·春秋文曜钩》，河北人民出版社 1994 年版，第 704 页。

⑦ 安居香山、中村璋八辑：《纬书集成·春秋运斗枢》，河北人民出版社 1994 年版，第 727 页。

僖公……精诚感天，不雩而得澍雨。①

人主修名无诚，言文外语，内怀负心，骄蹇自恣，不竭忠称孝，毁所增，日背珥，青赤不明。②

天子精耀，心愤务德，即景星见。③

天门山上有葱，所种畦垄悉成，行人拔取者悉绝。若精诚而求，即不拔自出，奇异辛香。④

秉懿诚之义，思至忠之功。⑤

可见，纬书中的“诚”观念继承了传统精诚感应的思路，认为人特别是君主只要在天地鬼神面前做到至诚就能够获得它们的积极回应，要么是祥瑞出现，要么是政事顺遂，要么是意想不到的奇妙效果。反之，就会遭到祸殃。与董仲舒主要借助于春秋公羊学阐发自己的思想一样，纬书中的“诚”思想也主要是通过《春秋》之学得以显现。在《春秋》纬中，儒生们特别强调了至诚的天道对于君主治国理政的示范意义，故有所谓的

---

① 安居香山、中村璋八辑：《纬书集成·春秋感精符》，河北人民出版社1994年版，第745页。

② 安居香山、中村璋八辑：《纬书集成·春秋感精符》，河北人民出版社1994年版，第761页。

③ 安居香山、中村璋八辑：《纬书集成·春秋合诚图》，河北人民出版社1994年版，第768页。

④ 安居香山、中村璋八辑：《纬书集成·春秋佐助期》，河北人民出版社1994年版，第824页。

⑤ 安居香山、中村璋八辑：《纬书集成·春秋说题辞》，河北人民出版社1994年版，第873页。

《春秋合诚图》和《春秋握诚图》出现。在思孟学派的思想中，“诚”是沟通天人的核心观念，人要通过“思诚”和“诚之”的方式来向至诚的天道归趋。对于君主来说，符合、掌握“诚”道更是至关重要。《合诚图》和《握诚图》皆继承了先秦儒家的这种思路，但是突出了天人感应之间的神秘因素，制造了许多荒诞迷信的符命、灾异之图谶来迎合或劝告时主。

2.《白虎通》中的“诚”思想

到了东汉建初四年（79），汉章帝召集天下名儒，与朝廷官僚集会于白虎观，讨论五经同异，由章帝亲自裁决。其议论的结果由班固撰集成书，即《白虎通》。该书将儒家经义与谶纬迷信结合起来，确立了官方解说五经的标准。其中，《五行》篇论述阴阳、五行与人事的关系，《灾变》篇认为：“天所以有灾变何？所以谴告人君，觉悟其行，欲令悔过修德，深思虑也。”①《封禅》篇首论封禅之义，次谈符、瑞之应，《八风》篇论述八风之征候，并把八风对应于八政，《瑞贽》则讲礼物之吉凶瑞祥，这些都与传统“诚”学思路特别是董仲舒的神学经学一脉相承。《情性》篇云：

> 五性者何谓？仁义礼智信也。……信者，诚也，专一不移也。故人生而应八卦之体，得五气以为常，仁义礼智信也。六情者，何谓也？喜怒哀乐爱恶谓六情，所以扶成五性。性所以五，情所以六何？人本含六律五行之气而生，

① 陈立撰，吴则虞点校：《白虎通疏证》卷六《灾变》，中华书局1994年版，第267页。

故内有五藏六府，此情性之所由出入也。①

这里的“诚”是“信”的同义词，指的是一种内心专一不移的情感和态度。《白虎通》认为包含“诚”在内的人的五种德性源于五气，人的六种情感则应合六律，再加上《三纲六纪》中所倡言的六纪体系（诸父、兄弟、族人、诸舅、师长、朋友），如此就仿效董仲舒的思路认为天的结构模式是人类社会组织及个体生理结构的范本，政治、社会上的一切纲纪、制度皆取法于阴阳五行，人道的基础与合理性最终建立在了天道之上。这为整个政治社会的秩序寻找到了终极的、权威的依据，为社会大众对于王权统治的服从开辟了宗教的、心理的道路。这里还要特别强调“诚”（信）的特殊意义，在孟子的思想体系中只提到仁、义、礼、智四端，而到了董仲舒和《白虎通义》中又加入了“信”，后者还把“诚”等同于“信”。“诚”在五常之中的地位可以说是根基性的，因为，如果没有“诚”作为内心真实的保障，人间之礼终将沦为一种形式，作为礼的内在根基的仁也归于虚妄。精诚能够与天相感通，见微知著，明达事理，而如果不诚的话又如何“独见前闻，不惑于事，见微知著也”呢？可见，不诚就不可能有智。如此不诚，于天、于人都不能顺遂畅达，又何来“合宜”的“义”呢？总之，如果不能“专一不移”地遵循由天道而创立的伦理规范，整个社会的良性循环就难以保障。可见，与初期强调精诚动天的心性学、气学神

① 陈立撰，吴则虞点校：《白虎通疏证》卷八《情性》，中华书局1994年版，第381~382页。

秘思路相比，这里的“诚”已经具备了更多现实秩序的考量，指向了更为具体生动的社会政治生活。

在《白虎通》所建构的天人合一的体系之中，“王者父天母地，天之子也”①，这也就突显了君主的绝对地位。与董仲舒的思想一样，天子也要对天负责，不得违背天道，否则就会招致祸灾。但是，《白虎通》继承了董仲舒“王道之三纲，可求于天”② 的思想，采纳了谶纬神学解释“三纲”的具体条文，把“三纲”明确地提出来了：“三纲者，何谓也？谓君臣、父子、夫妇也……故《含文嘉》曰：‘君为臣纲、父为子纲、夫为妻纲。’”③ 这无疑是把封建伦理法典化、宗教化、永恒化了。在这个纲常的体系之中，“君为臣纲”位列另外两纲之先，是“三纲”的纲中之纲，君主的地位具有不可更改的绝对权威。《白虎通》甚至认为刘姓王朝的统治者刘邦、刘秀以臣的身份登上皇位是符合天意的，刘姓天子既已为君，便不可再更改而为臣了，它还大量引用阴阳五行、谶纬神学的学说以论证刘氏帝业万古不朽。由此，《白虎通》试图剔除董仲舒历史观中还残存的“择贤禅让”“易姓而王”的进步因素，将君臣关系永远固定下来。

再看下面这段引文：“臣见君有贽何？贽者，质也。质己之诚，致己之悃愊也。王者缘臣子之心以为之制，差其尊卑以副

---

① 陈立撰，吴则虞点校：《白虎通疏证》卷一《爵》，中华书局 1994 年版，第 2 页。

② 曾振宇、傅永聚：《春秋繁露新注·基义第五十三》，商务印书馆 2010 年版，第 261 页。

③ 陈立撰，吴则虞点校：《白虎通疏证》卷八《三纲六纪》，中华书局 1994 年版，第 373~374 页。

其意也。”① 我们知道，中国古代帝制社会是以不平等的等级制度和人身依附关系为特征的，因此确定等级名分、明晰权利义务就成为君主治理国家的关键。这种等级关系的确定除了依靠暴力等强制手段，还必须借助于意识形态的建构，如果能从思想上就把这种纲常名教确立下来，无疑更能保障它的稳定性。在阴阳五行的体系之中，宇宙万物存在着高下之别，为此人应效法天道而应有爵位上的尊卑之分：“爵有五等，以法五行也。或三等者，法三光也。”② 这种爵位的等级伴随着相应的权利和义务，各个等级要严格遵守，不能逾越各自的界限。处在这个等级秩序最上层的是君与臣，而在君与臣的关系之中，作为天之子的君王更是享有至上的权威，天下都变成了君主的私有财产，臣民必须依附于他才得以存活。在这段引文中，我们可以发现《白虎通》将“诚”观念的政治意义引入到了君臣关系的定位之中，要求臣子对君主朝拜、献礼时要极尽忠诚。杨宽先生就曾指出，把“贽（质）”付给君主而不再收回的“委质”仪式是用来确立君臣的尊卑从属关系，借此来表示对君王的臣服和忠心，以及自己应尽义务（包括人力和财物的贡献）的承担。③ 把“诚”与尊卑有序的政治架构结合起来，本身就意味着封建专制王权的强化，以及君主对于臣民忠诚度的强

---

① 陈立撰，吴则虞点校：《白虎通疏证》卷八《瑞贽》，中华书局 1994 年版，第 355 页。

② 陈立撰，吴则虞点校：《白虎通疏证》卷一《爵》，中华书局 1994 年版，第 6 页。

③ 参见杨宽著《西周史》，上海人民出版社 1999 年版，第 819 页。

调，其目的无非是要从心理层面加强其对整个社会的控制。

综上可知，《白虎通》中的“诚”观念贯穿于“三纲五常”的体系之中：在“三纲”中，它是规范“纲中之纲”的基本信条；在“五常”中，它是维持其它四常的内在根基。这种强大的内在规约、道德教条背后还有谶纬神学的成分做保障，它们相互激发，相互促进，共同起着“整齐人道”① 的作用。作为君主钦定的一部经学法典，《白虎通》在很大程度上扩展了由传统“诚”思维而来的神秘主义与政治倾向，适应了东汉时期加强以君父统治为核心的封建宗法政治的需要。

第三节　“疾虚妄”：汉代学者对“精诚感应”观念的批判

我们不能否认两汉思想家们在创立以“诚”观念为中心的天人感应之说时那种试图重建社会秩序、呼唤明君良臣的初衷，也不能否认这种创构曾经在历史舞台上潜移默化地影响着时代的精神状况。但是，以精诚感应为精神内核的儒家灾异论说背离了儒学的正道和本意。并且，当一种学说趋向繁琐、僵化、神秘之时，其弊端必然会逐渐显现，被人利用的可能性就会越来越大，甚至最终沦为一种欺骗手段，也就必然面临被解构的命运。

① 陈立撰，吴则虞点校：《白虎通疏证》卷八《三纲六纪》，中华书局 1994 年版，第 374 页。

一、真实与虚妄的早期论辩

董仲舒通过考察《春秋》所记载的鲁文公、许止、赵盾等人的事迹指明《春秋》一书特别重视人类行为的动机，“《春秋》之论事，莫重于志”①，即本质先于文饰，心志重于形式。特别是对礼来说，即便文饰如何繁复，也抵不上人心志上的真诚，正所谓“著诚去伪，礼之经也”（《礼记·乐记》），因此要“好诚以灭伪”②。可见，礼乐制度的建构虽“偩天地之情，达神明之德”（《礼记·乐记》），但极有可能走向一种只重形式的繁文缛节，难免有虚伪之嫌。特别是就人之心志的真诚性而言，并没有统一、确定的标准，其自我裁量的随意性比较大，一旦走入某种极端，极易物极必反，走向“诚”的反面。

上文提到，“诚动天地”“精诚感应”学说基本上有两种思路：一种是天道性命下贯于人之心性，人通过精诚无妄的情感追求来达到与天道的合一；一种是借助于精气的中介作用而使万物因为同类相感的作用机理而获得神妙的效果。这两种思路都不免走向神秘主义的体验：一种是离却形体、心斋逍遥似的神游八方，一种是分化阴阳、灾异谴告似的谶纬虚妄。因此，从逻辑发展的角度来说，如果要对这种精诚感应的思维进行批判的话，那么就必然要以这两种思路为靶子。事实证明，在真

① 曾振宇、傅永聚：《春秋繁露新注·玉杯第二》，商务印书馆2010年版，第17页。

② 曾振宇、傅永聚：《春秋繁露新注·玉杯第二》，商务印书馆2010年版，第19页。

实与虚妄的论辩当中，具有理性精神的思想家们一直围绕着这两个方面进行着解构的努力。

在西汉中期的盐铁会议上，虚伪与真诚的直接论辩就已经在贤良文学与大夫公卿之间如火如荼地展开了：

大夫曰：……未有善而不合诚而不应者也。意未诚与？何故言而不见从，行而不合也？①

大夫曰：歌者不期于利声而贵在中节，论者不期于丽辞而务在事实。②

大夫曰：……故虽有诚信之心，不知权变，危亡之道也。……而欲以诚信之心，金帛之宝，而信无义之诈，是犹亲跖蹻而扶猛虎也。③

大夫曰：布心腹，质情素，信诚内感，义形乎色。……今匈奴挟不信之心，怀不测之诈，见利如前，乘便而起，潜进市侧，以袭无备。④

文学曰：诚信著乎天下，醇德流乎四海，则近者哥讴而乐之，远者执禽而朝之。故正近者不以威，来远者不以

① 白兆麟注译：《盐铁论注译》卷五《相刺》，安徽大学出版社2012年版，第98页。

② 白兆麟注译：《盐铁论注译》卷五《相刺》，安徽大学出版社2012年版，第99页。

③ 白兆麟注译：《盐铁论注译》卷八《世务》，安徽大学出版社2012年版，第211页。

④ 白兆麟注译：《盐铁论注译》卷八《世务》，安徽大学出版社2012年版，第212页。

武，德义修而任贤良也。①

文学曰：……诚信礼义如宣房，功业已立，垂拱无为，有司何补，法令何塞也？②

大夫曰：令者所以教民也，法者所以督奸也。令严而民慎，法设而奸禁。网疏则兽失，法疏则罪漏。罪漏则民放佚而轻犯禁。故禁不必，怯夫侥幸；诛诚，跖蹻不犯。是以古者作五刑，刻肌肤而民不踰矩。③

从这些引文中可以看到，大夫批评文学未必真有诚意，否则他们的建议就不会不被采纳。贤良则认为，问题的关键在于不怕没有类似于由余、子臧那样高明的见解，就怕没有像齐桓公、秦穆公那样能听取建议的国君，贤人、圣人无法纠正不接受规劝的国君的过失。在大夫们看来，这只是贤良文学们的狡辩，他们追求华丽的言辞，但没有合乎实际，更不懂得变通，只是一味顽固守旧，胶柱鼓瑟，而这也正是孔孟皆不被重用的原因所在。大夫们认为“至美素璞，物莫能饰也；至贤保真，伪文莫能增也”④，并且直指孔门中仲由、冉求等人就是这种华而不

① 白兆麟注译：《盐铁论注译》卷八《世务》，安徽大学出版社2012年版，第212页。

② 白兆麟注译：《盐铁论注译》卷十《申韩》，安徽大学出版社2012年版，第250页。

③ 白兆麟注译：《盐铁论注译》卷十《刑德》，安徽大学出版社2012年版，第243页。

④ 白兆麟注译：《盐铁论注译》卷五《殊路》，安徽大学出版社2012年版，第105页。

实的代表。这一方面是大夫们倾向于法家的立场本身所带来的学术偏见使然①，另一方面也反映出儒家对“诚”的过分强调特别是为了追求诚而不断增加礼义教化之文饰的倾向所引发的走向虚伪的可能性，这是从礼乐制度的层面来批评儒家“诚”观念所带来的虚伪不实。此外，在对自然灾害的看法上，针对文学贤良所秉承的“为善于下，福应于天”②“好行恶者，天报以祸”③ 的诚动天地、天人感应的传统神学思路，桑弘羊等人坚持朴素的唯物观点，指出水旱、丰歉等都是天之所为，阴阳之运都属于客观自然现象，对于那些不容易被常人所理解的论调，大夫们奉劝文学贤良要详细地说明它们的原因，如果不懂就不要随便乱说，以免乱人听闻，这就是所谓“务在事实”④ 的理性精神。在法家看来，真正要“诚”的对象是法令，即要令行禁止，赏罚诚必，而不能只陶醉于“诚”德的虚幻效果之中，这与汉初《文子》、《淮南子》、贾谊的思想遥相呼应。

在对待匈奴的问题上，文学们强调诚信的道德感化力量，

---

① 例如，桑弘羊重视法家学说，认为“礼让”不足以禁邪恶，必须用法律来约束人们，反对“德治”，主张轻罪重刑，赞赏商鞅“禁奸止过，莫若重刑”的观点，主张连坐之法。在治理国家的方法上，反对人治，强调以法治国。认为不必等待贤相、贤臣产生，以法治国就可以将国家治理完善。

② 白兆麟注译：《盐铁论注译》卷六《水旱》，安徽大学出版社 2012 年版，第 170 页。

③ 白兆麟注译：《盐铁论注译》卷九《论灾》，安徽大学出版社 2012 年版，第 237 页。

④ 白兆麟注译：《盐铁论注译》卷五《相刺》，安徽大学出版社 2012 年版，第 99 页。

认为君主只要以德为政就自然会感化四方，匈奴自然归附，根本不需要武力解决。大夫们则认为试图用诚信的力量去感化本性狡诈的匈奴是不知权变的危亡之道，是根本行不通的。同样是基于诚信的力量，贤良文学们秉承儒家一向的道德理想主义态度，认为礼乐仁义足以教化万民，严刑峻法只能加深危机，所以治国理政无需倚重法令。大夫们则推崇法治，认为法令本身就是一种教化、防范的力量，它可以使人民走在一条符合规矩的道路上，防止他们为所欲为、邪恶残暴。相反，道德礼让不足以禁止邪恶，也不能停止暴力，如果没有法与势做保障，贤能之人的治理也就无从谈起。

如果说盐铁论中的真诚与虚伪之辩主要停留在政策抉择的层面的话，那么到了谶纬盛行的年代，对于精诚感应论调的神秘化、虚伪化的批判就成了主流。刘向生活在谶纬神学非常发达的两汉之际，他的思想里难免会存有很多天人感应的成分，例如在《说苑·敬慎》中就存在着精诚动天的思想遗迹：“凡司其身，必慎五本：一曰柔以仁，二曰诚以信，三曰富而贵毋敢以骄人，四曰恭以敬，五曰宽以静。思此五者，则无凶命。曰能治敬以助天时，凶命不至而祸不来。”① 但是，他又指出在天人相感的关系中人为因素起主导作用，即所谓“天之应人，如影之随形，响之效声者也”②。此外，他还对禨祥、祭祀、卜筮、

① 程翔译注：《说苑译注》卷十《敬慎》，北京大学出版社 2009 年版，第 276 页。

② 程翔译注：《说苑译注》卷一《君道》，北京大学出版社 2009 年版，第 22 页。

占梦等迷信活动进行了批判，借管仲“所谓天者，非谓苍苍莽莽之天也，君人者以百姓为天”① 的观点，强调德政的重要性，指出“贵天”的本质在于贵民，主张统治者要实行宽惠爱民的政策。在天人关系上，刘向的重点明显在人不在天，人不能只是听任天的摆布，因为“神不胜道，而妖亦不胜德”②，这在妖言惑众的年代里不愧为一种清醒的认知。

两汉之际的扬雄深知自己用力甚重的《太玄》是阳春白雪，难与世俗之人苟同，但他又不能容忍当时的异端邪说诋毁周孔之教、制造巧辩异辞搅乱时政。为了不让这些学说影响大道的流行，他又仿照《论语》的形式，创作出《法言》一书。该书最重要的意义在于试图恢复正统儒学，批评神学经学，批判天人感应与神仙方术，指出天地相交产生万物是无意识无目的的，“有生者必有死，有始者必有终，自然之道也”③，天道无为自然，万物自然形成，人事的成败得失乃由于人而非天。他还提出“言必有验”的主张，倡言“君子之言，幽必有验乎明，远必有验乎近，大必有验乎小，微必有验乎著，无验而言之谓妄，君子妄乎不妄”④。这种反对虚妄不实的思想明显受到了荀子新“诚”学的启发，并对后汉王充“疾虚妄”的主张影响深远。

同样活动于两汉之际的桓谭著有《新论》一书，该书的内

① 程翔译注：《说苑译注》卷三《建本》，北京大学出版社 2009 年版，第 81 页。

② 赵仲邑注：《新序详注·杂事第二》，中华书局 1997 年版，第 49 页。

③ 扬雄：《法言》卷九《君子》，中华书局 1985 年版，第 39 页。

④ 扬雄：《法言》卷四《问神》，中华书局 1985 年版，第 14 页。

容主要就是反对谶纬灾异，他主要从两个方面入手：其一，在形神的问题上，他强调形体对于精神的重要性，把个体超升性的神秘主义重新拉回现实的形体。桓谭认为形体是精神的载体，如同蜡烛之于火焰，有蜡烛才有烛火，有形体才存精神，“烛无，火亦不能独行于虚空”①。人体的生死如同蜡烛的明灭，神仙方术所说的“养神保真”，只会让人恢复健康、延年益寿，却无法改变衰老死亡的规律。其二，在阴阳气感的问题上，反对谶讳神学，把天降赏罚的神秘主义重新放置在人事的作为之下。他认为灾异变怪是“天下所常有，无世而不然”②，是一些正常的自然现象，上天惩罚、谴告的说法是没有根据的。那些为世人所编造的“符命”“遣告”之说，完全是奸巧之人的妄言。他指出：“圣王治国，崇礼让，显仁义，以尊贤爱民为务。是为卜筮维寡，祭祀用稀。”③ 如果“逢明主、贤臣、智士、仁人”，就能“修道善政、省职慎行以应之”④，使灾难避之，化祸为福。这无疑是在批判阴阳五行、谶讳迷信的空疏虚伪之弊，重新申明人事之努力的重大意义。在两汉真诚与虚妄交锋的思维历程中，《新论》具有非常重要的理论意义。

二、王充对“精诚感应”学说的批判

谶纬神学的兴起为汉代的“诚”观念掺入了更多的神秘主

---

① 〔汉〕桓谭：《新论·祛蔽第八》，上海人民出版社 1977 年版，第 31 页。

② 〔汉〕桓谭：《新论·谴非第六》，上海人民出版社 1977 年版，第 22 页。

③ 〔汉〕桓谭：《新论·言体第四》，上海人民出版社 1977 年版，第 14 页。

④ 〔汉〕桓谭：《新论·谴非第六》，上海人民出版社 1977 年版，第 22 页。

义因素，也使得“诚”学之于政治的意义更加深刻。同样，其弊端也会愈发明显。上文中已经论述到，《白虎通》在谶纬经学的影响之下扩展了由传统“诚”观念而来的神秘主义与政治倾向，适应了东汉时期加强以君父统治为核心的封建宗法政治的需要。但是，与神秘化和政治化的“诚”论相伴随的往往是虚伪性和欺骗性，从某一方面而言，这走向了追求真实无妄的“诚”观念的反面。清代今文经学家庄述祖曾说：“故是书论郊祀、社稷、灵台、明堂、封禅，悉隐括纬候，兼综图书，附世主之好，以绲道真，违失六艺之本，视《石渠》为驳矣。”① 这种批评不可谓不精准和犀利。其实，早在《白虎通》成书之前，王充就已经意识到这些离大道真理越来越远的论说的虚伪不实，正所谓“伪书俗文多不实诚”②，“虚妄之言胜真美也”③。于是，他前后花费三十年的精力从事“疾虚妄”④ 的工作，力图“铨轻重之言，立真伪之平”⑤，对西汉经学的天人感应内容和当时流行的谶纬迷信思想进行全面的批判。《论衡》一书大量讨论了“诚”的问题，可以说，王充找到了天人感应、谶纬神学背后真正的学理机制（即诚感神应之说），进而对其展开了猛烈的质疑和批判。

首先，对于精气感应学说，他认为“元气”是天地万物的

---

① 庄述祖：《白虎通义考序》，见南开大学古籍与文化研究所编《清文海》（五十五），国家图书馆出版社2010年版，第367页。

② 黄晖：《论衡校释·自纪篇》，中华书局1990年版，第1194页。

③ 黄晖：《论衡校释·对作篇》，中华书局1990年版，第1179页。

④ 黄晖：《论衡校释·佚文篇》，中华书局1990年版，第870页。

⑤ 黄晖：《论衡校释·对作篇》，中华书局1990年版，第1179页。

物质基础，“天地合气，万物自生，犹夫妇合气，子自生矣”①。人作为万物之中的智慧者，亦生于天地元气：“人之所以生者，精气也。”② 但是，他强调异类不相感，明确提出了“物生自类本种”③ 的观点，指出帝王、圣人根本不是奇怪之物的后代，这是对今文经学、谶纬神学将君权神化的直接回应，更是对天生圣人、君权神授之政治说教的抨击。王充认为，鬼神这类虚幻不实之物也是由气之运动变化所造成的，《论死篇》说：“鬼神，阴阳之名也。”④ 《订鬼篇》说：“鬼者，人所［见］得病之气也。……其气象人形而见”⑤，“鬼者，老物精也”⑥。如果与他的形神观结合起来，我们就会发现其气一元论的真正意义。王充继承了桓谭的形神观念，认为精气必须依赖形体，形体死亡，知觉即告停止：因此，形体一灭，便无所谓鬼神之气的存在了，世间根本没有什么死人的灵魂存在：“人死血脉竭，竭而精气灭，灭而形体朽，朽而成灰土，何用为鬼？”⑦ 既然鬼神都不存在，那么即便是圣人也不会有感通鬼神的能力了。《尚书·金縢》记载说，有一次周武王得病，周公曾请求上天和祖先希望允许自己代替武王去死。对此，王充评价说，周公和董仲舒一样枉顾所崇拜之物是否真实存在的事实，只是一味地

① 黄晖：《论衡校释·自然篇》，中华书局1990年版，第775页。

② 黄晖：《论衡校释·论死篇》，中华书局1990年版，第871页。

③ 黄晖：《论衡校释·怪奇篇》，中华书局1990年版，第161页。

④ 黄晖：《论衡校释·论死篇》，中华书局1990年版，第872页。

⑤ 黄晖：《论衡校释·订鬼篇》，中华书局1990年版，第933页。

⑥ 黄晖：《论衡校释·订鬼篇》，中华书局1990年版，第934页。

⑦ 黄晖：《论衡校释·论死篇》，中华书局1990年版，第871页。

表达精诚。但是，既然对象都不存在，这精诚又怎能达到既定的目的呢？由此，诚感神应之说的虚妄不言自明。王充的气论一方面否定了感应的发生机制，最大幅度地保留了元气的唯物主义性质；另一方面，他又从形神关系的角度直接否认气感神应学说之神秘端的存在。这样，在天人感应链条上的两端都被他打断，世俗之鬼神迷信、禁忌和祸福报应之说也就不攻自破了。

其次，批判天能感应人间善恶、生出灾变以示赏罚的虚妄言论。王充指出，世俗之人信仰至诚感天之说。例如，汉儒宣扬火星靠近心宿是一种灾变，预示着上天要惩罚宋景公，后来只是因为景公说了几句好话便感动上天，最终免除了灾变。王充对此提出了怀疑：

> 不改政修行，坐出三善言，安能动天？天安肯应？何以效之？使景公出三恶言，能使荧惑守（食）心乎？夫三恶言不能使荧惑守（食）心，三善言安能使荧惑退徙三舍？以三善言获二十一年，如有百善言，得千岁之寿乎？非天祐善之意，应诚为福之实也。①

在他看来，天是一种与人不同的物质实体，人不了解天之所为，同样，天也不能知晓人的行为。所以，赏善罚恶之说是说不通的。人只有七尺之形、微弱之气，即便能振动阴阳之气，但又怎么能从地上一直感动到天上去呢？王充指出火星靠近或离开

① 黄晖：《论衡校释·变虚篇》，中华书局1990年版，第205页。

心宿，是因为它遵循自己的运行规律，就像地震一样，只是一种正常的自然现象。因此，宋景公之事根本就不是什么上天保佑善人、因诚致福的体现，言外之意就是至诚动天之说是虚妄不实的。《论衡·感虚篇》更是集中火力对汉儒宣扬的精诚感动天地和鬼神的荒诞言论展开批判。当时，儒生利用古代传说编造了许多宣扬天人感应的故事，如汤遭旱灾，自责祷雨之后上天就为他降雨，杞梁之妻哭而竟致城崩，等等。这些故事把曾被思孟学派鼓吹的诚能动天和董仲舒宣扬的天人相感的学说渲染得活灵活现，在当时流毒很深，影响极坏。王充在本篇中列举了十五个典型事例，逐一加以驳斥。他继承荀子天人相分的思想，明确指出自然界有自己的运行规律，绝不会因为人的主观情感而改变。他认为天道自然无为，自然界是无目的、无意识的，是不受人的“至诚”影响的：

> 凡人能以精诚感动天［者］，专心一意，委务积神，精通于天，天为变动，然尚未可谓然。①
>
> 精非不诚，所用动者小也。且所欲害者，人也，人不动，天反动乎？②
>
> 况以广大之天，自有水旱之变，汤用七尺之形，形中之诚，自责祷谢，安能得雨邪？③
>
> 夫贤明至诚之化，通于同类，能相知心，然后慕服。

① 黄晖：《论衡校释·感虚篇》，中华书局1990年版，第231页。
② 黄晖：《论衡校释·感虚篇》，中华书局1990年版，第234页。
③ 黄晖：《论衡校释·感虚篇》，中华书局1990年版，第248页。

蝗虫、闽虻之类也，何知何见，而能知卓公之化?①

总之，一切灾异乱象绝不是上天的有意安排，更不是人们的“精诚”感动了上天。无论君主的政治怎样，都不能影响“春生而秋杀”的自然规律；无论人如何至诚，终究不能使冬变热、夏变寒。他指出汉儒鼓吹的君主能“以赏罚感动皇天，天为寒温以应政治”② 的言论都是“伪书游言”，断然是不可信的。由此，他还特别批判了当时盛行的各种精诚动天理论的实践形式——巫术、祭祀，把这些宗教性神秘仪式的欺骗性揭示了出来。以董仲舒为代表的汉儒对以歌舞祈雨的雩祭非常热衷，认为大旱之时君主只要举行雩祭以求得上天的宽恕，旱灾就会消除。在《论衡·明雩篇》中，王充针锋相对地指出水旱灾害是天气运行的自然表现，即便举行雩祭求雨的仪式，最终也不会有任何补益；即便君主不祭祀、不祷告，天也会“沛然自雨”“旷然自旸”③。总之，人既不能以操行感动上天，上天也不会根据人的德行来谴责世人。所谓的天人感应不过是人们对灾变的主观反应而已，说到底只是触景生情而引发的怪诞体验。退一步讲，王充认为，即使儒生宣扬的这些事情都是真的，也只能是人们的行动和自然的变化偶然巧合而已，和人精诚与否毫不相干。

---

① 黄晖：《论衡校释·感虚篇》，中华书局 1990 年版，第 258 页。按：句中“卓公”指作为东汉“云台二十八将”之一的卓茂，据称他在为缑氏令时，“蝗不入界”，有人认为这是由于他的贤明至诚感动了虫虻之属。

② 黄晖：《论衡校释·变动篇》，中华书局 1990 年版，第 651~652 页。

③ 黄晖：《论衡校释·明雩篇》，中华书局 1990 年版，第 669 页。

再次，批判一种夸大化了的精诚德性的现实功效，将增饰在真诚情感上的不实成分予以剔除。为了宣扬仁政和“法先王”的政治主张，有些汉儒吹捧尧舜之德、文武之隆，并有意夸大其辞。此外，他们还拼命赞扬董仲舒勤读《春秋》之精诚以至于“三年不窥园菜”，想以此来鼓励世人尊孔读经。王充根本不相信这种事，他认为，人的精力有限，需要一张一弛，董仲舒“安能用精三年不休”？[①] 儒书还竭力鼓吹所谓弘演的“忠”、高子羔的“孝”和荆轲的“勇”，王充则对其一一进行驳斥，明确指出，这些都是“好增巧美”的夸张说法，并不是事实。他还借用熊渠子、养由基、李广射寝石的故事说明人之“诚”的力量是没有儒生们所夸饰的那种实际效能的：

> 巧人之精，与拙人等；古人之诚，与今人同。使当今射工，射禽兽于野，其欲得之，不余精力乎，及其中兽，不过数寸。跌误中石，不能内锋，箭摧折矣。夫如是，儒书之言楚熊渠子、养由基、李广射寝石，矢没卫饮羽者，皆增之也。[②]

他从客观实际出发，指出人的力量是非常有限的，拿射箭为例，根本不可能出现儒书中所言的箭射进去吞没了箭尾羽毛的情形。可见，王充认为“诚”的效果既不可能感通天地鬼神，又不可能悖逆客观事实，由此，他就从理论上把儒生给“诚”所附加

① 黄晖：《论衡校释·儒增篇》，中华书局 1990 年版，第 375 页。

② 黄晖：《论衡校释·儒增篇》，中华书局 1990 年版，第 365 页。

的神秘和虚妄打得粉碎。

最后，强调认识的效验原则，从根本上确立“诚”的客观标准。在王充看来，耳听、口问都无法用来确定事实的真相，就如同只根据妇女的哭泣声而不能确定其为何而哭的事实一样。他主张要做实际考察，如此才可以确定何者为“诚”。有人曾向王充问难说，佞人善于伪装，又如何能够发觉他们呢？王充回答说：

> 《文王官人法》曰：推其往行，以揆其来言，听其来言，以省其往行，观其阳以考其阴，察其内以揆其外。是故诈善设节者可知，饰伪无情者可辨，质诚居善者可得，含忠守节者可见也。……考乡里之迹，证朝廷之行，察共亲之节，明事君之操，外内不相称，名实不相副，际会发见，奸伪觉露也。①

他借鉴《大戴礼记·文王官人》的方法，指出要判断一个人是否真诚，就需要考察他们在乡居邻里的行迹，验证他们在朝堂之上的举止，观察他们供养父母的节操，清楚他们事奉君主的品德，如果内外不相称，名实不相符，就可能碰巧显现出来，奸邪虚假也就随之被发觉和揭露出来。可见，王充眼中“诚”的最根本的标准就是表里一致、言行合一，这与孔子的主张相契合，也从一个方面表明了他试图恢复原始儒学真诚精神的努力。

任何一种学说都试图在创建一种知识学说的基础上来推行

① 黄晖：《论衡校释·答佞篇》，中华书局1990年版，第523~524页。

自己的主张，特别是在两汉宇宙论的建构异常丰富、发达的时代下，知识论的意义更加显著。但是认识的根本精神在于追求确实的真理，其最终根据只能是事实的检验。王充本人正是依据客观事实和实际效果来验证知识，进而批判阴阳谶纬学说“其文少验”“无实是之验”“无审察之实”之根本谬误。他说：“故夫王道定事以验，立实以效，效验不彰，实诚不见。时或实然，证验不具，是故王道立事以实，不必具验。圣主治世，期于平安，不须符瑞。”① 在符合客观现实之外，他还强调主观的真实，特别是在著书立说之时要把内心的真情实感展现出来，而不能仅仅诉诸阅读、写作上的机巧：

> 实诚在胸臆，文墨著竹帛，外内表里，自相副称。意奋而笔纵，故文见而实露也。②
>
> 精诚由中，故其文语感动人深。是故鲁连飞书，燕将自杀；邹阳上疏，梁孝开牢。书疏文义，夺于肝心，非徒博览者所能造，习熟者所能为也。③

也许人们真正要用真诚打动的不是天上的鬼神，而是与自己生活在同一个世界的同类。事实已经证明，天人感应、谶纬神学给“诚”观念带来了太多虚伪不实的成分，这世间真正缺少的是人与人之间最起码的真诚。于是，王充致力于将“诚”观念

① 黄晖：《论衡校释·宣汉篇》，中华书局1990年版，第815~816页。

② 黄晖：《论衡校释·超奇篇》，中华书局1990年版，第609页。

③ 黄晖：《论衡校释·超奇篇》，中华书局1990年版，第612页。

由鬼神的世界拉回人类的生活，追求纯诚，弃绝虚妄。虽然，他的学说还有太多自相矛盾的地方，甚至不能完全摆脱神秘主义、唯心主义的消极影响。但是，他将“诚”看作是两汉天人感应、福善祸淫学说的本质而加以全面、深刻地批判，“称论贬说，以觉失俗”①，热烈地呼唤求真务实、理性怀疑的思考，其理论意义不可估量，其批判精神值得发扬，难怪近代国学大师章炳麟如此称赞王充：“正虚妄，审乡背。怀疑之论，分析百端；有所发擿，不避上圣。汉得一人焉，足以振耻。至于今亦鲜有能逮者也。”②

笔者认为，虽然王充的思想闪烁着唯物主义的光芒，但我们也不能过分抬高其“疾虚妄”的努力。经过分析我们可以发现，王充与荀子二者在思想上有一定的相契之处。不过荀子否定思孟学派天人合一论调的目的在于试图更妥善地推行儒家礼义教化之内容，并致力于政治正义的实现与维护；而王充则认为教化的兴废与国家的安危系于时命，“世之治乱，在时不在政；国之安危，在数不在教”③，这就把作为儒家思想核心的“教”“政”等内容抛诸脑后了。可以说，王充的思想虽然针对“精诚感应”论调下的阴阳灾异思想而发，但对于儒学自身的发展而言，他既不如荀子那样能够站在儒家的立场来对治儒学发展的偏颇，也不能像宋明儒者那样建构一套新的推行儒家教化、

① 黄晖：《论衡校释·对作篇》，中华书局1990年版，第1178页。

② 章炳麟：《学变》，见傅杰编《章太炎学术史论集》，中国社会科学出版社1997年版，第270页。

③ 黄晖：《论衡校释·治期篇》，中华书局1990年版，第771页。

积极影响时政的说辞。因此，其“疾虚妄”思想的意义在“破”而不在“立”。

三、汉末追求真诚的余韵

王充之后，以“诚”为武器对虚妄之风气展开猛烈批判、对真诚之言行进行热烈呼吁的思潮仍在继续，但基本上不出王充论点之范围。不过，这些思想对于具体人事的重视更为明显。例如，王符反对当时盛行的谶讳迷信，认为这是统治者“欺诬细民，荧惑百姓”①、借以维持其政权的手段。他虽未能摆脱天人感应学说的影响，但在人道的层面确立了各个阶层的“诚”之规范：他希望君主能“诚肯明察”②、“开精诚以示贤忠”③，并有“忧国哀民恳恻之诚”④；他希望臣子能“竭精思职，推诚辅君”⑤，在政事之中展现自己“忠诚正直”⑥ 的节操；他希望民众诚实守信，遵纪守法，相互之间不欺诈瞒骗，做到“精诚

① 汪继培笺，彭铎校正：《潜夫论笺校正 · 浮侈篇》，中华书局 1985 年版，第 125 页。

② 汪继培笺，彭铎校正：《潜夫论笺校正 · 三式篇》，中华书局 1985 年版，第 209 页。

③ 汪继培笺，彭铎校正：《潜夫论笺校正 · 明忠篇》，中华书局 1985 年版，第 362 页。

④ 汪继培笺，彭铎校正：《潜夫论笺校正 · 救边篇》，中华书局 1985 年版，第 263 页。

⑤ 汪继培笺，彭铎校正：《潜夫论笺校正 · 忠贵篇》，中华书局 1985 年版，第 119 页。

⑥ 汪继培笺，彭铎校正：《潜夫论笺校正 · 明忠篇》，中华书局 1985 年版，第 361 页。

相射，贯心达髓”①。当然，这三者当中最重要的一环还是君主：“忠之贡与不贡，法之奉与不奉，其秉皆在于君，非臣下之所能为也。是故圣人求之于己，不以责下。凡为人上，法术明而赏罚必者，虽无言语而势自治。”② 可见，在人事的层面，唯有君主在“诚”的践行层面先行示范，才有可能建构整个社会的真诚风气。

汉献帝时曾应曹操征辟，任黄门侍郎、秘书监、侍中等职的荀悦著有《申鉴》一书，该书认为汉魏统治者在政治上应重人事，“先成民，而后致力于神”③，肯定人事对于吉凶祸福的重要作用，批评卜筮、禁忌、淫祀、方术、谶纬等行为的荒诞不足信，主张“在上者不受虚言，不听浮术，不采华名，不兴伪事，言必有用，术必有典，名必有实，事必有功”④。荀悦认为，政治之术要“先屏四患，乃崇五政”⑤，这四患之一便是“伪”，认为“伪乱俗”“俗乱则道荒，虽天地不得保其性矣”⑥，可见虚伪之

---

① 汪继培笺，彭铎校正：《潜夫论笺校正·交际篇》，中华书局1985年版，第342页。

② 汪继培笺，彭铎校正：《潜夫论笺校正·明忠篇》，中华书局1985年版，第363页。

③ 〔汉〕荀悦撰，龚祖培校点：《申鉴·时事第二》，辽宁教育出版社2001年版，第10页。

④ 〔汉〕荀悦撰，龚祖培校点：《申鉴·俗嫌第三》，辽宁教育出版社2001年版，第14页。

⑤ 〔汉〕荀悦撰，龚祖培校点：《申鉴·政体第一》，辽宁教育出版社2001年版，第1页。

⑥ 〔汉〕荀悦撰，龚祖培校点：《申鉴·政体第一》，辽宁教育出版社2001年版，第1页。

危害性极大。为此，他提出君主应以“中、和、正、公、诚、通”为行事的六个原则，“以天道作中，以地道作和，以仁德作正，以事物作公，以身极作诚，以变数作通”①，归根结底就是要“本乎真实”：

> 君子之所以动天地，应神明，正万物而成王治者，必本乎真实而已。②
>
> 人之所以立检者四：诚其心，正其志，实其事，定其分。心诚则神明应之，况于万民乎？志正则天地顺之，况于万物乎？事实则功立，分定则不淫。③

这与王充思想里疾虚妄、求真实的理性精神相一致。君主既要以真实为政治之本，具体行事之时又要以诚心相对，正所谓“致精诚，求诸已，立大事，则神明应矣”④。不过，荀悦也没有完全摆脱心诚而能与神相交通的流行观念。

作为“建安七子”之一的徐幹，其批判性又强于荀悦，他

---

① 〔汉〕荀悦撰，龚祖培校点：《申鉴·政体第一》，辽宁教育出版社 2001 年版，第 3 页。

② 〔汉〕荀悦撰，龚祖培校点：《申鉴·政体第一》，辽宁教育出版社 2001 年版，第 2 页。

③ 〔汉〕荀悦撰，龚祖培校点：《申鉴·杂言下第五》，辽宁教育出版社 2001 年版，第 19 页。按：笔者对此段引文的标点符号有所改动。

④ 〔汉〕荀悦撰，龚祖培校点：《申鉴·时事第二》，辽宁教育出版社 2001 年版，第 7 页。

认为“天道迂阔，暗昧难明”①，对凌驾于人之上的神秘力量表现出迷惘不解的态度，但又否定了天有意志而主宰人事。他指出人世间的祸福是人们行为的结果，并非天所施予。他也继承了前人的“贵实”主张，认为“名者，所以名实也，实立而名从之，非名立而实从之也”②，即承认先有实，后有名，实是名的基础，名是对实的反映。在前文的分析中，我们能明显感觉到，关于“诚”的争论背后潜藏着虚伪与真实的论争，论争的任何一方都试图将自己的学说定位为真实无妄的道理：神学派、谶纬派认为精诚能够感动上天，幻想天能够施行赏罚；理性派、求实派则直指这种“诚感神应”之“诚”其实是极大的虚伪与妄想。双方都在争夺真诚之“名”的定义权，追求各自所谓的“实”。在徐幹的年代，真伪相冒、名实乖离的“乱德之道”③甚嚣尘上，特别是虚伪、僵化的儒家经义、教条已经阻碍了人之思想的解放。这些徒饰其辞的言说已经不符合时代发展的大势，已经缺少了成为真理的事实的效验。无独有偶，与徐幹同时代的仲长统更是反对当时的“天道之学”，即以谶纬神学为主的天人感应之说，提出“唯人事之尽耳，无天道之学焉”“人事为本，天道为末”④。也就是说，决定王朝盛衰灭亡的不是儒者所说的天命，而是王朝本身发展的情势，天命不过是“伪假天

---

① 黄素标点：《中论·夭寿》，上海泰东图书局1929年版，第62页。

② 黄素标点：《中论·考伪》，上海泰东图书局1929年版，第46页。

③ 黄素标点：《中论·考伪》，上海泰东图书局1929年版，第46页。

④ 仲长统：《昌言》，见严可均辑《全后汉文》（下册），商务印书馆1999年版，第901、902页。

威”（《后汉书·仲长统传》）的骗局罢了。由此，传统“诚”观念所建构的“天道—人道”体系中的神秘成分得到了进一步清算，其虚伪性也得以再次向世人展现。

第四节　对两汉“诚”观念的简要评论

浸润在天人感应、阴阳灾异思潮之下的两汉“诚”观念生而就具备更多的神秘性、虚妄性的色彩，现代学者对它的反理性、荒诞化更多地持一种批判、否定的态度。但是，我们应该看到，对于作为人格神的“天”的虔诚更多的是对君主德性的要求，儒家神学化、灾异化“诚”观念的出发点是为统治上层确立一种来自至上神明的规范。从理论上讲，这种悬在君主头上的“达摩克里斯之剑”或多或少是对绝对王权的一种限制，君主无论是出于功利的考虑还是内心的恐惧，他多少都会检点自己的政治作为，审视王朝的治理策略，希望维持一个长治久安的政权。也就是说，两汉“诚”观念虽然在形式上表现出怪诞的特点，但其实质内容并非就一定是不可取的。君主对“诚感神应”理论的信奉可能会带来上行下效的效果，例如，汉代统治者们所发布的被称作“罪己诏”的文件本身就是写给普通百姓看的，这些文件中充斥着诚致得福、不诚招祸的思路，这虽然是一种迷惑百姓的手段，但其中也有道德教化的内容。这种教化的效果如果能够达成的话，其意义丝毫不逊色于君主对于上帝的虔诚。因为，如果人人都能被君主的“真诚”所感召而与他一道委身于人格化的上天，相信它会赏善罚恶，那么也就自然会怀着无比虔诚的心情去对待作为天之代表的“天子”——君主。此种“神道设教”的做法在一定时段内可以从情感上确保全社会的紧密联结，起到“收拾人心”的作用。当然，从现代政治学的观点来看，若要对权力进行制约，仅仅依靠一个虚妄的神明所开示的内在自觉是远远不够的，因为那样至多只能造就一个开明的君主专制，自由和民主是得不到根本保障的。

同样，对于汉代那些反思“诚”观念得失、重新诠释“诚”之内容的开明思想家们，我们也没有必要过于抬高他们。首先，他们不是孤悬于汉代“天人合一”“天人感应”浪潮之外的抽象个体，他们的知识体系并非那么理性、纯粹，他们的立场也没有那么坚定、如一。例如，对两汉精诚感应学说批判最为激烈的王充并没有放弃对天的人格神性质的断定，他在否定符瑞、感应之论的同时，也没有完全与这些阴阳灾异论断撇清关系。又如王符、仲长统、荀爽等人也大谈阴阳气感、精诚动天，与《春秋繁露》《白虎通》等所阐发的天人感应思想并没有完全划清界限。思想的提出是一回事，真正发挥作用却是另外一回事，这中间可能要经过一个相当长的时段。何况这些颇具思想解放意义的论断在当时只能算作末流，其影响力就更是大打折扣了。这也就意味着，它们并没有完全实现针砭时弊的意义，甚至是淹没在思想的浊流之中而无影无踪了。例如，从思想发展的角度来看，王充的《论衡》绝对算得上振聋发聩的著作，但据史书记载，这本书完成后在当时却未能流传，因此它对于时世的影响也就可想而知了。最后，即便他们的思想能够广为传诵，也未必能够拨乱反正。我们不能忽略两汉天人合一理论及谶纬神学体系背后有一个蔚为壮观的儒家经学系统作为学术保障，这个学术系统与知识分子的仕禄命运直接关联。因此，关于“诚”的争论不仅仅基于立场和观点上的差异，它还牵扯到整个政治、社会和文化结构。于是我们就会很自然地得出结论，如果没有一个足以改变整个既有结构的新的思想体系出现，那么在“诚”观念上的反思还只能算作是一种思想上的闪光。何况与董仲舒天人合一的思想体系相比，这些具有批判精神的论调无论是在深刻性还是体系性上都还存在一定的距离：“当时儒学的反思律动还未能从高屋建瓴、总揽全局的高度，去对儒家学说重新进行认识，所以这种反思是缺乏哲学思辨意义的，显得零碎，很不系统，就事论事的现象比较严重，这是当时儒学反思律动的又一个局限。”① 当然，如果放在整个思想发展史中来看的话，它们又是不可或缺的，如果没有清醒、理智精神的代代流传，中国古代的思想世界很有可能会在虚妄的道路上继续前行。

汉代的“诚”观念着重发展了思孟“诚”论中的外王面向及神秘主义因素，改变其“一是皆以修身为本”的内在化趋向。虽然它背后有限制君权、神道设教的积极因素，但对于现代社会而言已经没有多少值得借鉴的内容。不过，思想的意义未必一定就是从正面的、积极的维度来实现，反面的、消极的教训同样可以给当今提供借鉴。两百多年的刘汉王朝发展到徐幹、仲长统的时代已经风雨飘摇，马上就要被

① 黄朴民：《天人合一——董仲舒与两汉儒学思潮研究》，岳麓书社 2013 年版，第 272~273 页。

异姓统治者所取代了。纵使他再千般万般矫饰精诚、创制符命、隆重其礼，神灵也不可能助其扭转历史发展的潮流了。汉代的风云变幻至少告诉我们，真正主宰历史的应该是人类精诚的力量，但这种精诚的对象不是天道鬼神的神秘信仰，不是天人感应的巧伪虚妄，不是鼓吹君权的专制君王，而是人之为人的才智勇气，求真务实的开创精神，审时度势的政策抉择，内圣外王的终极理想。

笔者认为，儒家之“诚”大致有三个层次的对象：上层的天道鬼神，中层的人之德性，下层的伦理规范。天道以其“诚”之本性而引导人要在趋向“诚”的过程中实现本性的具足，人在追求“诚”的精进途程中也随时随地依据善良的本性显现出符合伦理道德的行为。在这个天人趋于合一的过程中，人的真诚精神无疑具有决定性的意义，也正因此儒家对于“诚”的力量非常看重，两汉以“诚”沟通天人的感应论的流行正是这种思路的极端表现。经过汉代一些开明思想家的内部反思，我们基本上可以得出这样的结论：我们不妨将天道诚体作为信仰以满足现代人对于精神生活的渴求，也应该将儒家“诚”观念所展现出来的道德层面的专一、真诚、信实精神发扬下去，但不应该依赖那些神秘主义的感应言说，更不应该将现代社会的良善治理秩序寄托在所谓“神圣的”“超越的”天道之启示上。天道只不过是人道的映象，这世界没有什么救世主，如果非要说有的话，也只能是具有理性精神的人类自身。

第五章　宋明理学家对“诚”观念的再建构

思孟学派以“诚”为核心的天人合一思想使得儒学呈现出一种由人道而建构天道、立天道以证成人道的特色。后世儒学在发展过程中也出现了新的形态，如果要对这些形态进行区别的话，笔者认为差异的关键在于对“天道”内容的理解不同，也就是对何种本体、本原才是“诚者”的看法有异。这一点在宋明儒学中表现得比较明显，可以说，正是对于“诚者”的不同看法造就了道学、气学、理学、心学等派别。笔者认为先秦儒家之“诚”观念与宋明理学之“诚”观念的最大差别在于，前者主要围绕着情感、心性的问题而展开，通过对“诚”观念的铺叙来为人之道德本性与道德修为进行说明；后者虽没有放弃儒家情感论、心性论、功夫论的基本思想倾向，但重在阐发“天道”层面的“诚”内容，即体现为形态各异的儒学本体论思想，这种理论倾向既有利于迎战佛老思想体系对于儒学的理论性冲击，又能进一步丰富、深化对儒家价值观念之存在合理性的论证。

第一节　本立而道生：周敦颐“诚”学的典范意义

周敦颐被认为是理学之开端、道学之宗主，在中国哲学史上具有重要地位。黄宗羲说：“周子之学，以诚为本。从寂然不动处握诚之本，故曰主静立极。本立而道生，千变万化皆从此出。”① 这个论断抓住了周子思想的核心内容，特别是“以诚为本”的判断符合周子思想的实际。传统儒家“诚”学是在“天道—人道”的架构下创建起来的，周敦颐之“诚”论也没有脱离这个框架。但是，在“诚”之“天”“人”两端，周敦颐都对传统架构有所发展。

一、无极而太极：“诚”之天道内涵

儒家“诚”概念虽较为晚出，但“诚”所体现出的追求真实、真诚的思想早已萌芽。起初，“诚”主要以道德情感的面貌出现，孔子非常看重人在道德实践过程中所体现的诚实的品质和心理。思孟学派则更进一步，他们将“诚”视为宇宙运作变化的根本力量和规律，并以天道之“诚”作为人道的依据，“诚”既是本体，又是功夫。但是，对于“作为人道的诚何以具有天道的性质，天道又何以具有人道的属性”② 等重要问题则语

---

① 〔清〕黄宗羲、全祖望：《宋元学案》，中华书局 1986 年版，第 523 页。

② 闵仕君：《“诚”——周敦颐对天道与人道的贯通》，《聊城大学学报》（哲学社会科学版）2002 年第 4 期。

焉不详。到了汉代，“诚”学中天人感应的神秘因素被放大，今文经学和谶纬之学中的一些思想都以“诚”学为基底，使得儒学朝着神学化的虚妄方向发展。到了隋唐，统治者们鉴于因虚伪不实而造成的历史教训，积极将儒家诚信精神贯彻到治国安民的政治实践中去，但是仅有形而下层面的真诚道德践履并不能解决政治社会的所有问题。更为重要的是，经历了魏晋南北朝以来三教论战、融合的历史进程，儒家思想面临着新的挑战，特别是佛教对于儒学的冲击非常明显。一方面，佛学在本体论、心性论上的论说较儒学更为细致缜密，这成就了其在思想上的优越感；另一方面，作为一种完整的宗教系统，其对于世道人心的影响更是巨大而深远。于是，唐代一些儒者开始重新挖掘儒学中的形上学因素，尤其是重新阐发以“诚”为核心的心性论哲学，试图以本土的思想资源来改变佛教学说对人心的侵占。不过，即便是对“诚”的阐发较为系统的李翱也多是借用佛禅的学说立论，“诚”的儒学特色被遮蔽了不少，这显然不能起到重建道统的作用。

在这种背景之下考察周敦颐的“诚”学，我们可以发现，它在入于释老之学的同时又能回到儒学的立场上来，它在丰富儒家所擅长的道德功夫论（人道）的同时也充实了儒学较为薄弱的宇宙本体论（天道）。正是在他的努力之下，儒学试图由天道而论证人道、为人道而确立天道的“天道性命相贯通”的思路才变得完整。

《通书·诚上》的这段话体现了周敦颐“诚”学的大貌：

诚者，圣人之本。“大哉乾元，万物资始”，诚之源也。

> “乾道变化，各正性命”，诚斯立焉。纯粹，至善者也。故曰：“一阴一阳之谓道，继之者善也，成之者性也。”元亨，诚之通；利贞，诚之复。大哉易也，性命之源乎！①

在先秦儒学中，《易传》与《孟子》《中庸》侧重不同。前者重在建构以太极、乾元为核心的天道系统，而后者更强调人道，希望通过挺立心性以成己成物，最终达到与天地相参的人生境界。《孟子》《中庸》里都提到“诚者，天之道也”，这里的“诚”首先是指天地万物运动变化的真实情态，但是，思孟学派并没有讲清楚真实无妄的天道是如何表现、作用的，因而天道为何能为人道立法也就变得不好理解。而在周敦颐的思想世界里，《易传》《老子》中的一些理念与《中庸》的观点相互糅合，作为“诚者”的天道具备了以乾元（太极）为本源的具体内容。他说：“二气五行，化生万物。五殊二实，二本则一。是万为一，一实万分。万一各正，小大有定。”② 在他眼里，天道之“诚”指的是由乾元（太极）所发源的经历了元、亨、利、贞之不同阶段的阴阳和合生化万物的过程。从另一个角度来说，这意味着在太极阴阳和合创生的层面，万物具备了统一性，这也就是作为天道的“诚”的属性。天道就是一个诚体，万事万物包括人类也各有一个诚性，“诚”就成为天地万物的本质属

---

① 〔宋〕周敦颐撰，梁绍辉等点校：《周敦颐集》，岳麓书社 2007 年版，第 64~65 页。

② 〔宋〕周敦颐撰，梁绍辉等点校：《周敦颐集》，岳麓书社 2007 年版，第 76 页。

性：“自实体言，为诚体流行；自轨迹言，为终始过程；自成果言，为事事物物。”①

除了使用“乾元”“太极”指涉宇宙本源，周敦颐在《太极图说》中还提到“无极”。“无极”是道家较早使用的概念，出现在《老子》《庄子》《列子》中。对于“无极”与“太极”的关系，学术界至今仍有争论。朱子以“无形而有理”来解释“无极而太极”，显然不是讲在“太极”之上又有一个独立的“无极”存在，而是强调“太极”“无极”及“理”的统一性。大致来看，当代学者大多认同朱熹以“无形”来诠释“无极”。② 笔者认为，“无极”是周敦颐用来表述本源、本体的概念，它是无形无相、寂然不动的存在（无），大千世界、宇宙万物都以它为最终本源（“极”）。朱熹对周敦颐的“无极”之论颇为赞赏：

> 若论“无极”二字，乃是周子灼见道体，迥出常情，不顾旁人是非，不计自己得失，勇往直前，说出人不敢说底道理，令后之学者晓然见得太极之妙不属有无，不落方体。若于此看得破，方见得此老真得千圣以来不传之秘。③

① 牟宗三：《心体与性体》上，吉林出版集团有限责任公司 2013 年版，第 282 页。

② 如杨立华教授认为“‘无极而太极’讲的是无形的至真存在”，“更进一步讲，无形的至真存在其实就是始终生生不已的至真的存在”（杨立华：《宋明理学十五讲》，北京大学出版社 2015 年版，第 47 页）。

③ 〔宋〕朱熹：《朱子全书》第二十一册，上海古籍出版社、安徽教育出版社 2002 年版，第 1568 页。

其实“无极”“太极”都是非有非无，既非有形之物，又非绝对空无，正是有它们作为依据，物质才能从无到有。从宇宙创生、万物本源的意义来说，“无极”的存在和作用是真实的，由它所创生的世界也是生生不息实存的。从思维本身的逻辑来看，将“无极”“太极”与“真”“诚”紧密联系起来是非常自然的。不过，在《通书》中“无极”已经没有踪影了，“乾元”（太极、诚）成了“万物资始”。张立文先生认为“无极”“太极”是儒释道均使用的概念，周敦颐将这些概念与百姓“日用”及儒家的仁、义、礼、智融合在一起，这是他对三教如何“兼容并蓄”所做的初步回应。① 不过，在兼收并蓄的同时，周敦颐还试图凸显儒家的底色，他在《通书》中将“乾元”“太极”“诚”作为真实无妄的本体而不提“无极”，其原因似与“无极”的道家色彩浓厚有关。在谈论人生观、修养论的问题时，将儒家人文主义鲜明的“太极”和“诚”作为至真的存在，进而肯定世界的实在性，肯定道德修养的现世性，显然更能彰显儒学的特色。朱伯崑先生曾从易学的角度分析《通书》的儒学色彩：“就此书对《周易》经传的解释说，既未结合卦爻象和筮法之数，亦未引用晋唐易学中的玄学观点，而是从儒家立场，特别是依据《中庸》中的观念，解释其中的义理。”② 从事实来看，这种理论自觉还显得不够彻底，周敦颐并不像二程、朱熹那样能够进一步跳出佛道的话语体系，以致后世儒者对他不无责难。

---

① 张立文：《宋明理学研究》（增订版），中国人民大学出版社 2016 年版，第 137 页。

② 朱伯崑：《易学哲学史》第二卷，昆仑出版社 2009 年版，第 114~115 页。

不过无论天道究竟是以“太极”还是“无极”为本，都不会影响“诚”作为天道的本质属性而存在。也就是说，“太极”“无极”乃至朱子所言的“理”，它们都是“诚”，都是“宇宙万物化生的总根源，也是宇宙万物存在的根据”①，从“天道”的意义来讲，这些概念是“同质、同体并同用的”②。

二、主静而无欲：真诚无妄的追求

“诚”除了作为天道，还关乎人的本性。周敦颐说：“诚，五常之本，百行之源也。静无而动有，至正而明达也。五常百行非诚，非也，邪暗塞也。”③ 可见，“诚”是太极所赋予人的至善之性，既然“诚”是至善之性，那么努力达到“诚”的境界就自然成为人类存在的最高目标和终极价值。目标确立之后，如何才能使“诚”性具于己身？对此，周敦颐也给出了答案——主静、无欲。这种功夫论是与其宇宙本体论密切关联的，“人极”与“太极”一体贯通，《太极图说》云：“圣人定之以中正仁义而主静，立人极焉。”④ 太极之道一动一静，圣人则效法太极，动静周流，无所亏欠。而在动静之中，又以“静”为

① 杨柱才：《道学宗主——周敦颐哲学思想研究》，人民出版社2004年版，第225页。

② 杨柱才：《道学宗主——周敦颐哲学思想研究》，人民出版社2004年版，第245页。

③ 〔宋〕周敦颐撰，梁绍辉等点校：《周敦颐集》，岳麓书社2007年版，第65页。

④ 〔宋〕周敦颐撰，梁绍辉等点校：《周敦颐集》，岳麓书社2007年版，第7页。

根本。朱熹注云：“然静者诚之复而性之贞也，苟非此心寂然无欲而静，则亦何以酬酢事物之变而一天下之动哉！”① “主静”确保“诚之复”，而“无欲”则能诚立明通，成贤成圣：“予谓养心不止于寡而存耳，盖寡焉以至于无，无则诚立明通。诚立，贤也；明通，圣也。是圣贤非性生，必养心而至之。”② 因此，主静、无欲也就成为周敦颐为《中庸》“诚之”、《孟子》“思诚”之“人道”所充实的具体内容。“诚”在整个道德修养过程中，既是起始（人性之“诚”是道德的发源处），又是归宿（主静、无欲是为了复归于“诚”）。

周敦颐说“无欲故静”，他所言的“动”与“静”不只是事物存在的两种不同形式，而且更多地指向人类内心世界两种不同但又密不可分的情态：“动”不仅是运动，还指人的实践活动，实践活动不是胡乱作为，而是在中正仁义原则指引下展开活动；“静”也并非运动的停止，并非人心处于与外界隔绝的绝对静止状态，而是人的思想不四处游逸涣散的静定状态，是一套使思维符合伦理道德标准并贯注于实践活动的机制。静则无心而至诚，至诚又有神通，必然要显现为人与事物一系列的运动变化（即“成己”“成物”的过程），这就叫“诚”的“静无而动有”③。此

---

① 〔宋〕周敦颐撰，梁绍辉等点校：《周敦颐集》，岳麓书社2007年版，第7页。

② 〔宋〕周敦颐撰，梁绍辉等点校：《周敦颐集》，岳麓书社2007年版，第121页。

③ 〔宋〕周敦颐撰，梁绍辉等点校：《周敦颐集》，岳麓书社2007年版，第65页。

外，他还讲“静虚动直”①，人无欲则心境宁静而虚，虚则明，明则通，如镜之明，无所不照，即《中庸》所言的“诚则明矣”；这种心上的“诚”又能引发“直”（正直）的“动”，直则公（无私），公则溥（普惠），于人于己都能公平而无偏倚。

周敦颐强调“主静”，似乎对“动”存有一丝警惕。无论是思维还是实践，特别是前者，一旦发动起来就不免受到各种欲望的袭扰。面对此种情形，儒家并没有刻意回避。“诚”的实现需要“静”，但仅仅做到“静”还是不够的，因为“至诚无息”（《中庸》），“至诚则动，动则变，变则化”②，“诚”还蕴含着乾健有为之“动”。“主静”与道、佛之无为、无执之说还是存在明显差别的，它没有走向消极避世、清虚寂静的方向，而更重视生生不息之活动，体现了浓厚的儒家特色。只不过“动”也是有原则和标准的，如果人们能够以中正仁义对抗各类欲望，那么“动”自然就变成无欲之动，就能达到“复其不善之动”③ 的“诚”（“无妄”）的状态，最终实现思虑活动的“静”。周敦颐说：“君子乾乾不息于诚，然必惩忿窒欲、迁善改过而后至。”④ 如果人能做到“诚”，自然会无欲，进而在动静

① 〔宋〕周敦颐撰，梁绍辉等点校：《周敦颐集》，岳麓书社 2007 年版，第 75 页。

② 〔宋〕周敦颐撰，梁绍辉等点校：《周敦颐集》，岳麓书社 2007 年版，第 82 页。

③ 〔宋〕周敦颐撰，梁绍辉等点校：《周敦颐集》，岳麓书社 2007 年版，第 81 页。

④ 〔宋〕周敦颐撰，梁绍辉等点校：《周敦颐集》，岳麓书社 2007 年版，第 80 页。

之中深谙吉凶悔吝、善恶损益之道，也就做到了“主静”。静非不动，而是不妄动，妄与不妄的标准就是是否符合儒家的中正仁义之道。黄宗羲在谈“主静”时说：

> 圣人以“静”之一字反本归元，盖造化、人事，皆以收敛为主，发散是不得已事，非以收敛为静，发散为动也。一敛一发，自是造化流行不息之气机，而必有所以枢纽乎是，运旋乎是，是则所谓静也，故曰主静。学者须要识得静字分晓，不是不动是静，不妄动方是静。①

经过这样的解释，我们就可以理解为何周敦颐说“无妄，则诚矣”②，也可以明白为何后世儒者常以“真实无妄”去诠释“诚”之内涵了。

既然“诚”“无为”就可以至正明达，那又何必提倡“无欲”呢？“无欲”作为一种刻意为之的思维活动岂不是与“无为”相抵牾吗？对于这个问题，有学者认为这体现了周敦颐思想的矛盾之处。其实，这种观点忽略了儒家对于人格境界进行区分的传统。圣人本性至诚，无为而静，自然能够由诚而明；而贤人和普通人则有所沉溺，需要以圣人为榜样，通过不断学习来向“诚”的境界归复。周敦颐说：

---

① 〔明〕黄宗羲、全祖望：《宋元学案》，中华书局 1986 年版，第 499 ~ 500 页。

② 〔宋〕周敦颐撰，梁绍辉等点校：《周敦颐集》，岳麓书社 2007 年版，第 81 页。

圣可学乎？曰：可。曰：有要乎？曰：有。请闻焉。曰：一为要。一者，无欲也。无欲，则静虚动直。静虚则明，明则通；动直则公，公则溥。明通公溥，庶矣乎！①

无论是“一”还是“无欲”，君子学习圣人都是为了最大限度地限制欲念的不良影响。不过这只是总的方向，具体实施起来则要经过惩忿窒欲、迁善改过种种事上的磨炼。例如，“忿”的情感可能源于欲望满足上的不公平，而在儒家所设想的社会秩序之中，每个人都有特定的地位、权利和义务，这就是“礼”所起作用的领域。每个人在“礼”中的位置可能会发生变化，但在位置相对固定的一段时期内，人们不应该僭越他现有的地位而追求不合乎礼的权利。因此，“忿”是需要被限制的，就如同过分的欲望需要被窒息一样。不过，如果只是从消极的层面去实现“无欲”的话，那对人的心理可能会造成一种负担，人们在日常生活中蹑手蹑脚，也就不会获得内心的愉悦，反倒不如放纵情欲来得痛快。周敦颐意识到了此种情形发生的可能性，他借鉴了孟子“天爵”与“人爵”的划分，以颜回的德行为例，提出了他自己的小、大之论，目的就是从正面为人生境界树立一个标杆，以此来对抗将物质欲望上的贫富作为衡量人生价值高低的标准。他说：“夫富贵，人所爱者也。颜子不爱不求，而乐乎贫者，独何心哉？天地间有至贵至爱可求，而异乎彼者，见

① 〔宋〕周敦颐撰，梁绍辉等点校：《周敦颐集》，岳麓书社2007年版，第75页。

其大而忘其小焉尔。”① 这个“大”就是“无欲”，或者说是超越功利的人生境界，只有在这样的境界中人才能心常安泰、圆满富足，从而获得真正的快乐。这种“乐”其实就是与天道为一、天命之性完具己身的至诚境界所带给人的愉悦情感体验。

三、知几与慎动：诚意、慎独的改版

除了主静、无欲，周敦颐还特别强调“几”的重要性。“几”是《易传》中的重要范畴，它其实并没有那么玄妙，指的就是一种特殊的时机，即“几者，动之微”（《易传·系辞下》）。《易传》所言的“动”表面上是指卦爻的变化，实质上是人类行动的改变，而人行动的变化又根源于人之思虑的更动。人心观照万物，必定有所触动，在认知机能被触发的时候，思虑已经发动但还没有变成具体的行动，此时正处于“动而未形”的状态。《易传》认为人之决断、思虑预先决定了后事之吉凶，如果能够于思虑萌发之“几”做出正确的抉择，就能避凶就吉，这就叫“吉之先见者也”（《易传·系辞下》）。周敦颐则将“吉之先见”改造为“几善恶”，即用具有善恶之分的心理意念活动来区分人在“几”时的不同选择，既借机证明了儒家之善德的重要性，也从侧面说明为何有吉凶之不同命运发生的事实。可以说，“‘几’就是对‘诚’的证实和检验”②。圣人由于生性至诚，便于动静有无幽微之间自然而然地以善致善，神妙非常；

---

① 〔宋〕周敦颐撰，梁绍辉等点校：《周敦颐集》，岳麓书社 2007 年版，第 76~77 页。

② 梁绍辉：《太极图说通书义解》，海南出版社 1991 年版，第 91 页。

而常人则由于“诚”性受到遮蔽而不能明达，故在“几”时往往为外物所诱导而取恶弃善。因此，对于常人而言，审辨善恶、知几通微便是重新回归诚善之性的必要途径。不过这个“审”的活动并非简单地在“几”处用“睿思”就能立刻完成，“几”时的善恶只是因诚性完满程度不同而表现出来的不同结果，只有在与外物、他人、社会不断打交道的现实生活中，只有在长期“主静立人极”的道德修养实践中，人性中的“善”才能被召回，“几”时所表现出的善恶才能有所变动。

“几”与“静”类似，一定是伴随着“动”的，是“动而未形，有无之间者”①，是“静虚动直”的，虽幽微难知，但孕育着无限可能。动而未形之时人之心可能会因“主静”而达到“诚”之“善”的状态，但也可能偏离了中正仁义而走向妄动，思想和行为就会表现出“恶”。因此，如何在这个精微的“几”中做到“诚”就是一个大问题。周敦颐借鉴了先秦儒家的“慎独”思想，提出了“慎动”的观念：“动而正曰道。用而和曰德。匪仁，匪义，匪礼，匪智，匪信，悉邪也。邪动，辱也；甚焉，害也。故君子慎动。”② 这个“慎动”其实可以说就是“慎几”“慎思”③，

---

① 〔宋〕周敦颐撰，梁绍辉等点校：《周敦颐集》，岳麓书社 2007 年版，第 67 页。

② 〔宋〕周敦颐撰，梁绍辉等点校：《周敦颐集》，岳麓书社 2007 年版，第 67 页。

③ 周敦颐说：“匪思而无不通，为圣人。不思，则不能通微；不睿，则不能无不通。是则无不通生于通微，通微生于思。故思者，圣功之本，而吉凶之机也。”（〔宋〕周敦颐撰，梁绍辉等点校：《周敦颐集》，岳麓书社 2007 年版，第 69～70 页。）

其目的就是在动而未动、形而未形之“几”间使心思朝着合乎中正之道、遵循仁义之德的方向“开动”，只有这样才能“守之贵，行之利，廓之配天地”①。从这个角度来说，这里的“慎动”就如同“慎独”一样，其实就是在“发微不可见”② 的状态下“诚意”罢了，它是实现人之“诚”的着手之处，也是“主静”的必然途径。

为了辅助心性之“诚”境界的实现，周敦颐还主张从外在层面去改革礼乐制度。儒家强调礼乐，看重的是其教化意义。在周敦颐看来，礼是优先于乐的，只有在建立了符合天道之“诚”的礼制之后才能谈“和”的问题，而具有“和”之功能的乐必须要维护礼的秩序。如何维护呢？他说“淡则欲心平，和则躁心释”③，乐之“和”的价值导向就是使人不起欲念，放弃躁竞。周敦颐认为，古代圣王制定的音乐能够通达天地，协顺万物，而当今的统治者却反其道而为之，创制“妖淫愁怨”的新声，只能破坏伦理秩序，败坏社会风气，因此要复古礼，变今乐。此外，仅有礼乐是不够的，还得利用更强的外部压力推动人们复归“诚”性，这种压力就是“政”与“刑”，而政、刑又都是圣人效法上天的产物：“天以春生万物，止之以秋。物之生也，既成矣，不止则过焉，故

① 〔宋〕周敦颐撰，梁绍辉等点校：《周敦颐集》，岳麓书社 2007 年版，第 68 页。

② 〔宋〕周敦颐撰，梁绍辉等点校：《周敦颐集》，岳麓书社 2007 年版，第 66 页。

③ 〔宋〕周敦颐撰，梁绍辉等点校：《周敦颐集》，岳麓书社 2007 年版，第 74 页。

得秋以成。圣人之法天，以政养万民，肃之以刑。”① 万物生杀繁衍是天之“诚”，圣人以政养刑肃、仁育义正对待万民，就是要将天之“诚”搬用到人类社会。但是，无论是礼乐还是政刑，都有可能出现异化的情况，它们可能会成为掌权者满足一己私利的工具，对此周敦颐是有深切体察的：“呜呼！乐者古以平心，今以助欲；古以宣化，今以长怨。”② 所以，“诚”的实现归根结底还是依赖内在的道德自觉和修养功夫，需要知几、慎动，需要主静、无欲，需要“公于已者”③。

四、反正与开新：周敦颐“诚”学的典范意义及其影响

由上可知，周敦颐的“诚”学遵循了儒学内部的既有思路，丰富了“诚者，天之道也”的具体内涵，同时，又为人道之“诚之”“思诚”提供了他认为中正易行的步骤。一个“诚”字，贯穿圣学，接续道统，既起到拨乱反正的作用，又开创了宋代儒学的新面貌。这一破一立，正是周敦颐“诚”学的价值所在。

周敦颐以“诚”为核心的道德形上学可以作为回应异教冲击的范本。佛教理论冲击了中国本土文化，特别是给儒家宇宙论和心性论带来了较大挑战。魏晋直到唐代的一些学者虽高举

---

① 〔宋〕周敦颐撰，梁绍辉等点校：《周敦颐集》，岳麓书社 2007 年版，第 82 页。

② 〔宋〕周敦颐撰，梁绍辉等点校：《周敦颐集》，岳麓书社 2007 年版，第 75 页。

③ 《通书·公明》云：“公于已者公于人，未有不公于已而能公于人者。”（〔宋〕周敦颐撰，梁绍辉等点校：《周敦颐集》，岳麓书社 2007 年版，第 76 页。）

反击佛道、倡导儒家道统的大旗，但在所谓“大道精微之理”的问题上却一直未有大的建树。从逻辑上讲，要想对抗“空”“无”，就必须加强对“实”“有”哲学的论证。从事实来看，韩愈、李翱等学者试图从心性论等角度来重建儒家道统体系，但对于仁义本身合理性的论证尚未达到细致全面的程度。更遗憾的是，像李翱在跳入外来思想之彀中时甚至出现了难以抽身的问题，这对儒家而言无疑是一种失败。在这种背景之下，周敦颐“诚”学的建构无疑具备典范性的意义，他在天人两端都为儒学的复兴做出了努力——他为“天道”承载了太极、阴阳等真实的本源和动力，也为“人道”赋予了中正仁义等真诚无妄的修为和功夫。真德秀称其学“扶持天常，植立人极”“有功于百世”①，魏了翁也讲周敦颐“独奋乎百世之下，穷探造化之赜，建图著书，阐发幽秘，即斯人日用常行之际，示学者穷理尽性之归”②，他们看重的是濂溪之学既能在思想的深度上有所推进，从而改变原有辞章训诂之学的僵化和死板；又能发扬儒学不离日用常行而言伦理道德的特色，而与佛道之清虚寂灭相抗衡。

周敦颐的“诚”学对宋明理学的本体论与功夫论都产生了很大的影响。张载与周敦颐虽无交往，但二人的学术思想均以《易传》《中庸》为本，由天道而言人道，认为“性与天道合一

① 〔宋〕周敦颐撰，梁绍辉等点校：《周敦颐集》，岳麓书社 2007 年版，第 238 页。

② 〔宋〕周敦颐撰，梁绍辉等点校：《周敦颐集》，岳麓书社 2007 年版，第 189 页。

存乎诚”①。张载还以太虚为至实，不再采用周敦颐以“无”来论“诚”的做法，但在批判佛道方面，与周子志趣相通。二程以“理”为天道，理既是物之“所以然”，又是人之“所当然”，并于理、物、体、用、心、事上皆重其“实”。在功夫论上，二程以“敬”代“静”，主张“以诚敬存之”、诚明并进，但目的仍是要在动静衔接处窒恶向善，显然是对濂溪之学的扬弃。朱熹视“太极”为“理”，而天理之本然就是真实无妄的“诚”，“诚”既是实理，又是实心，人与本体实现了合一，这与周敦颐“诚”的思路一脉相承。他还在与陆九渊“太极”“无极”之辩中阐发“理一分殊”的理论，进而由“分殊”引出“人欲”与“天理”、“道心”与“人心”的关系问题，最终提出“存理灭欲”而明理的主张，这与“主静无欲”而至诚的思路相同。朱子还重视“思诚”，主张通过自我反思而体认本体，这显然也是在发挥周敦颐的思想。除了内在之“诚”，朱熹还“指向了‘诚’的知识理性层面”②，这可以理解为朱熹诚学思想的突破。可以讲，周敦颐对后世的典范意义很大程度上与朱熹对其思想的阐发是分不开的。湖湘学派的张栻以“太极”之动静论心性之区分，大体上仍是周子“诚”学“用宇宙术语来表达伦理概念”③ 的路子。陆九渊对周敦颐的推崇不及朱熹，

---

① 〔宋〕张载著，章锡琛点校：《张载集》，中华书局 1978 年版，第 20 页。

② 龙飞：《论朱熹对周敦颐诚学思想的继承和转向》，《朱子学刊》2005 年第 1 辑，第 161 页。

③ 〔法〕程艾蓝著，冬一、戎恒颖译：《中国思想史》，河南大学出版社 2018 年版，第 528 页。

但他通过与朱子的“太极无极”之争，在对濂溪之学的理解、对朱子之学的批判中阐发了“心即理”的意蕴；其思想虽仍是心、理合一皆为“诚”的思路，但“诚”首先是“实心”，因此实现“诚”的功夫便自然变成回归本心，这与周子、朱子从宇宙本体来谈心性本体的思路已经有了较大差别。元代“三大儒”之一的吴澄继承朱子的思路，合无极、太极为一，反对以“道生一”来解释“无极而太极”，捍卫《太极图说》的儒家属性。陈献章的江门之学“以静为主”，也讲虚实、动静的统一，继承了濂洛之精蕴。王阳明视周敦颐之学为心学，把“诚”看作心之本体，是实理，是良知。他认为“主静”之说实兼动静，而非偏滞于静，这种认识“实为‘致良知’思想的前奏”①。他还看重“思诚”“诚意”的工夫，主张用廓然大公来对治各种私欲，最终复归诚体。刘宗周反对阳明“诚意”之说，而将“意”视为“诚”体，在功夫论上提倡“主敬”，这些学说既有新意，也保留了许多濂溪学说的痕迹。王夫之推崇周敦颐，对其学说多有吸收，二者的思想都呈现出“宇宙论中心取向”② 的特色。船山更多是从“气”的角度来论“诚”之“实有”，又过渡到心性之“实”，天与人在“诚”的层面依然是统一的状态……总之，周敦颐以“诚”为核心的思想是儒家天人合一之学新的典范：“后来的理学家，对实现诚的方法尽管有不同解释，但这种‘天人合一’的整体思维模

---

① 周建刚：《周敦颐与宋明理学》，中国社会科学出版社 2018 年版，第 260 页。

② 陈来：《诠释与重建：王船山的哲学精神》，生活·读书·新知三联书店 2010 年版，第 477 页。

式，终一代理学，并无改变。”① 笔者以为，宋明理学可以说是广义的“诚”学，都是“诚”本论，即论证宇宙真实本体、挺立人类真实本性、确保道德真诚践行的学问。周敦颐的思想直接或间接地塑造了后世理学家谈论问题的界域，而“诚”又是其思想的根本，因此周敦颐“诚”学对后世的影响不容忽视。

第二节　“真实无妄”：程朱理学之“诚”观念

周敦颐建构了“以诚为本”的哲学体系，“诚”变成了宇宙本体论和修养功夫论中的核心观念之一。但是，他并没有将佛道的“无极”与儒家的“诚”二者之间的关系真正讲清楚，并且“诚”作为本体也不能很好地回答宇宙生化的问题，他为实现“诚”所开出的“主静”、“无欲”和“慎动”等修养论内容由于没有摆脱佛道色彩也颇为世人所诟病。可以说，周敦颐在通过“诚”来论证“天人合一”的问题上还有很多不严密的地方。张载以“诚”论气，“诚”被定义为太虚之气的属性和功能，更重要的是，他用“实”取代了周敦颐以“无”论“诚”的倾向，弥补了周敦颐过多杂糅释老的不足，符合儒家一贯的不离现实人生而谈天道性命的特色。因为张载以“气”作为宇宙本体论的范畴，所以他所谓的“诚”更多的是指一种物质性的实体，与周敦颐主要从精神实体而言“诚”的角度有很大的不同。太虚之气是一种真实存在的本体，也就是“诚”体，

① 蒙培元：《理学范畴系统》，人民出版社1989年版，第472页。

太虚之为“诚”既是由于它是“天之实”（天德），又是因为它是“心之实”（人性），张载相信天德能够借助于气的真实运化机制而贯通于人性之中，在这个过程中宇宙本体和心性本体实现了合二为一。但是，张载“虚空即气”的气本论思想主要是为了抗击佛道崇尚虚空的学说而提出的，由于气本身物质性的色彩比较浓厚，所以它更多地属于一种宇宙论的范畴，这也就注定了作为关注宇宙实体的气本论思想“未能与儒家的核心伦理原则紧密结合起来”①。

一、“诚者实理也”

在寻找儒家伦理道德真实本原（“诚”体）的问题上，虽有周敦颐、张载等人的探索性思考，但离恰切地论证“天道”和“人道”何以统一于“诚”的儒家传统思路还有一定的距离。依照逻辑发展的进路，在“诚”的问题上，宋儒需要一种更为系统的超越宇宙论而涵括宇宙、人生的道德形上学来为儒家“天人合一”论断进行张本。可以说，这个任务是由程颢、程颐开其端绪，而由朱熹基本完成的。程朱理学最大的特色在于他们提出了以“理”为核心的本体论学说，同时吸收了气学等其他思想流派的有益成分，将儒家的伦理道德上升至“天理”的高度，从而为儒家思想设置了更为精妙的形上学基础。对于“诚”的问题，程朱之学也紧紧围绕着理本论的立场来展开，将“诚”视为“理之实然”，即不可移易的真实天理，这个真实的

① 陈来：《宋明理学·引言》，生活·读书·新知三联书店 2011 年版，第 13 页。

“理”乃是超越时空的“天下万古，人心物理”之所同然，因此，人类最终极的意义就在于追求、思索、回复、践行这个真实无妄的天理本然。可以说，程朱以“理”论“诚”的学说是对周敦颐、张载等人“诚”论的整合，作为实理的“诚”是涵括宇宙万物、人类社会的真实本体，这也说明先秦哲学中“天”的本体地位已经被“理”所取代了。程朱理学以“诚”论“理”的意义在于将儒学的价值内容提升为超越时空的至上真理，为推行儒家的伦常教化、建立一个符合本土思想文化传统的政治社会体系提供了新的理论依据。

二程常说“无妄之谓诚”，所谓“无妄”就是指不虚伪，也就是真实。所以，朱熹后来又用“真实无妄”来诠释“诚”的含义。思孟学派将“诚”视为天道诚体之属性及人道当然之原则，建立了一套“天道—人道”相贯通的思想体系。二程的“诚”论并没有超出这样一个系统，但对于“天道”的内容也如同周敦颐、张载等人一样有了新的阐发。在二程的思想系统中，作为宇宙万物主宰的“天”及人类价值本原的“道”是完全统一的，这个“天道”又被他们以“理”代称，天道“只是理，理便是天道也。且如说皇天震怒，终不是有人在上震怒？只是理如此”①。北宋初年，欧阳修、周敦颐及邵雍等学者虽然已经赋予了“理”以自然和人文法则的含义，但只有二程兄弟将“理”作为一个终极的、至上的范畴来重新建构儒学的形上学体系。

二程以“无妄”释“诚”，这其实是对天理性质的解说。

---

① 《河南程氏遗书》卷第二十二上，〔宋〕程颢、程颐著，王孝鱼点校：《二程集》，中华书局 1981 年版，第 290 页。

程颐说：“天之化育万物，生生不穷，各正其性命，乃无妄也。”① 可见，天理的“无妄”（“诚”）体现为生物不息、正其性命的神奇功能，这在思孟“诚”观念中已经涉及，二程则对于这个生生不息、成就性命的真实无妄的过程做了更为具体、丰富的描述。在他们看来，天理的主宰和生化作用与万物（特别是人）成就本性、生成命运的过程归属于同一个不虚伪、不荒诞的系统，人和宇宙万物一样都是源自生生之实理，生生之理真实作用于天地万物，可以说“万物皆只是一个天理”②。实理贯通于天、地、人之间，是自然规律和道德法则的统一体，它没有缺欠，完美自足，百理具备，虽散在万物之中，但万物具体之道理与宇宙根本之实理没有区别，这就是所谓的“理一分殊”。因此，在实理的作用之下，万物与人类都表现出“实”的性状：

> 或问：“诚者，专意之谓乎？”子曰：“诚者实理也，专意何足以尽之？”吕大临曰：“信哉！实有是理，故实有是物；实有是物，故实有是用；实有是用，故实有是心；实有是心，故实有是事。故曰：诚者实理也。”③

① 《周易程氏传》卷第二，〔宋〕程颢、程颐著，王孝鱼点校：《二程集》，中华书局 1981 年版，第 822 页。

② 《河南程氏遗书》卷第二上，〔宋〕程颢、程颐著，王孝鱼点校：《二程集》，中华书局 1981 年版，第 30 页。

③ 《河南程氏粹言》卷第一，〔宋〕程颢、程颐著，王孝鱼点校：《二程集》，中华书局 1981 年版，第 1169~1170 页。

在程颐看来，心意之专一并不能包含“诚”的全部，“诚”从根本而言指的是“实理”，他的弟子吕大临借此发挥其师的学说，认为正是由此实理才造就出实在的物体，实在的功用，实在的心灵，实在的事情。朱光庭在称赞大程时总结了“诚”作为宇宙万物之“所以然之理”的本体意义：

> 大抵先生之学，以诚为本。仰观乎天，清明穹窿，日月之运行，阴阳之变化，所以然者，诚而已。俯察乎地，广博持载，山川之融结，草木之蕃殖，所以然者，诚而已。人居天地之中，参合无间，纯亦不已者，其在兹乎！盖诚者天德也。圣人自诚而明，其静也渊停，其动也神速，天地之所以位，万物之所以育，何莫由斯道也？①

总之，彻上彻下，从天地的阴阳变易到人类的性命德教，从形而上的道到形而下的器，无非是一诚实之道理的主宰与作用，此理就是“一本”，即“表示无论从主观面或客观面说，总只是这‘本体宇宙论的实体’之道德创造或宇宙生化之立体的直贯”②。在二程的思想话语中，此一本之实理还有众多异名，它是天，是帝，是天道，是太极，是太虚，是诚体，是神体，是

---

① 《河南程氏遗书》附录，〔宋〕程颢、程颐著，王孝鱼点校：《二程集》，中华书局1981年版，第331页。

② 蔡仁厚：《宋明理学·北宋篇》，吉林出版集团有限责任公司2009年版，第170页。

仁体，是中体，是性体，是心体，是寂感真几，也是於穆不已之体，它们之间虽有细微之差别，但皆为无妄之实理之化身自不待言。从宽泛的意义上看，将二程之理学视为“诚”学亦不为过。

二程以“诚”论实理、实物、实用、实心，这与佛道追求绝对空无而以理与事、心与情为本性之障蔽的倾向大异其趣，他们“以理与事为实有，即事可知理，即理而可以通于事，二程理一分殊的理事观与佛学大相径庭”①。二程由实理得出的结论必然是人要刚健有为、真实无伪地投身于社会实践中去，不消极避世，不推脱责任，不爱生而惧死，而是通过处理好君臣、父子、夫妇的人伦日用关系而感悟天地浑然与我一体、实理彻上彻下运行无碍的宇宙秩序。总之，在二程的本体论中，“诚”可以作为天理的代名词，只有天理才是最真实无妄的存在，天地人物、古今后世皆诚一于理，由理来支配。因此，人类的出路就在于以诚敬之心去感知、存续、践行这个实理。“诚”之于“理”的意义在于，它一方面赋予了“理”“极高明”的本体地位，这种地位体现为超越时空的绝对真实本性；另一方面，“诚”本身所具备的经验性情感的涵义又为儒者所主张的人类应当以天理为旨归并切实践行天理提供了一种可以把捉、可以获致的修养功夫体验，不至于使人陷入茫然无措的境地。

“诚”不仅是天理，还是人性、人道，是人之所以成为高贵个体的关键性质。程颐有云：

---

① 李旭然：《北宋四子的“诚”论》，西北大学2014年博士学位论文。

> 学者不可以不诚，不诚无以为善，不诚无以为君子。修学不以诚，则学杂；为事不以诚，则事败；自谋不以诚，则是欺其心而自弃其忠；与人不以诚，则是丧其德而增人之怨。今小道异端，亦必诚而后得，而况欲为君子者乎？故曰：学者不可以不诚。虽然，诚者在知道本而诚之耳。①

概而言之，性就是理之在人者，程颢说：“道即性也。若道外寻性，性外寻道，便不是。圣贤论天德，盖谓自家元是天然完全自足之物。”② 而所谓“道”又是实理，因此程颐说：“性即理也，所谓理，性是也。”③ 人之本性与命运皆源出于真实无妄之理，这就从根源上确保了人与天理的合一，与万物的一体。人与天地合德、与万物同体而仁而没有间隔的境界也被儒家称为“诚”，这个“诚”是上下、内外为一的，“此道与物无对，大不足以名之，天地之用皆我之用”④。从原初的意义上说，“诚”的境界是先天具有的，所以无须言“以

① 《河南程氏遗书》卷第二十五，〔宋〕程颢、程颐著，王孝鱼点校：《二程集》，中华书局1981年版，第326页。

② 《河南程氏遗书》卷第一，〔宋〕程颢、程颐著，王孝鱼点校：《二程集》，中华书局1981年版，第1页。

③ 《河南程氏遗书》卷第二十二上，〔宋〕程颢、程颐著，王孝鱼点校：《二程集》，中华书局1981年版，第292页。

④ 《河南程氏遗书》卷第二上，〔宋〕程颢、程颐著，王孝鱼点校：《二程集》，中华书局1981年版，第17页。

己合彼”①。只是进入后天以来，由于受到外物之干扰，人之本性受到了障蔽，因此就阻断了天人合一之“诚”的实现。因此，要想重回此种境界，就必须依靠人自身的努力，以“反身而诚”的方式来实现“自诚”，也就是“识仁见性”，重新获得万物一体、统一于实理（“诚”）的内心体验，诚于中而形于外，随处体认天理、时刻以实理为指引而投身于现实生活。可以说，“诚”的境界就是一种审美的境界，重在人内心超绝的体悟，也就是学者们常讲的“内在超越”。但是，这种超越又不全是宗教神秘性的仪式活动，因为儒家向来就不脱离现实的生存语境，他们认为只有在现实之中才能真正展现生生不息的实理运作。如果脱离了生存，实理就没有任何挂搭之处所，构成生命本性的潜能就无法显现为神奇的生化之功，也就无所谓仁，无所谓理，无所谓诚了。

从整个儒学发展的历程来看，二程以“实”论“诚”、以“诚”论“理”的哲学意义在于以“一本”的立场整合了天道与人道、自然与人文，改变了儒学之前形上学构造所出现的二元论甚至是多元论的局面。他们眼中的“诚”指向的是宇宙生

---

① 二程认为，诚合内外并不是真有内外之分、化育与参赞化育之别，而是天人无间，天理本已在人身，天人皆诚，生化不已。“人与天地一物也”（〔宋〕程颢、程颐著，王孝鱼点校：《二程集》，中华书局 1981 年版，第 120 页），更直接一些，则是“天人本无二，不必言合”。（〔宋〕程颢、程颐著，王孝鱼点校：《二程集》，中华书局 1981 年版，第 81 页。）此外，程颢对《中庸》“参赞化育”之“赞”也做了具体的解释，他认为，“赞”不是赞助的意思，而是参赞之义，还说“只有一个诚，何助之有”。（〔宋〕程颢、程颐著，王孝鱼点校：《二程集》，中华书局 1981 年版，第 133 页。）

生不息之理，此一实理作为最高范畴统摄了宇宙本体和价值本体，“从而为传统儒家思想提供了一个既超越又现世的、形而上的依据”①，这是对中国儒学乃至整个中国哲学的重要推进。

朱熹论“诚”，虽没有迥异于二程的论断，但在深度和广度上又较二程显得充实、丰富。与二程一样，朱子也把“诚”看作是表达超越、绝对之实体（“理”）的概念，他说：

> 诚，实理也，亦诚悫也。由汉以来，专以诚悫言诚。至程子乃以实理言，后学皆弃诚悫之说不观。②
>
> 诚只是实。又云：诚是理。③
>
> 诚者，至实而无妄之谓，天所赋、物所受之正理也，人皆有之。圣人之所以圣者，无他焉，以其独能全此而已。④

此“诚”既指实理，那么它就具备了天理的一切性质和功能。朱熹所论之理与二程无异，皆是指万物产生之本原：天地之间，有理有气，理乃形而上之道，生物之本；气则是形而下之器，生物之具。理与气二者虽然相即不离，但从逻辑上看，先有实

---

① 徐洪兴：《旷世大儒——二程》，河北人民出版社2000年版，第141页。

② 〔宋〕黎靖德编，杨绳其、周娴君校点：《朱子语类》卷第六，岳麓书社1997年版，第93页。

③ 〔宋〕黎靖德编，杨绳其、周娴君校点：《朱子语类》卷第六，岳麓书社1997年版，第93页。

④ 《通书·诚上第一》注，见〔宋〕周敦颐撰，梁绍辉等点校《周敦颐集》，岳麓书社2007年版，第64页。

理才有是气，理是气、事物赖以存在的根据。但是，理的存在却又不是完全脱离于世的虚玄，它必须需要一个安顿、挂搭、附着的方所，这个方所便是气。其实二程在解释《周易·系辞传》“一阴一阳之谓道”时就论述了道（理）是不能离开阴阳之气的运动变化的，同时，阴阳之气的运化规律是由道（理）所支配的，朱熹继承了这种理气关系之论断并更为明确地表述了出来。从理论上讲，朱熹理学所构建的“理—气”“形上—形下”的哲学系统既可以对抗佛道以虚空为本体所带来的视人生为幻妄的弊病，又可以弥补单纯谈气所带来的哲理性、涵括性欠缺的问题。① 理以其寂然不动、无造作、无计度的姿态展现了它作为真实本体的绝对与超越，而理又借助于由它所从出的可以动静变化、流行发育、凝聚造作的气形塑出万事万物。这里的事物，“既是自然界、物理的东西，也包括意识、精神、心理的东西”②，这些事物以气为中介而与实理相沟通，故也就禀赋了真实的意义。所以，朱熹才会说“诚”是“天所赋物所受之正理也”。理作为真实之原，故由其所主宰之物从本原的意义上看也都有真实的特性。

二、真实无妄的功夫

程朱理学所论之“诚”不会只停留在形而上的道体层面，它必须落实于人与物才会显现出意义。作为宇宙之中最为灵秀

① 当然，张载将气区分为太虚之气与阴阳之气两个层次是对气学此种缺陷的弥补。

② 张立文：《朱熹思想研究》，中国社会科学出版社 2001 年版，第 138 页。

的存在者，人皆有“诚”，也就是说人之本然之性乃源于天理之实性。同二程一样，朱熹也认为性乃是实理之具于人者，这就是“性理”，不过他以其理气论的哲学解释了“性即理”之所以成立的依据：“命，犹令也。性，即理也。天以阴阳五行化生万物，气以成形，而理亦赋焉，犹命令也。于是人物之生，因各得其所赋之理，以为健顺五常之德，所谓性也。”① 可见，性理的内容实为儒家所倡导的仁、义、礼、智、信“五常之德”，故“诚”也就是圣人之德。朱熹说：“圣人之德，浑然天理，真实无妄，不待思勉而从容中道，则亦天之道也。”② 可见，儒家的至善正是天之“诚”理，这无疑是继承了二程等人论证儒家价值体系之合理性的思路。在心性的内容中，朱熹也把“仁”视为根基性的观念，故亦有以仁为心之体的倾向。推而言之，仁就是实理，实理兼天人而言之，故仁亦有宇宙与人心的两面。钱穆说：“从宇宙界言，则理为主。从人生界言，则心为主。程门言仁，重于言理，忽于言心，朱子矫之，已如上述。言诚，亦同有此歧趋。”③ 依照钱氏的说法，二程论“诚”重在宇宙本体之论断，而不重人心之修养的层面，但实际上二程所论诚敬之功夫皆就心性而言，并非“忽于言心”。况且，在二程那里，实理就存于圣人心中，宇宙本体便是心之本体，二者没有明显的界限。可以说，二程与朱熹所论之“诚”皆是“合内外之道”，并没有明显的偏重。

① 〔宋〕朱熹：《四书章句集注》，中华书局1983年版，第17页。
② 〔宋〕朱熹：《四书章句集注》，中华书局1983年版，第31页。
③ 钱穆：《朱子学提纲》，生活·读书·新知三联书店2014年版，第86页。

谈到心性体段问题，便涉及修养功夫的确立。思孟学派“诚”思想的核心正是道德修养问题，它塑造了儒学中所谓“心性儒学”这一派别。“诚”即本体即功夫，“诚之”“思诚”“反身而诚”是心性儒学的路径依赖，如果说这些方式还显得笼统、抽象、模糊的话，那么与“诚”密切关联的治国九经、仁义之政及诚信之治便是“诚”的具体落实。程朱理学的“诚”功夫论皆不出上述内外圆融之范围，但在一些具体问题上，朱熹较二程的论述更为全面细致。其中需要特别指出的是，朱熹重视表里如一之“诚”。思孟学派之所以要注重阐发“诚”观念，在很大程度上源于当时整个社会政治环境所表现出来的虚伪不实的现实情形，特别是一些诸侯君主满口仁义道德但实际上表里不一，仁义对于他们来说很大程度上就是一个粉饰政治、欺骗舆论的幌子罢了，用孔子的话说就是“文”与“质”不符，用《中庸》的话来讲便是“内”与“外”不一。真与伪、虚与实的博弈一直存在于中国整个历史当中，宋明理学家们也试图与假仁假义相抗衡，这种虚假既有政治层面的，也有意识形态层面的。也正是基于这样一种考虑，他们才会对儒家“诚”观念大加阐发，希望人可以真正以本性之善来自觉自为而行事，而不是基于任何功利、权宜的考量。《孟子·尽心上》记载孟子的话说：“孟子曰：尧、舜，性之也；汤、武，身之也；五霸，假之也。久假而不归，恶知其非有也。”联系上下文及孟子思想之全体，笔者认为这段话中的“之”指的就是仁、义、礼、智四德，所谓“性之”是指基于全体之善性来推行仁义，“身之”则是指虽未达至诚但也依靠后天的努力而实践仁义，而“假之”则指依据功利的算计而以欺世盗名之心施行仁义。朱熹对于这些“窃其名以终身，而不自知其非真有”① 缺少内心之诚而只是停留于外在形式者持批判态度，他在诠释《中庸》“诚者物之终始，不诚无物”时说：

> 天下之物，皆实理之所为，故必得是理，然后有是物。所得之理既尽，则是物亦尽而无有矣。故人之心一有不实，则虽有所为亦如无有，而君子必以诚为贵也。盖人之心能无不实，乃为有以自成，而道之在我者亦无不行矣。②

这段话前半段是在讲“理”相对于“物”而言具有真实性、实在性，“理”是“物”存在之依据，故若没有“理”作为依据，则事物必定丧失其本质，即便它们表现出了外在之形体，也与不存在并无二致。后半段则将视角转移到人身上，就人之道德立言，可以说，在道德问题上朱熹是一个动机论而不是结果论者。根据他的表述我们可以推断，即便人的作为达到了善的效果，但如果人心没有实理之贯注，这些善的效果也就如同不存在。朱熹追求内外一如，即“表现于外在行为的‘仁’或‘义’，其必须依据内在的‘本然之性’，亦即‘天理’为其根源”③，只有这样“诚”之“真实”“无妄”“无邪”的价值内涵才能得以实现。

---

① 〔宋〕朱熹：《四书章句集注》，中华书局 1983 年版，第 358 页。

② 〔宋〕朱熹：《四书章句集注》，中华书局 1983 年版，第 34 页。

③ 藤井伦明：《朱熹思想结构探索——以“理”为考察中心》，台大出版中心 2013 年版，第 24 页。

人之所以会出现内外不一之不“诚”的情形，原因在于气质之性的扰乱，也就是私欲、人欲之私使然。朱熹相信人之本然之性乃真实无妄之天理所赋予，故它从根本上说是至善的；但是人的存在又必须借助于基于肉体的气质性要素，此气质之性多浑浊不清，是情感性、非理性的，对本然之性会造成干扰，使其不能原本地发显流露。朱熹说：“此常人之心，所以虽欲勉于为善，而内外隐显，常不免于二致，其甚至于诈伪欺罔，而卒堕于小人之归，则以其二者杂之故也。”① 这种夹杂着道德性原则与情欲性考虑的心理内容构成了人类活动的内部环境（即我们常说的“心情”），此“心情”就是人们思考问题、采取行动的心理动机。正是在这些动机的引导下，人的思虑和行为不能像圣人那般气质清纯，浑然天理，从容中道，全体皆善，而是“反身不诚”，这也就是孟子眼里的“假仁假义”。很显然，朱子论“诚”的目的就是让人们都能够表里如一，即从内在之动机到外在之行为都是本然之性理自在显发之结果，也就是本心之实未尝间断，无一息之虚妄：“问‘思无邪’。曰：不但是行要无邪，思也要无邪。诚者，合内外之道，便是表里如一，内实如此，外也实如此。故程子曰：‘思无邪，诚也。’”② 此思与行皆“诚”的结果便是借助于内里之善德而成就外表之善业，如此便是既“成己”又“成

① 〔宋〕朱熹：《中庸或问》，见朱杰人等主编《朱子全书》第六册，上海古籍出版社、安徽教育出版社 2002 年版，第 592 页。

② 〔宋〕黎靖德编，杨绳其、周娴君校点：《朱子语类》卷第二十三，岳麓书社 1997 年版，第 489 页。

物”，也就是思孟学派“诚之”“思诚”之功夫的最终目的所在。

三、结语

综上所述，可见程朱之“诚”论虽然仍在“实理（天道）—诚敬（人道）”的框架下展开，但朱子较二程更为详细、系统。当然，同为理本论体系下的“诚”学，他们所面临的责难和质疑也是一样的——天理如何实证？诚敬如何评断？同其他派别的宋明道学一样，程朱理学把天理设立为宇宙万物之主宰，其目的无非是要为儒家传统价值提供一种哲学上的论证。也就是说，他们试图借由天理的真实无妄来说明作为“人之道”的仁、义、礼、智的正当性，这种思路是试图由“实然”推导出“应然”的典型性错位。但是，错位不等于毫无意义可言，朱熹说：

> 盖在天固有真实之理，在人当有真实之功。圣人不思不勉，而从容中道，无非实理之流行，则圣人与天如一，即天之道也。未至于圣人，必择善，然后能实明是善；必固执，然后实得是善，此人事当然，即人之道也。①

由于圣人乃有专指，所以“人之道”之于常人的指引意义显得更为现实、重要。可以说，程朱之学中的“诚”学就是“实”

---

① 〔宋〕黎靖德编，杨绳其、周娴君校点：《朱子语类》卷第六十四，岳麓书社 1997 年版，第 1399 页。

学，它以人们对于实理的体知与信仰为前提，然后以实理确证实心，以实心安顿现实生活，同时又追求由现实之境向真实之境的复归，这是先秦思孟学派天人一体之“诚”学的丰富与发展。“诚”作为性与情的合一是朱子的心性论、性情论的核心，所以对于“诚”的论说并非一无是处的空谈，而是试图使整个社会开展切实有效的道德性实践活动而做的理论建构。但是从某种角度来看，这种多言天道性命的“实”学确实因其内向性色彩浓厚而显得不着边际，因此在当时就遭到了其他学派的批判，在这些批判的声音中尤以经世事功之学为最。

第三节　真切笃实的追寻：陆王心学之“诚”观念

与程朱理学将客观的“理”看作宇宙万物之本原不同，心学顾名思义就是将精神性的“心”视为独立存在之实体。陆王心学认为心外无物，此心此理归一无二，良知即本体。在这种思想倾向下，心学之“诚”观念表现出以诚心确证实理，以返归本心作为“诚之”“思诚”功夫，直接从内心实现天人合一之至诚境界的特色。

一、心外无诚与实行实事

陆九渊认同孟子的思想，即每个人的“本心”都包含着“良知”“良能”，此“良知”“良能”就是仁、义、礼、智等道德内容，用理学的话语来讲就是天理。朱熹也认为天理能够具足于吾身，即所谓的“性”，性乃实理之所赋，因此从根本上说人性是善的；朱子又认同“心统性情”之说，性乃心之本质，而情则是心的发用状态。虽然心与理之间有着非常密切的联系，但朱熹并不认同将理与心看作是同一个东西，而“心即理”却是陆氏有别于朱子的关键论断。在陆九渊看来，心与理是归一无二的关系，他所针对的就是程朱理学家们于心外又别求一理的倾向。此天理本就在吾心之中，宇宙万物之演化及法则皆出自方寸之间，因此“宇宙便是吾心，吾心即是宇宙”。而对于程朱理学而言，因为他们区分形而上与形而下两个世界，故将心与性看成是两个不同层次的东西，所以他们讲“性即理”而不言“心即理”。

如果说“理”是真实无妄的话，那么蕴含它的“心”必然也是实而不虚，那么“心即理”也就可以解释为实心便是实理，心外无“诚”。陆九渊将客观之“诚”（实）理与主观之“诚”（实）心合二为一，试图改变以“理”说宇宙法则和儒家伦理、将“心”作为感悟体认此“理”之内在灵明的传统观念，这种理论创造的主观目的在于让世人相信宇宙法则和伦理规范就存在本心之中，人类努力的方向应该是自我挺立本心，彰显本有之良善德性，无需向外求索客观之天理。从客观上说，宋代占据思想主流位置的乃是为儒家伦理道德提供宇宙本体论证明的理论倾向，无论是周、张还是程、朱，他们基本上都属于这个阵营，而陆九渊则另辟蹊径，以“心”代“理”其实是对“理”本身的一种弱化，而将关注的重心直接转向了德性的自觉与完成。现代学者陈钟凡认为陆九渊之学“乃以自我为其研究之中心，变前人客观的宇宙，而为主观的宇宙，启明代陈献章、王守仁自我主义之先声，实近代思想之一大转捩也”①。说陆九渊强调“自我”自不为过，但需要注意的是陆九渊构造出“主观的宇宙”的同时并没有否认“客观的宇宙”之存在，也就是说，他并没有以心之实有去否认理之实存，只不过主张要直接从心上下手去把握实理罢了。所以，陈来先生强调陆九渊之心学“不能归结为唯我主义”②。不容否认的是，在程朱理学之“理”日益成为一种思想束缚的时代背景下，陆九渊对于“自我”“本心”的强调会起到一种解放思想和精神的作用，给人一种清晰明快之感。

象山也看重儒家“诚”观念所体现出的“实”的精神，这或许可以称作另类的“实”学③：“宇宙间自有实理，所贵乎学者，为能明此理耳。此理苟明，则自有实行，有实事。”④“千虚不博一实，吾平生学问无他，只是一实。”⑤这种“实”学是

① 陈钟凡：《两宋思想述评》，东方出版社 1996 年版，第 262 页。

② 陈来：《宋元明哲学史教程》，生活·读书·新知三联书店 2010 年版，第 210 页。

③ 需要指出的是，因为宋明理学家们往往以“实”释“诚”，所以“诚”学最终往往会归结为“实”学。宋明理学家们所谓的“实”学与“明清实学”学派之“实学”是有差别的。杜维明先生曾指出：“除了实测实用的意义之外，在宋明儒学的传统中，实学至少有真实无妄，实有所指，在现实人生中可以发挥实际功能，能够体之于身而且现诸行事等内涵。”（杜维明：《陆象山的实学》，见中国实学研究会主编《实学文化与当代思潮》，首都师范大学出版社 2002 年版，第 113 页。）象山之“实”学显然属于后一种实学的范围。

④ 〔宋〕陆九渊撰，钟哲点校：《陆九渊集》卷十四《与包详道》，中华书局 1980 年版，第 182 页。

⑤ 〔宋〕陆九渊撰，钟哲点校：《陆九渊集》卷三十四《语录上》，中华书局 1980 年版，第 399 页。

建立在无限夸大思孟学派特别是孟子“本心”观念的基础之上，试图以本心即实理的论断从根本上融合主体自身的道德法则与万物客观的自然法则，这有别于程朱学派以实理确证实心的思路，更不同于陈亮、叶适等事功学派以功利效果作为“实”之标准的思想，而是直接确认主体与实体的合一，将一切事物和行动之“实”托付于本心真实的、超乎寻常的创造能力上。在“心即理”的思想之下，陆九渊将那些外向性的典籍教学、泛观博览、抽象玄思看作是“虚”的或者至少是非本真的获取真理的方式；在他看来，人们只有从思孟学派那里才能获得“明理”的方法，这个方法便是自存本心并持志涵养使其不再放失；在存得、涵养本心的过程之中，人类的一切活动自然符合天道、人道，所言所行自然真实而不虚伪。

二、知行合一与真诚恻怛

王阳明也以“心”为本体，他对于陆氏“心即理”的思想又做了进一步的说明。阳明认为天地运行发展之规律（也就是“理”）是常久不已的，日月更替、冬去春来都是在天道常理的主宰下发生和持续。对于人类来说，顺从此理便能亨通致福，反之就会招致灾殃。这个“常久不已”就是所谓的“诚”：“夫天地之道，诚焉而已耳；圣人之学，诚焉而已耳。诚故不息，故久，故征，故悠远，故博厚。是故天惟诚也，故常清；地惟诚也，故常宁；日月惟诚也，故常明。”① 此一天理看似具备真实

① 王阳明：《南冈说》，见《王阳明全集》（叁），线装书局2012年版，第205页。

无妄的客观性，但王阳明认为它不能离心而存在，天下无心外之事，更无心外之理：“心即理也。此心无私欲之蔽，即是天理，不须外面添一分。”① 心乃是“纯乎天理之心”，此心发用之处，实理自在流行，例如将心用在事奉父亲之事上孝之理便自然生出，用在事君上忠之理也会不请自来。总之，“心”一旦就位，“理”就自然显现，根本不需要从外部世界探求一个真实的道理出来。因此，作为“圣人之学”的“诚”的主体便是这个“心”，心“诚”则具万理，忠、孝、仁、义自然会实现。

反之，心若不“诚”，就不能回到纯乎天理的状态，自然不会显现为仁、义、礼、智的事实，所以王阳明一再强调“心外无物”。此“物”不专指具体的存在物，而主要指“事”，“心外无物”并不必然意味着王阳明否认事物的客观存在，而主要是强调心的在场性对于事物之成就的根本性意义。在道德事业上，圣人之学乃是“诚”学，“诚”则表里如一，内外贯通，但随着时代的发展，人逐渐受到各种诱导，心不能达到“诚”的境界，天理也就不能彰显，发而为事必然是伪饰狡诈盛行。心若不诚不实，纵有希圣希贤之模样，也无法改变巧饰诈伪之内质，长此以往便造成圣学不明而大道衰落。王阳明所针对的是当时社会存在的道德危机，在他看来，这种危机的产生很大程度上是源于士人将学习儒家经典当成是求取功名利禄的门径，而忽略了孔孟之学明德

① 王阳明：《南冈说》，见《王阳明全集》（壹），线装书局2012年版，第76页。

亲民之实质。一旦经典的文字只是作为记诵的材料和标榜自我的工具而不能真正发挥提升自我道德水准的作用，“衣冠禽兽”就会层出不穷了。如果说谈论仁义道德是在说明当时为数众多的士大夫们有所“知”的话，那么违背仁义、私欲旺盛则是他们所表现出来的实际上的“行”。很显然，此知此行是不一致的，“知”并没有显现为它应该有的“行”，“行”也并非来自语言文字上的“知”，行不顾言，言不顾行。这种知行不一的情形很大程度上是由当时整个社会的政治、文化体制造成的，王阳明并没有看到或者并不强调这个原因，而是将此种状况的形成归因于讲求功利之学说的侵扰。

除了上述这种情形，王阳明还描述了另外两种知行不一（“知行分作两件”）的现象：一种是在知与行关系问题上划分先后，特别是强调知先于行，这往往会使人缠绕于言语之间而离真理愈来愈远，并因此忽略了切实践行的环节；另一种则是基于将知行看作是两个层面的事情，故即便人之不善的念虑发动，只要它没有变现为一种行动，就不去禁止这些恶的念头。简而言之，笔者认为王阳明眼中的知行不一表现为三种形态：一是言行、表里之不一，言行不两顾；二是有知无行，空谈性理；三是认为知可以脱离行而独存，并因此放松对知的检视，任由妄念妄知潜行。针对这些现实状况，王阳明特别提出了“知行合一”的思想：

知之真切笃实处即是行，行之明觉精察处即是知。知行功夫，本不可离。只为后世学者分作两截用功，失却知

> 行本体，故有合一并进之说。真知即所以为行，不行不足谓之知。①
>
> 我今说个知行合一，正要人晓得一念发动处，便即是行了。发动处有不善，就将这不善的念克倒了，须要彻根彻底不使那一念不善潜伏在胸中。此是我立言宗旨。②

阳明“知行合一”论的核心旨归就是反对空言，提倡力行，鉴于知行不可决然二分的立场，他还特别强调对于“知”的正确引导，以确保“行”之正当性。

笔者认为，虽然阳明没有明言，但他对于“知”与“行”的根本规定其实就是“诚”，我们可以通过对“行之明觉精察处即是知，知之真切笃实处即是行”的分析来说明这一点。他曾以孝悌为例说明什么是“知”和“行”：人应当去孝去悌属于“知”的范畴，此“知”就是一种道德的良知；人能否做到孝悌则属于“行”的范畴。他还提出“知行本体”的概念，所谓“本体”就是自性，而“知行本体”就是指知与行本然的规定性，即二者所自然而然体现出的性状，例如“见好色—好好色”“闻恶臭—恶恶臭”就是两种“知行本体”的表现形式，他解释说：“只见那好色时已自好了，不是见了后又立个心去

① 王阳明：《答顾东桥书》，见《王阳明全集》（壹），线装书局2012年版，第120页。

② 王阳明：《传习录下》，见《王阳明全集》（壹），线装书局2012年版，第175页。

好。……只闻那恶臭时已自恶了，不是闻了后别立个心去恶。”①这个“知行本体”就是阳明后来着重强调的“良知良能”，正是在本体、良知之上他才说“知行合一”，言外之意便是本体被遮蔽与良知被泯灭就会造成知行不一的情况。造成这种遮蔽和泯灭的原因被他归结为“私欲隔断”与心外求理，因此在私欲的诱引下而获取，以及在心之外求取的“知”便不是真知，那么它就是假知，假知就是未知、无知；同样此假知、未知所发动的行为也不是行之本体，而是冥行妄作。因此可以说：“知行合一，知真而行切；知行分裂，知伪而行销。合而两存，既迁善又改过；离而两息，既不能迁善，亦不能改过。”② 因此，知行合一论对知、行的内在要求便是真切，即阳明所谓的“明觉精察”与“真切笃实”。此“明觉精察”源于《中庸》“诚明”论中的“明”，而“真切笃实”则属于“诚”的范畴，“诚”“明”并进的主张是为了确保人从一念发动之始到开展实践活动之时都能有真心、良知作为引导，使所明之理真实无妄地内化为自己的道德认知，并切实地展现为行动。从《中庸》“诚则明矣，明则诚矣”的“诚明合一”到王阳明的“知行合一”，二者所强调的重点虽有所差别，但它们都贯穿着儒家知行并重的思想，并且此知此行必须是源于天道本性的良知善行。在此基础上，笔者认为，我们应该借鉴文学中互文的修辞手法来理解“知之真切笃实处即是行，行之明觉精察处即是知”这句话：

---

① 王阳明：《传习录上》，见《王阳明全集》（壹），线装书局 2012 年版，第 77 页。

② 张祥浩：《王守仁评传》，南京大学出版社 1997 年版，第 316 页。

“知”和“行”都要“明觉精察”（“明”）、“真切笃实”（“诚”），所“知”明达实理才能确保所“行”真实无妄，所“知”真实无妄才能确保正道直“行”，所“行”明察义理说明有真“知”作为主宰，所“行”真切笃实意味着真“知”已然成行。总之，知中有行，行中有知，知行皆需诚、明。不过，知行的诚、明最终还是要依靠心之诚、明：“若知时，其心不能真切笃实，则其知便不能明觉精察；……行之时，其心不能明觉精察，则其行便不能真切笃实。”① 所谓心的明察、笃实就是本心没有受到遮蔽而是真实地展现天理，所以阳明说“求理于吾心，此圣门知行合一之教”②。心诚则明，心明则诚，心做到了诚、明则真知正行相互促进，流行无碍，道德事业才得以真实无伪饰地完成。在“诚”与“明”二者之间，“诚”无疑更为根本，这是因为，只要心“诚”善恶便自然显明，人就无需再去着力追求一个明察的功夫。

王阳明的知行合一之说虽然意义重大，但由于分知分行传统观念的根深蒂固，再加上这种理论本身也存在着过于抽象的特点，就连王门弟子对于此种论断也不甚明。因此，江右以后王阳明就很少再提知行合一之说，而是转而着重阐发其“致良知”之论了。孟子曾以孺子入井等事例说明人有道德的良知、良能，王阳明特别看重此一良知，将其视作与心为同一的概念。

---

① 王阳明：《答友人问（丙戌）》，见《王阳明全集》（壹），线装书局2012年版，第307页。

② 王阳明：《答顾东桥书》，见《王阳明全集》（壹），线装书局2012年版，第121页。

心的本质属性就是良知，人之恻隐之理不在孺子本身，而来源于吾心之良知。良知首先是一种“虚灵明觉”的道德能力，类似于康德所谓的实践理性，它最大的特点在于自身能够直觉（即不假思维）判断善恶，并引导人们趋善避恶，正所谓“知善知恶是良知”，它是道德的原初可能性与内在发动力。从这个意义上说，良知就是天理，就是本心，就是道：“良知是天理之昭明灵觉处，故良知即是天理，思是良知之发用。”① 当然，“致良知”与“知行合一”在根本宗旨上是一致的，只是前者显得更为清晰明了，它将阳明心学的根本内容直接地展示出来，那就是通过直觉人内心之良知良能最终成就内圣外王之事业。

良知既然就是天理，那么它与天理一道必然是真实无妄的，由于加入了心理性的因素，王阳明就将良知的真实性称作“真诚恻怛”：“故致此良知之真诚恻怛以事亲便是孝，致此良知之真诚恻怛以从兄便是悌，致此良知之真诚恻怛以事君便是忠，只是一个良知，一个真诚恻怛。”② 但是，“真诚恻怛”也是一种理想状态下的必然性，人心一旦落入现实情境就不得不面对各种因素的影响，很多情况下这些影响都是消极性的，它们会影响良知“真诚恻怛”之善性的实现。于是，阳明才特立一“致”字来标示对于“真诚恻怛”的不懈追求。“致”在孔子那里是“至”的意思，他说“君子学以致其道”（《论语·子

① 王阳明：《答欧阳崇一》，见《王阳明全集》（壹），线装书局2012年版，第149页。

② 王阳明：《答聂文蔚（二）》，见《王阳明全集》（壹），线装书局2012年版，第161页。

张》)，在朱熹那里则有“极”“尽”的意思，而阳明“致良知”之“致”则主要是推广、扩充的意思，这受到了《孟子·公孙丑上》“凡有四端于我者，知皆扩而充之矣”的启发。但是需要指出的是，阳明“致良知”不仅是对于本然之善性（即“真诚恻怛”之本体）的扩充，“而且有从本体到功夫，以功夫复本体的双重意义”①。也就是说，“致”既指向了本体，又指引了功夫，即功夫即本体。但是“致良知”作为一种功夫只是一种指导性的总原则，它显得有些粗疏而不易着手，因此，王阳明还需要确立一些更为具体可行的方法来保证“致良知”的实现。王阳明认为，良知的作用有两种形式：“良知明白，随你去静处体悟也好，随你去事上磨炼也好，良知本体原是无动无静的。”②这也就意味着，“致良知”大体上也有两种进路——一种是向内的反省体悟，一种是向外落实于具体事物。当然这两种进路也不应是分离的，而是需要同时进行。经过分析可以发现，“致良知”的功夫中很多都与“诚”关系密切，要么直接就是“诚之”“思诚”的具体表现形式，要么就是“诚”功夫的衍生品。总之，“致良知”的功夫就是“各依自家良知所及，自去其障，扩充以尽其本体”③ 的过程。王阳明将儒家“格物”“明善”“诚意”“诚身”“居敬”“穷理”等一系列修养功夫论范畴全都

① 张祥浩：《王守仁评传》，南京大学出版社 1997 年版，第 361 页。

② 王阳明：《传习录下》，见《王阳明全集》（壹），线装书局 2012 年版，第 184 页。

③ 王阳明：《与杨仕鸣》，见《王阳明全集》（壹），线装书局 2012 年版，第 285 页。

纳入其“致良知”的体系之中，归结为一种回归本心良善之体而成就仁义忠孝德业的“反身而诚”“知行合一”的功夫。可以说，阳明之学是彻底的心学，也是彻底的诚学。

三、阳明后学与“诚”学的异化与再生

1.“百姓日用”与“童心”之说：“诚”学的异化

阳明之“诚”学的前提是本心、良知的存在，就是将集道德判断和道德意志于一体的先验化的能力作为人之为人的本质属性，“诚”学的根本追求就是使在现实生活中异化了的人们重新找回人之为人的本质属性，重新成为一个德性主体。而同属浙中王门的王畿和钱德洪都曾受到王阳明的器重，但他们对于其师思想的理解就已经出现了重要分歧：王畿强调良知作为心之本体的属性，将功夫集中于对于这个变动不居的本体的体悟，提出了所谓的“四无”之说，最终与禅无异；钱德洪则更关注心的已发层面，倾向于只在事物之上实心磨练，也就是阳明所谓的“格物”之功。二者违背了其师以知行合一、体用一如言良知之教的思想特色，走到为阳明所着力批判的分知分行的道路上去了。

在泰州学派的王艮看来，人对于身家性命的爱就是良知良能，在热爱自己身体、性命的基础上人才能推己及人地爱别人的身体、性命。王艮进而指出，明哲保身乃是万物一体之道，更是成己成物、内圣外王之道。在此基础上，他将格物致知、反己自修全部归结为安身、尊身，认为对于身体的安顿与尊重是一切修养功夫及外在事功的根本，这就与阳明将格物归结为“诚意”大相径庭。王艮还将“百姓日用”与“圣人之道”等

同，这就与阳明“诚意”之学所内涵的存理去欲产生了分歧，同时也是对儒学所逐渐凸显出来的为了追求天道实理、本心良知而有意克制人类的情感欲求的倾向的反拨。

王艮之后，王襞、颜钧、何心隐、罗汝芳等人创造出了各具特色的理论内容，但大致来说他们都表现出了程度不同的崇尚个性、肯定欲求、否定传统的思想倾向。他们以“百姓日用即道”，非常重视对于普通百姓的教化，在下层社会中传播“安贫乐道”的思想，并以类似于禅宗随机指点的方式启发愚蒙。泰州学派对于理欲之防的松动实际上就是对儒家传统“诚”观念所追求的至善无欲境界的反动。如果说这种反动能够保持在合理限度之内的话，那它可以算作是一种思想上的进步，但是当一群具有“狂者胸次”的知识分子带领群氓投身于“思想解放”事业时，那种物极必反情形的出现似乎也就是时间早晚的问题了。事实上，“泰州之后，其人多能以赤手搏龙蛇，传至颜山农、何心隐一派，遂复非名教之所能羁络矣”①。更有甚者，在走上了沉溺于酒色财气的“狂荡”之路后，还不忘以“不碍菩提路”作为虚伪的借口。这种禅学化、放荡化、玄虚化的思潮于情于理都不能称之为“诚”了，即便有再多的自由因子也不足称道了。

深受泰州学派影响的李贽反对程朱理学家们言行不一、表里不一的“诚”说，认为理学家们缺少的正是一颗诚实无妄的“真心”，这个“真心”又被他称为“童心”。李贽“童心”说

---

① 〔明〕黄宗羲著，沈芝盈点校：《明儒学案》卷三十二《泰州学案一》，中华书局2008年版，第703页。

相较于泰州学派对儒家传统道德本位立场的反拨更为彻底，此“童心”之真之诚不再依赖天道实理之生生不息，同样，对于“童心”的归趋也不再依赖外向性的从事物上体察天理或者内向性的体验至善之本体。人类自然的性情具备了独立而又正当的地位，或者可以说个体的本真存在相较于超验性的本质而言具有优先性。在李贽看来，人不应是抽象义理的实践者，也不应是宗法等级关系的附着物，人“不必矫情，不必逆性，不必昧心，不必抑志”①，人的存在要顺应个体情感的自然流露而不加伪饰，要依照本真之性的自由发展而不可违逆，要保持童心真心的真实发用而不能障蔽，要根据内在意愿的自在趋向而不必抑制。杨国荣教授指出：“在李贽那里，情、志等非理性的方面被提到了更高的地位，个体的自由伸张已开始取代内圣之境的单一追求。”② 笔者认为，这可以算作是虽同样追求真实无妄之境界但更多地是追求心、性、情、意自由自在显发的启蒙性“诚”观念。

总之，明代中后期以后，自然人性论、理欲合一论逐渐占据了思想界的主导地位，这无疑是社会进步与思想解放的表现，同时也意味着儒家传统“诚”观念面临着解体的命运——要么将功夫局限于对于道德本体的直觉体验而妄图依赖良知的自行发用成就一切善德善业，其结果必定流于空虚无着；要么试图

---

① 〔明〕李贽著，夏剑钦校点：《焚书》卷二《复李渐老书》，岳麓书社 1990 年版，第 82 页。

② 杨国荣：《心学之思——王阳明哲学的阐释》，生活·读书·新知三联书店 2015 年版，第 272 页。

消除先验道德本体对于人的主宰与限制，从而释放人类自然的、真实的欲求，此种思想倾向发展到极致便极可能使儒家“诚”观念中的道德理想主义内容褪尽。

2. 慎独与诚意：“诚”学的再生

面对上述的思想动向，晚明儒学大师刘宗周又试图做出扭转的努力。蕺山笃信阳明良知之教，但又深切洞察到王门后学流于狂禅的弊端。因此，他特倡“慎独”“诚意”之说作为“致良知”的补充，目的在于通过回归并增强克己的功夫来扭转阳明后学之偏颇。

笔者认为，蕺山之学的根本宗旨便是为心学重新注入“诚”“实”的要素，或者说是重新找回儒家传统“诚”的精神。在“诚者”的层面，他借鉴程朱理学关于理气关系的论断，将“理”看作是决定宇宙万物存在的本体，但又指出“理”不是一个孤立的精神实体，它不可离“气”而独存，“理即是气之理，断然不在气先，不在气外”①。如果刘宗周停留于此，那便与程朱之学无异了，实际上他又基于“心即理”的心学立场而将理气归本于心中。简而言之，他之所以要如此处理“理”与“心”的关系，目的在于以理、气的客观性质使“心”更具客观性与条理性，从根源上确保心性之学不至于流为空谈。此外，他又强调“性”的存在，此“性”即“心”之本质，陆王心学由于过于看重心体、良知的意义而对性体有所忽视。蕺山一方面重新突出“心”之“性”的地位，将“性”看作“心”之道德属性的显现；另一方

① 《语类》十二《学言中》，见吴光主编《刘宗周全集》（第二册），浙江古籍出版社2007年版，第410页。

面，他又将“性”与“理”联系起来，认为“性者，心之性也。心之所同然者，理也”①，这无疑又是确保心性不流于虚无的理论性说明。总之，经过蕺山的改造之后，“心学更显刚性及充实，道德实践亦更有着力处”②。

从“诚之”“思诚”的角度来说，刘宗周虽然吸收了理学和气学的思想资源；但从根本上讲，他还是属于心学的阵营。他认为求道之根本莫先于求心，此“心”就是陆王心学所谓的本心。为了求得这个本心，他先是提出了“慎独”的主张。“慎独”是儒家传统的修养功夫，但是蕺山对这个功夫做了全新的阐释。在他看来，“独”并非仅指为自己所独知的隐微境遇，而应是作为人之本质的心体和性体的统合。因此，他将“慎独”看作是尽性之学，也就是明人心本然之善并推致之的心性修养功夫，他认为这与《论语》《孟子》中非礼勿视、听、言、动，以及“求放心”、程朱理学的“敬”的功夫都是一致的。总而言之便是：“独之外，别无本体；慎独之外，别无工夫。”③ 很显然，这个“慎独”就是阳明所谓的“致良知”。蕺山认同阳明从动静、知行合一的角度去践行推扩良知的功夫，而不像王畿那样完全依赖内向性的“悬空求觉”之本体体验。从“无事”而“静”的角度来说，“慎独”就是存养本心、良知的功

---

① 《语类》九《原性》，见吴光主编《刘宗周全集》（第二册），浙江古籍出版社 2007 年版，第 280 页。

② 张岂之主编：《中国思想学说史·明清卷》（上），广西师范大学出版社 2008 年版，第 246 页。

③ 《语类》十《中庸首章说》，吴光主编《刘宗周全集》（第二册），浙江古籍出版社 2007 年版，第 300 页。

夫；从“有事”而“动”的角度来说，“慎独”就是省察、检视的功夫。总之，高妙的本体与现实的功夫相即不离，“慎独”就是通过存养、省察来上达天德、穷尽善性的过程。蕺山“慎独”的主张目的在于对阳明后学有所放逸的内心世界重新加以收束，用具有客观必然性的道德法则主宰人类的思维活动和实践活动，使人从内而外都能远离流荡诞妄、悬空蹈虚、恣纵情欲之不“诚”情形，以此改变王学逐渐展现出的以绝伦离类来求真空的异化现象。

在论述先秦“诚”观念时，笔者一再强调儒家所谓的“慎独”如同“诚意”，而刘蕺山就是这样处理二者之关系的。我们知道，儒家以“不自欺”释“诚意”，但是此“意”往往是指人心与外物接触之后所产生的经验性的意念，王阳明就说“有善有恶意之动”，因此“诚意”往往强调使“已发”之“意”归止于善的功夫。但是对于善良本性的坚守绝不仅仅针对“已发”而言，于是蕺山又通过对“意”的重新诠释而赋予了“诚意”与“慎独”同样的意义。在他看来，“意”就是心之本性所在，它犹如良知，就是作为“诚者”的天道赋予人类的知善知恶而又好善恶恶的纯粹意志，“意者，至善之所止也”①。此“意”不再是有善有恶的经验性意念活动②，而成为先验性的道

---

① 《语类》十二《学言上》，见吴光主编《刘宗周全集》（第二册），浙江古籍出版社 2007 年版，第 390 页。

② 刘宗周将王阳明所谓“有善有恶”的经验性之“意”称为“念”。如果说“意”是良知好善恶恶的自觉意向性活动的话，那么“念”则是感物而动的随机性、偶发性意欲与情感活动，它虽也有好恶，但因其所好所恶乃是基于个体的非理性情欲而常常表现出“罔于理”的倾向。

德本体，乃是一种“主宰性或自觉之定向能力”①。这个本体又被蕺山称为“诚体”：“意根最微，诚体本天；本天者，至善者也。”② 而“诚”即体即用，针对“意”的“诚”功夫就是为了回归本原之善，这又叫“知本”。此“意”一“诚”（也就是真实地展现出来），则内圣外王、成己成物便会自然实现。

需要着重说明的是，在刘宗周看来，既然王阳明认为“意”有善有恶，那么讲“诚意”便如同说善恶皆求其“诚”：“如谓诚意即诚其有善有恶之意，诚其有善，固可断然为君子；诚其有恶，岂不断然为小人？吾不意良知既致之后，只落得做半个小人。”③ 这表明他错误地理解了阳明“诚意”论的本意，因为在后者看来良知乃是好善恶恶的先验能力，而人之意念、意志等心理活动（“意”）则因其经验性而并不能够全然依循良知所知之善的方向，也就是说，“意”乃是有善有恶的。在“意”之前加一“诚”字并非要使恶的“意”也要“诚”，而是试图去除“意”之中恶的成分的努力，这也就是使意志纯化而遵循良知之定向的修养功夫。当“意”达到“诚”之状态时，它自然好善恶恶。总之，在阳明的思想中，正是良知的知善知恶功能作用于“意之动”处时而格其不正以归于正，最理想的状态就是纯正不杂，也就是“诚”。这也就说明了致良知、格物、诚

① 劳思光：《新编中国哲学史》（三下），生活·读书·新知三联书店 2015 年版，第 441 页。

② 《语类》十二《学言下》，见吴光主编《刘宗周全集》（第二册），浙江古籍出版社 2007 年版，第 453 页。

③ 《语类》十二《学言下》，见吴光主编《刘宗周全集》（第二册），浙江古籍出版社 2007 年版，第 445 页。

意等在阳明心学中实现了贯通。刘宗周与王阳明思想之差别的关键在于他将本属于良知的好善恶恶能力归于“意”，“意”也变成了一个具有根源意义的主宰性观念，甚至“良知”也被收入“意”中，“心中有意，意中有知”①。但是，他又不得不解释“恶”的来源问题，于是又分别“意”与“念”，最终还是回到了如何处理“意动”“已发”的问题上，颇有叠床架屋之感。与阳明“致知”落在“诚意”也就是使意志、意念等心理活动归于良知之方向但并不尝试消除此“意”不同的是，“蕺山既分‘意’与‘念’为二，遂以念之生起为一病，而有‘化念归心’之说”，并表现出了“纯重内敛，喜言主静”② 等特色。如果顺着此种致思方向来推断的话，我们似乎很容易得出蕺山对“情”必然会持有一种排斥的态度，但事实上他将“喜怒哀乐”视为“独体”所本有的能力，还将其与“仁义礼智”“元亨利贞”相配，而非像大多数理学家那样以“已发”论情。这种思路的不合理性自然比较明显，但是，这也体现了他试图将性情合二为一、以理性净化情感的追求。其实不惟是性情的合一，刘宗周思想的一大特色就是试图将前人做分别、对立处理的观念融通为一，其中既有对理与气、心与天、道与心等存有论、本体论内容的合一，又有对存养与省察等修养功夫的合一。这种融合性的努力的最终目的是通过重新挺立心体、

① 《语类》十二《学言中》，见吴光主编《刘宗周全集》（第二册），浙江古籍出版社 2007 年版，第 417 页。

② 劳思光：《新编中国哲学史》（三下），生活·读书·新知三联书店 2015 年版，第 444 页。

性体的主宰而将一切功夫收束到对于本然之善的遵循上。我们知道，阳明后学要么以心、知、意、物皆无善无恶从而抽取实践理性的内容，要么以自然性的情感知觉作为“现成良知”来对抗传统的道德价值，这就会给世人造成一种冲击礼教、颠覆理义、混淆是非的印象。刘宗周的理论主张正是对这些情形的回应，他试图重建道德理性主宰个体情识的内在秩序，抑制非理性的情识对于理性本体的僭越，“将时代的理论注意重心引向了人之为人的普遍本质，表现了对理性与人道的庄严维护”①。

从总体来看，刘宗周虽然在一些具体问题上有所创新，但他并没有突破程朱理学与陆王心学的范围，其与“诚”相关的思想也不过是王阳明良知教的翻版而已。但是，在王学末流思想走到空虚荒诞的道路上时，蕺山集众家之长而形成的理气心性论，以及“慎独”“诚意”说不仅使心学重归平实，而且更重要的意义在于呼唤世道人心重新回归儒家以“诚”观念为核心的理想道德境界，重新重视积善成德的道德修养。不过，蕺山的主张也难以消除心学自身的逻辑困难，用没有坚实的依据、几乎全部依赖直觉体悟和虔诚信仰的良知良心来确保整个政治、社会都能维持一种和谐、美善的秩序，无论如何都是一种很难实现的理想。以“诚”为核心的“天人合一”式的儒学道德哲学体系发展到明清时期已经愈发显得无力，但是儒家学者在短时间内还很难推翻它，并且随着满人入关，儒学作为一种统治

① 杨国荣：《心学之思——王阳明哲学的阐释》，生活·读书·新知三联书店2015年版，第286页。

意识形态反而又表现出了兴盛的姿态。但无论是明末清初讲求事功习行的实学思潮的兴起还是晚清“师夷长技以制夷”式的“中体西用”论调的盛行，它们都说明了单靠“人心”追逐“道心”、坚信“内圣”必然开出“外王”的道德理想主义已经不能解救中华民族所面临的困局。

余论：儒家“诚”观念的得失及其对当代儒学发展的启示

“诚”观念贯穿儒学发展的始终，由于它是说明天与人之间相互连通的核心概念之一，因而在儒家哲学中处于非常重要的位置。结合前文的论述可知，“诚”是一个具有多层含义的范畴：上层指向了“真实无妄”的天道实理，中层指向了人之良善德性，下层则作为一种具体的道德伦理规范。这三个层次的含义是互相交融的：天道以其“诚”之本性而引导人要在趋向“诚”的过程中（即“诚之”“思诚”）实现本性的具足，人在追求“诚”的精进途程之中也随时随地依据善良的本性显现出符合伦理道德的行为，最终为儒家成己成物、内圣外王的终极理想奠定主体一端的基础。经过这样的理论建构之后，儒家所信仰的天道（实然的客观之理）与积极投身的人事（应然的价值准则）实现了看似完美的合一，这也就是儒家“诚”观念所涵括的基本要义。

儒家“诚”观念体现了儒家追求真诚情感与体悟真实本体的思维倾向：情感之真不离道德之善，“诚”就是善；善又由天道诚体所启示，宇宙本体寓于人之心性之中，人类进德修业具备原初的可能性；儒家借由“诚”观念的建构说明了天与人之间和合一体而又同归真实的关系，无论是情感之“诚”还是本体之“诚”，它们都是为了确保儒家伦理道德能够真正于社会之中得到圆满的践行。因此，无“诚”则仁义必为虚语，无“诚”则“道”路必然不能贯通，无“诚”则“乐”亦无所由生。总之，无“诚”则儒不成儒。

第一节　儒家“诚”观念发展的基本线索及其得失评判

在先秦，儒家思想表现出这样一些倾向：在对于宇宙、自然的认识上，儒家采取了一种确认性的思路，承认它们的客观存在，并进行了现象与常道的划分，也就是希望找到现象背后的本质规定性；在宗教信仰问题上，原始儒家对于礼乐文化的推崇并没有仅仅停留在形式的层面，他们更强调礼所包含的尊天、敬祖、诚祭等内容，其间无不体现着对于礼乐之践行者虔诚情感的要求，以及对于天人可以感通的信仰，这也就是儒学具备一定宗教性、超越性的根源所在；在社会政治问题上，以孔子为代表的儒家一方面力图淡化虔诚感通的神秘因素，将关注的中心由天道转向人道，另一方面又特别强调真诚忠信的道德心理对于形成道德政治、良序社会的重大意义，形塑了儒家敬德重民思想、内圣外王精神的样貌与规模。这几个层面的问题被归结到“天道—人道”的架构当中去，形成了儒家致思的基本路径，孔子在这方面无疑具有典范意义。

孔子及七十子所面临的最大社会背景就是“礼坏乐崩”所带来的人伦的失序，虚伪的丛生，是非的淆乱。孔子已经开始着手解决这个问题，但他更多地是从形而下的道德规范层面着手，没有起到多么强烈的警众之效。子思及其后学继承孔子的遗志，从诉诸天道着手，试图构建一个以天道为依据的真实无伪的人道秩序，这个人道秩序的具体内容就是儒家的伦理道德规范。这也就意味着，思孟学派最大的理论兴趣就在于从理论上论证儒家伦理道德的合理性、合法性，进而也合乎人之本性。“诚”观念被他们定位为既是一种天道的本质规律，又是一种人道的当然之则。而“诚”从本质上讲首先是一种情感，所以思孟学派“诚”思想的特色就在于将主体的情感客体化，将经验的内容本体化，将个体的体验普遍化。“诚”观念的展开是在“天道—人道”的框架之下进行的，而思孟学派对原始儒家的重大转折就体现在对于天人关系的新论述上。

思孟之后，荀子是先秦儒学发展历程中极为重要的人物。荀子有强烈的正统意识，他批判以思孟学派为代表的儒者，试图从根本上扭转儒学发展过程中出现的偏差，重新回归儒学初创时期投身于具体生活、追求真情实感、注重礼乐教化的精神。孔子仁礼并重，建立了一个内求仁义、外遵礼乐的道德哲学体系，对于玄远的天道秉承一种理性精神，试图与之保持一定的距离；子思在继承孔子仁、礼之学的同时，也颇为关注喜、怒、哀、惧等自然情感的真实展现，不过其学派内部逐渐倾向于用真诚的道德情感去限制人类的自然情欲，由此创造出一个着重阐发心性内容的哲学体系；孟子继承了子思学派这种思路并有所发展，他明确提出性善论的主张，是对儒学心性内容的一种确定，这对于儒学之后的发展影响甚为深远。可以说，为孔子所罕言的天、道、性、命等形上观念在思孟学派的思想中变成了大谈特谈的热门话题，这意味着儒家经验性的人伦法则已经逐渐获得了先验的“根据”。荀子则直接以子思、孟子为批判对象，他对思孟学派因奢谈人性与天道而表现出来的心性化、内在化、神秘化、宗教化的趋向不满。他认为思孟之学中存在着逻辑上的困难与思维上的混乱，已经偏离了儒学的正统。因此，他试图拨乱反正，希望通过一条学习诗书礼乐、践行圣王礼法，以及回归道问之学的途径体认大道。因为思孟学派的理论是建立在以“诚”为核心的天人合一思想基础之上的，所以荀子也从重建天人关系入手试图革除思孟学派思想的流弊。可以说，荀子的思想很大程度上就是对思孟学派以“诚”为核心的天人关系论说的批判与改造。荀子在对思孟学派进行批评的同时，也重建了儒家的“诚”观念，他的新“诚”学最大的特点就是试图切断天道之“诚”与人道之“诚”的合一关联，着重强调在人道的层面上对于礼法的忠实信守。荀子所建构的颇具智识主义色彩的另类“诚”道在相当长的时间内是作为中国哲学的潜流而存在的，它发挥着非常重要的矫枉作用，特别是在防止天人合一之学过分滑向神秘、直觉、感应的层面上，它功不可没。

在汉代天人感应、阴阳灾异、谶纬神学的体系之中，“精诚感应”的观念是其精神内核。汉代“诚”观念的建构继承了先秦“诚”学的基本理路，但其神秘性、政治性更为突出。这一方面成为汉代统治者确立合法性的借口，另一方面也有助于知识分子借由天道来限制专制王权。但是，对于“诚”的过分强调往往会走向它的反面——虚妄不实。因此，汉代一些颇具理性精神的思想家对由“精诚感应”所造就的阴阳灾异观念展开了系统的解构，试图剔除附着其上的虚伪性和欺骗性的成分。

儒家“诚”观念所附着的本体论内涵在先秦至汉唐之间并没有得到充分展开，而在宋明理学中则大行其道，正是对于作为“诚者”的“天道”存在不同的本体论诠释，宋明儒者们才创建了理学、气学、心学等新儒学系统。在宋明理学中，“诚”的基本含义是“真实无妄”，它既指内心真诚无妄的状态，又因其作为“天道”的本质而与新的本体论结合起来。宋明理学较先秦儒学的重要发展在于它将含混不清的“天道”论说转变为更为清晰统一的本体论断：理本论将“理”视为“诚者”（真实的存在），心本论以“心”为诚，气本论则把“气”看成是最根本、最真实的存在。笔者认为，它们都是用先秦思孟学派“诚”观念架构的“旧瓶”所装的本体论“新酒”。儒家“诚”观念的特色还在于它是即本体即功夫的，思孟讲“诚”是天道，在宋明儒家看来理、心、气就是天道；“诚之”或“思诚”是人道，到了理学家那里人道就变成了格物穷理、诚意居敬、致良知、存诚尽性等修养功夫。与思孟学派相比，宋明儒者关于“诚”的论述越来越精深玄妙，但并没有跳出思孟学派独断性、信仰化、神秘性、直觉性的窠臼。但是，“诚”学本身所蕴含的求真务实、表里如一、知行合一的精神无疑对于人类建立良善的政治、社会、生活秩序具有积极的意义。

“诚”观念体现了儒家在自然与人生等诸多问题上的思考与智慧：在对宇宙、自然的认识上，儒家以“诚”来确认它们的客观存在，并试图区分可道世界与常道世界，追求最真实的存在者，探究现象背后的本质；在宗教信仰问题上，“诚”观念的提出体现了儒家对于虔诚精神的提倡，对于天人可以交互感通的信仰，这成为儒家宗教性、超越性的理论根基；在社会政治问题上，“诚”是儒家仁善政治的必然要求，也是民本思想、敬德意识的根本保障；在儒家哲学体系的建构问题上，孔子对于儒学的建构是在“天道—人道”的理论话语之下展开的，而思孟学派正是抓住了这条天人一体的主线，将“诚”打造为天人话语的枢纽性概念，形塑了儒家哲学几千年来的理论样貌。即便是儒学发展到了宋明理学阶段，它也在努力从事着沟通天人的事业，因此“诚”的重要性不言而喻。当然，“诚”虽然是“真实”的代名词，但在它身上也无时无刻不潜藏着“实”与“虚”的角力。一方面，以科学实证主义的立场来看，儒学中一切被赋予“诚”之性质的本体其实都很难得到有效的证明，因此所谓的“诚者”基本上是虚妄的存在，只是人类思维的产物而已；另一方面，即便我们以虔诚的信仰来对待儒家的本体论创造（也就是儒者眼中的“真理”），以真诚的态度来实践儒家的道德志业，但这种“诚”的精神一旦违背了“中庸”原则，一旦缺少外在力量的监督与制约，而将“内圣外王”的理想都建立在主观精神和德性自觉的基础之上，其结果要么可能走向荒诞不经的迷信，要么极易流于表里不一的虚伪。这些都是儒家“诚”观念中所应摒弃的消极因素。

具体来说，笔者认为可以着重从以下三个方面来分析儒家“诚”观念的得失：

第一，从“诚”可以发现儒家推天道以言人事的思路，也就是通过赋予天道一种性质从而为儒家伦理道德提供形上的依据。这种思路的问题在于，天道虽然被儒家认为是最为真实的，但这种本体性论断在知识论上是无效的，因此以一种模糊不清的“诚”体去安立人心从而为人类的道德生活提供指引是很难成立的。由天道之“诚”推不出人道之“诚”的结论，这也是荀子对于思孟学派“诚”哲学最大的解构。这意味着以“诚”为中介而建立的“天道—人道”之和合的结构是很不稳定的，最终只能将其作为一种信念、信仰的成分才可以起到一定的作用。儒家的信仰系统又是很松散的人文宗教结构，没有强制力做保证，也不像其他宗教那样具有完备的教义教规体系，因此，由“诚”观念所展开的道德理想主义内容终究只能成为一种理想，若要变现为实际的道德教化效果，还需要增加其他形式的理论创构。

第二，儒家将人格境界分为不同层次，他们认为圣人至诚，而普通人则需要“诚之”“思诚”的修养功夫由明而善。这种分别的意义在于给普通人树立了一个道德上的榜样，鼓励人们通过积极入世、学习圣贤而不是尝试脱离现实来置身于具体的生活情境，在积极乐观的自我追求与自我提升中逐渐确立并稳固道德主体性人格，而华夏民族之所以会成就这样的人格在很大程度上又是由重视宗法制度和血缘关系的社会性质决定的，由此种道德人格组成的社会整体便是儒家所设想的建立在仁爱基础上的“理想国”。这种思路可能带来的问题是，由于作为个体体认对象的天道诚体具有形上与形下不分、主体情感与客体秩序交融的特色，所以对于普通人“自明诚”的修养路径而言，对德性的认知极有可能陷入某种极端和误区——一方面“诚”体夹杂的精神因素使其极易变成类似于黑格尔哲学中的“绝对概念”和“绝对精神”，从而使认知活动趋向神秘与直觉；另一方面，个体由“明”而“诚”的实践过程过多地依赖内心的直觉体认，这样极有可能使得对于“诚”道的认知流于一种形式。也就是说，“诚”或“不诚”最终的衡量者很可能是主体自身，这就一方面否定了儒家“诚”论的普适性，另一方面也可能造就大量的伪君子。

第三，对于“诚”体的认知不能像认识自然现象那样采取感觉的方式直接形成经验，而要通过直觉的方式去获得。用牟宗三先生的话语来说，这就是用“智的直觉”来领悟所谓“道德本体”。以西方知识论中的基础主义的观点来看，天道“诚”体便是那一个无需证明、不言而喻、直接确证的公理，与其说是一种客观的知识，不如说是一种主观的信仰：“那种企图绕过严格的认识论判断而直达本体论的做法，虽然看上去简洁、实用，但在学理上却是行不通的，其结果只能重蹈信仰主义的覆辙。”① 但是，为了对生活、道德、物理世界做整体性的把握，思孟学派及一些宋明理学家们又不得不做着认识论建构的努力。对于这样一个根本无法在现实中得到客观确证的认识对象而言，只能寄望于主体特殊的心理机制——直觉，才能实现对超越性本体的感知，这种感知同时也是实现本体内在化的根本路径。人对于真理的认识不必外求于物，只需反观内省，一个虚灵通明的心就可以认识宇宙一切的表里精粗，最终至乎其极了。儒家这种依靠直觉而实现天人合一的学说扭曲了儒家早期人文理

---

① 陈炎、孟庆雷：《从不语怪力乱神到奢谈天道性命——从认识论角度对儒学发展史的反思》，《复旦学报》（社会科学版）2014 年第 6 期。

性精神，主体能力的无限夸大也为儒学走向歧途埋下了伏笔。因此，儒家“诚”观念中所隐藏的非理性、绝对化的思维也是应当被重新审视的。

总之，一个“诚”字贯穿着诸如天、道、心、气、性、神、良知、无极、太极、慎独等重要的儒家哲学范畴，可谓是牵一发而动全身。不同时代的儒者们关于“诚”观念的各种论断都是儒学不断丰富、发展的体现，它们都是作为儒家伦理道德价值的理论依据而存在的。这些依据在儒学中要么表现为宇宙本体论的形式，要么表现为内在心性论的样态。但是，它们无论是在知识的有效性还是德性的普适性上都很难得到保证，这也是一切道德形而上学最大的问题所在。当然，形而上学的意义不在于它所得出的结论。形而上学必定不会得出什么确证性的科学知识，但不论哲学怎样变化，有一点是不变的，那就是它可能永远不会放弃对本体世界、超越世界的关注，这种关注的目的最终还是要指向人类的现实生活，为生活特别是伦理的、良善的、理想的生活状态提供依据和指引。天道诚体及由它们所开显出的诸如“诚之”“思诚”“反身而诚”等可以通达至诚境界的具体道德规范只是儒家学者在特定的历史境遇之下，为了解决某些具体的社会问题所进行的理论创造的努力。这种努力影响了儒学自身的发展，也借助于儒家经典著作和文官考试体系影响了整个中华民族的精神和品格。

第二节 儒家“诚”观念对当代儒学发展的启示

我们可以根据性质的不同来对“诚”观念做出这样的划分：其一，人之情感的原初显发状态；其二，作为形而上之天道的本质属性；其三，人类获得宗教神秘性体验的根本路径；其四，人之道德修养的基本原则。除第二个层次之外，“诚”都明显指向了人类的情感状态。对此，黄玉顺教授提出“情感为形上学奠基”的思想，不过在思孟所论“诚者，天之道也”中的“诚”还并非直接就是所谓的“真切的本源情感的仁爱”。“诚”就是对于真实无妄状态的描述，它来源于对人类本源情感的真切需求，在对这个需求进行理论说明的层面上，我们可以说“‘诚’可以显现为形而上的‘天之道’、形而下的‘人之道’”①。也就是说，儒家以“诚”为中心的“天道—人道”结构渗透着人类对于仁爱情感的真切呼唤，它是对“前形而上学”的“生存或生活情感”的形而上学建构；反过来说，原始儒家所开显的仁礼论、诚论、良知论无不是在唤醒人们对这个本源性的仁爱情感的信仰与敬畏，从而最终以人之为人的本然情态去生存。“天道”是在当时语境之下为证明人应该以“诚”的态度对待儒家伦理而引出的，在古人的思想中，人的一切都要受天的支配，都要从天那里寻找最终的根据，情感也是如此。

儒家仁爱观不是向壁虚造的，其历史、社会背景是西周的宗

① 黄玉顺：《儒教问题研究》，人民出版社 2012 年版，第 92 页。

法等级制度及礼乐文化传统，仁爱不是天启的，也不是人生而具备的。于是我们需要追问，如果抽离出这个背景而谈仁爱作为本源情感是否还能成立？即仁爱能否成为全人类普遍的本源情感？至少从儒家的信念来看，这两个问题都是成立的，即所谓“万物一体之仁”“民胞物与”的观念。但似乎这只能限于信仰的层面，对此还无法做出理性的证明。儒家相信人基于本然的仁爱情感而能成为良善者，所以人之存在的意义就在于使得这个善性得到圆满的展现，这就是人之道。人道不是抽象的，儒家为人道指引了一系列的具体路径，这就是仁、义、礼、智、信、忠、恕、敬等具体的伦理道德规范。规范既已提出，剩下的关键问题就是人能不能以“诚”的心态去对待它们，伦理道德层面上的“诚”既体现为“学而时习之”，又需要通过不懈的努力去践行之，在知行合一之中实现人之道德水平的不断提升。儒家把人达到“诚”之后的结果描述为天人合一的境界，这种合一没有客观的标准可言，也难感难知，这就为宗教神秘性的内容留存了一席之地。这种被称为“内在超越”的境界是儒者最高的追求，而人心之“诚”是达到这一境界的根本之路。

以上笔者梳理了儒家“诚”观念所体现出的情感、本体、宗教、道德等层面的内容。从总体来看，“诚”观念是儒家人文、道德精神的集中显现，对儒学的发展产生了重大的影响。虽然其在发展演变的过程中也经历了一些曲折甚至走向了“诚”的反面，但基本是朝着追求理性客观、注重实际功利、关注道德践履的方向发展。

笔者认为，儒家“诚”观念对于当今儒学的发展而言具有如下的启示意义：

一、关于儒学的宗教性问题

现代中国社会出现了一系列问题，一些学者将原因归咎于中国人缺乏敬畏精神和信仰依托。其实，中国并不缺少宗教信仰，先不论佛教、道教这些纯宗教形态的存在，即便是儒家思想体系中也饱含信仰、敬畏、诚敬等可以部分弥补国人精神缺失的有益内容。儒家“诚”观念要求人们对作为终极存在的天道秉持一种敬畏，并以天道所启示的真理（“诚道”）作为实现人类本质的指引。由于其寻求天与人之间的和合，所以不免会走向天人感应的神秘之论，表现为对超自然的天道、鬼神的笃信和崇拜。汉代神学化的儒家将天人格化，因此“诚”也具备了更多的宗教神秘色彩，但一些开明思想家也试图揭开附着在儒学上的神秘面纱。中国思想的发展不断经历着这样一种真实与虚妄相互交锋的历程，往往表现为双方此起彼伏的形态。

对于儒家是不是宗教的问题，学界的争论仍在持续，这是个见仁见智的问题，一时难有定论。笔者认为，比儒学是否是宗教这个问题更重要的是，现代中国到底需不需要宗教？这个问题的提问方式似乎有些不合理，因为在中国至少已经有了佛教、伊斯兰教、基督教及天主教等宗教团体和派别存在，这似乎表明宗教的存在完全是必要的。应该看到，宗教在推行道德教化、净化人类心灵层面的作用至少是不容忽视的。任何一种正常的宗教都会宣称自己的神灵是至善的化身，它们的修行和解脱的方式虽千差万别，但教义和仪轨无不是教人行善，为此它们所构造的颇具诱惑力的理由是神灵的保佑、灵魂的永生或者异于常人的选民资格。不过，建立在宗教或上帝命令之上的道德理论存在着一些困难。刘国强教授指出：

> 若把道德建基于宗教上，很明显的缺点是容易使道德变得依于权威主义或信仰。人们也会在改变宗教信仰时把建基于该宗教上的道德也一并抛弃，而非依于对该种道德之理性反省，因此不少情况是像倒洗澡水同时把婴儿也抛弃了（the baby goes down the drain with the bath water）。①

同样像基督教那样把道德建立在上帝的命令之上也将面临一系列的悖论：究竟是因为敬畏上帝的命令而变得道德？还是因为是道德的，所以上帝才会发出命令？无论做何种回答，两者也都会面临理论上的困难。前者的困难是上帝的命令是任意的，有时可能会违背常识道德理性，是遵从上帝还是遵从道德理性？后者的困难在于，如果上帝也要依据道德而发命令，这也就意味着上帝还不是至高无上的存在，它也必须要遵照道德法则来发号施令，这显然又违背了基督教最基本的教义。

笔者提出“中国到底需不需要宗教”这个问题的初衷是，中国十几亿人口中虔诚的宗教徒毕竟只占少数，对于那些世俗主义者，以及宗教上的投机主义者、功利主义者而言，宗教又具备何种意义呢？这个问题又可以分解为两个层次：其一，从主观来说，这些非宗教及“伪”宗教的群体有没有宗教性的需

① 刘国强：《全球化中儒家德育的资源》，台湾学生书局2011年版，第140～141页。

求？其二，从客观而言，国家社会的进步需不需要更多的具备宗教精神的个体出现？对于第一个问题的回答很显然，人有生老病死、旦夕祸福，人在面临困厄或者忧闷之时往往会多少生发出“究天人之际”的知性需求，其目的并非是获得什么具体的知识，而是希望能从一个更高层级的存在（天、鬼神或者是上帝）那里获得心灵的抚慰与解脱。这种超越性的思维活动可能并不会借助于某种具体的宗教形态，而只是一种原始的宗教情感的展现。儒学所表现出来的宗教性内容很大程度上就是这种初级的宗教形式，它虽然也构造出了天地或者鬼神作为崇拜的对象，但人与天、人与神之间的关系更多地表现为一种松散的连接，没有严格的宗教仪式和教规作为信仰的经常性确证机制。但儒学与宗教一样，它可以为人提供共同的信念、价值观和道德规范，从而实现统一人之认识、凝聚群体情感、创建道德生活，以及追求理想境界的目的。可见，儒学可以使人在不投身于某种复杂的宗教信仰系统之中的情形下满足宗教情感层面的需求，这也就是所谓的“安身立命”。对于第二个问题，当代主张政治儒学、政治神学的儒生们已经给出了答案。在他们看来，现代性问题的解决必须借助于宗教的力量，因为只有宗教才能保证人具备虔诚、敬畏之心，如此才能在某种至上力量的感召和指引之下谦卑地对待宇宙自然，真诚地接人接物，不懈地提升修养，从而从根本上解决环境污染、人际冷漠、追名逐利、信仰缺失、政治腐败等严峻的社会问题。在他们的潜意识之中，若要培养中国人的宗教精神就必须从儒家那里寻找资源。儒学特别是思孟之学直接开示了天道规范人道的路径，因此天道就可以直接成为人之信仰的对象，人对天道、自然就应该生发出一种虔诚的宗教性情感。儒家相信，在这种情感的影响之下，人都会逐渐成为一个充满德性的个体，借由成己而实现成物，通过内圣实现外王，如此王道之治怎能不有益于国家社会呢？

二、关于“公民宗教”

从现实情形来看，儒学很有可能被改造成一种新的宗教形态，不过，笔者更赞同儒学应该借助其丰富的宗教精神而发挥“准宗教”的功能。什么是“准宗教”呢？有学者指出：“作为准宗教，它就不是也不需要是全备的宗教，不需要独立的教团，更不必跟具体宗教争竞，而是可以依托学校以及诸种宗教为全体国民提供一个共同的文化认同。”① 也就是说，儒学不必非得具备完全的宗教因素，它无需一种人格神的存在作为信仰的对象，人们也无需“用轻佻的遵奉、放纵的狂热、着迷的兴奋、或者用信仰一些神秘而荒谬的意见来追求神的眷顾”②。天仍可以是“诚”（真实无妄）的样子，人们无需过多地将神秘的意义赋予它，对它的信仰可以只是基于其所体现出来的真实无妄、充满生机、刚健有为的特性，信仰天道也无需借助于多么严密的宗教组织。但是，人们对于天道的信仰却一方面可以为他们带来精神的疏导与慰藉，另一方面也能使他们在潜移默化中接

① 杨凤岗：《对于儒教之为教的社会学思考》，《兰州大学学报》（社会科学版）2008 年第 2 期。

② ［英］大卫·休谟著，徐晓宏译：《宗教的自然史》，上海人民出版社 2003 年版，第 108 页。

受儒家的伦理道德规范。这种“准宗教”形式的作用领域更多的是世俗社会，因此常常被归于“公民宗教”的范畴。

“公民宗教”是由卢梭在《社会契约论》中提出来的概念。卢梭受柏拉图“哲学王”思想的影响，认为在公民政治中必须要借助于“就需要有一种能够洞察人类的全部感情而又不受任何感情所支配的最高的智慧”① 来创制适合于各个民族的法律规范和社会规则，从而为人类谋求幸福，由此而建立一个“公民宗教”。卢梭提出“公民宗教”观念的目的在于唤醒人类之良心，借由良心的触发而培养遵纪守法的公民道德，增强政治的团结与凝聚。它所形成的客观后果是“使主流社会价值观神圣化”，“神圣化了某些政治原则，支持政府有权使用自己的道德权威来统治”②。不过，一旦政府过度行使这种权威，便很有可能走向一种异化。因此，现代“公民宗教”的倡导者罗伯特·贝拉（Robert Bellah）就指出“公民宗教”极易成为政治精英手中强制性的工具，甚至脱离它本来唤醒良知、培育道德、增进团结的目标。所以有学者指出：“公民宗教即便不是使一个社会朝着政治领导者热衷的方向前进的露骨的强制性工具，也是一种可以被人有意识地加以操纵的工具，而不是那种自发地产生于群体之中的团结的表现”③。这无疑是对“公民宗教”作用的

① ［法］卢梭著，何兆武译：《社会契约论》，商务印书馆 1980 年版，第 53 页。

② ［美］亚历克斯·蒂奥著，丛霞译，邢朝国审校：《大众社会学》（第 7 版），人民邮电出版社 2012 年版，第 367 页。

③ ［美］罗纳德·L. 约翰斯通著，袁亚愚、钟玉英译：《社会中的宗教——一种宗教社会学》（第八版），四川人民出版社 2012 年版，第 267 页。

一种审慎与疑惧。产生这种疑虑的原因还是在于宗教性质本身，“公民宗教”中所残留的对于人格神、守护神的崇拜很容易与政治中的权威主义相结合，宗教成为政治精英们粉饰统治的手段和工具，一旦政治精英偏离了与公民所订立的原初契约，那么国家就不可能像托克维尔所论述的那样通过宗教来“保护自由免受身份平等所释放出的专制主义倾向的毒害”、“反对民主政府的专制倾向的堡垒”①，其合法性也就必然会遭到民众的怀疑。

陈明教授认为“公民宗教”与“政治神学”的差别在于前者是通过社会来发挥影响，而后者则是一种政府将神学向公共领域扩展的活动。公共领域的扩大是现代社会发展的必然趋势，因此“公民宗教”的意义更加突出和紧迫。对于现代中国而言，儒家在公民宗教的建设中具有天然的优势，表现为其具备深刻影响中国人内心世界的鲜活情感内容和价值原则，又由于它与政治之间的关系不同于西方政教合一的传统，因而儒学在公民宗教建设的层面会变得比较平稳顺当。陈明教授指出“公民宗教”的复兴或重建应该这样进行：

> 通过其在文化认同和政治建构上的优势，在公共生活中首先激活，然后反哺推动儒教的振兴。换言之，即是通过以公民宗教的形式激活作为元素的儒教在公共领域里的活性与功能，巩固拓展其社会基础和心理基础，在世道人心对它的认知和体会中实现其作为结构的发育。再明白一点说，通过激活“遗存”提供基本功能，通过功能提供，

① 吴玉军主编：《西方政治思想史》，中国社会科学出版社 2013 年版，第 254 页。

> 实现“遗存”升级，就是笔者理解的儒教—公民宗教复兴或重建策略。①

笔者一直以为，儒学的宗教性内容突出地体现在儒家“诚”观念中。我们可以根据儒家的“诚”思想来对陈明的“公民宗教”论说进行说明：其一，“诚”中蕴含着丰富的神圣性观念，因为“诚”就是天道的实质，人无论是在面对义理之天还是主宰之天时，崇敬、虔诚的心情都会油然而生，尊崇上天是华夏民族心理的重要组成部分。直到今天，这种并非全然信仰人格神的准宗教性思维仍在有意无意之间影响着中国人的思维方式和心理内容。其二，“诚”不仅被认为是天之实然之道，更是人之当行之道，也就是说它并非仅仅表现为对高高在上的天地神明的宗教情感，它的意义应该更多地在公共生活中得到展现。儒家讲仁、义、礼、智、信，归根结底要靠一种“诚”的情感来维持，没有“诚”，儒家的一切伦理道德教化主张都只能流于空言空行。宋明理学虽然在形上的宇宙本体论层面多有创发，但他们无不强调“实”做功夫，“实”就是“诚”，如果没有“诚”“实”的功夫，本体就不会显现、发用，天理心性皆为虚妄。因此，儒家之“诚”观念一旦在公共生活中获得激发，所带来的结果便是人在践行“诚”道的过程中实现了对儒家价值的认信，只有这样儒学的生命力才能够增长与升级。可见，儒家“诚”观念对于“公民宗教”的建立具有一定的指导意义。

---

① 陈明：《文化儒学：思辨与论辩》，四川人民出版社 2009 年版，第 45 页。

三、儒家“诚”观念对于公民教化体系建设的意义与启示

当代儒学的教化作用虽然很难通过建立一种纯宗教的形式来实现，但儒学本身的宗教性因素却不能被全然清除掉。笔者认为，对于难以言明的“天道”，我们应该采取“诚”的态度，但这种“诚”不应表现为积极追问其何所是的知识论探索，也不应过分从宗教感应的层面来把握它的存在。我们不妨采取康德式的对物自体进行设准的态度，或者学习海德格尔超越存在者而谈存在的现象学思路。这并非要摒弃天道，而更像是一种若即若离的态度，“离”是原始儒家人文理性精神使然，“即”则是现实价值超越性论证的需求。总之，天道诚体无非只是人类出于自身情感和现实生活的需要而设立的形而上者，它们只是观念中的绝对主体，对人类的影响更多地是通过信仰的形式而实现。信仰对于人的意义深远，当人类用纯粹的理性知识已经不能完全解决生存之困惑时，诉诸信仰是人类情感的必然选择。对天道诚体的信仰，以及由此而产生的一系列带有宗教性的仪式活动（如祭祀等）能够激发人们对于超验世界的虔诚，这种虔诚会出现“移情”的效果而展示在更为丰富、现实的经验生活之中。儒家“诚”观念虽蕴藏着虚玄的味道，但它从构建的初始就是为政治、社会、人际关系确立正当的价值尺度和人生目标。正是因为有了对天道实理的信仰，儒者们才能时刻怀有一颗戒慎恐惧的心灵，时刻以伦理道德的承载者与推行者自居，整个社会才不至于因为缺少主动担当而面临无序与涣散的困境；正是因为有了对天道实理的信仰，一些有意于提升人生境界的个体才获得了心灵的依据与归宿，即便他们是以一种

夸大了的唯心主义先验论来确证人心对于天理的直觉体认，但由信仰而来的德性自觉会对人应事处物的全过程产生积极的推动作用，而这也正是由儒学所塑造的中国两千多年道德文化的根本心理机制。正是因为有了对天道实理的信仰，那些自觉或不自觉地接受了儒家纲常伦理之范导的普通民众一方面获得了可以为自己的命运带来慰藉或改变的超越性保证；另一方面，儒家价值的入世性又引导他们避免以试图逃离人世的方式去生存，而是于人伦日用、人际关系的妥善安置中真切地感受到德性的快乐。因此，若要使儒家传统“诚”观念发挥有益作用，儒者们就不得不思考如何使儒学在人的信仰领域占据一定的位置，而这个工作能够完成与否，以及完成程度的大小将直接决定着儒学在当今社会的前途与命运。

若要使天道成为一种信仰的对象，那么我们就必须回答如何使其内化的问题，在这个方面教育无疑要承担重要的责任。中国古代教育体系是以儒家经典为主要教育内容的，学生从小就接受“四书五经”之义理的熏陶，儒家的意识形态自然而然就会内化到个体的价值观念之中。在当今中国，教育体制发生了翻天覆地的变化，变为以马克思主义作为根本遵循，辅之以中国优秀的传统文化。传统文化的复兴不仅可以保持民族认同、培育民族精神，也可以为社会主义政治、社会、文化建设提供丰富的思想资源。因此，加大优秀传统文化在教育内容中的比重是当代中国的必要选择。需要注意的问题是，传统文化教育不仅是知识的教育，更是人格的教育、德行的教育，所要选择的教育内容必须深刻触及民族精神和智慧的核心，必须能够有助于受教育者对人之存在价值与路径做积极的思考。

儒家“诚”观念中对于天道及人道的深切思考应该成为现代教育的重要内容之一。原因在于：其一，“诚”归根结底是人之情感之需求，天道乃为人道所设，最终目的是求“真”；其二，天道虽然可以算作是一种信仰对象，但并非严格的、绝对的宗教信仰，对于它的体认往往伴随着儒家仁、义、礼、智等道德内容的确信，这无疑有利于“善”的养成；其三，儒家“诚”学所建构的天人关系场域能够让身处其中的个体寻找到一种宗教式的对待人生的方式，其“天人合一”的主张是中华民族最“美”的精神境界。总之，“诚”有助于真、善、美的养成，它应当成为公民社会建设的核心原则之一。与各种“公民宗教”的主张相比，笔者不赞同通过政府机构的神学化来推进公民社会的宗教精神，但政府应当建立各种保障机制来配合充满“诚”精神的公民教化秩序的形成，这些保障机制既包括教育体制的改革以提供丰富的思想资源，又包括法律制度的健全以维护正义价值的实现。

四、“诚”观念与儒学价值之显现

“诚”作为联接天道和人道的关键概念，一直为儒家学者所重视。围绕着“诚”，儒家学者们从本体论和功夫论等层面展开了诠释：在本体论上，包括天、气、理、心等都曾被视为最“诚”（真实）的存在，它们能够直接规定人性之方向。无论是道本论、理本论、心本论还是气本论，尽心尽性的道德追求、人能弘道的理想担当、参赞化育的崇高境界都是儒学的核心义理所在。在功夫论的层面，不同的本体论断引出了风格各异的实践路径，但在追求真实无妄之情态上，它们表现出了一致性。

“诚”之本心本性是内在的，这也就意味着外在的科学对它是难以把捉的。以今天的视角来看，儒家通过建构本体论来为道德寻找依据的思路颇有值得商榷的内容，特别是对于以理性、科学为准则的现代人来说，很难以一种科学知识论的方式来观察、获致超越的本心本性，因此单从认识的角度来看待本心本性会使它们难以赢得人们的“芳心”，但这并不意味着儒家心性论的思想在现代已经完全失去了它的意义。现代科学主要作用于经验世界，它并不是万能的，除了类似于“物自体”的本体之外，它对于主体自身的情态也是有所忽略和遗漏的。至今为止，科学还无法完满地回答电子脉冲能量之发射与心理情感经验事实之产生之间的关联是怎样的。当然，本心本性还不完全是心理现象，因为以心理学的理论来看，心理现象是建立在主客关系之上的，没有外在的刺激也就不会有心理活动的产生。本心本性则是超越经验的，在儒家看来它是自由的，是无条件的，是当下体认宇宙万物之道理的，是不能被客体化为直接的认识对象的。也因此，它是神秘的，是不易言说的，是靠直觉体悟的，是依赖于信仰之“思”的。儒家所进行的此种理论创造并非只是为了追求一个本真性的形上学本体，而是希望将其贯彻于现实生存的各种关系之中，建立以角色、关系为中心的伦理系统。在这个伦理道德教化的进行过程中，“诚”是最根本的要求，它既使本心本性切实地显现出来，而不仅仅停留于理想，又能防止人们走向真实的反面——虚伪不实。无论现代社会如何发展，对于虚伪不实的抵制是不会过时的。

“诚”的力量是巨大的，它能够为身处日常生活中的个体指引一条向上的提升、超越之路。它暗含一种德性的信仰，相信良善的本心本性能够具足于吾身，只要精诚地追求、践行，就能成就一个充满德性光辉的完美人格。从小处说“诚”可以赢得他人的尊重与信任，从大处说“诚”则能够与天为一、感天动地。但生活毕竟是生活，它的最大特性就是现实而非理想，“诚”的主体也只能是现实生活中活生生的个体。人可以追求成圣，但他首先是要从常人做起。常人就免不了七情六欲，免不了意气之争，免不了个人偏见的误导。即便是对于理性的个体而言，他们在思考价值标准、建立道德规范的时候也可能出于不同的考量而得出彼此矛盾、冲突的结论。所以，个体需要选择“诚”，以它为标准节制自己的欲望，中和自己的性情，照顾他人的利益。以“诚”易“诚”当然值得肯定，但生活的丰富多样不会轻易造就一个个没有私心、完全真诚的个体，所以“诚”至少不会那么容易就解决一切纷争、敌视和矛盾。如果再有一些矫饰精诚、表里不一的个体出现，情况就变得更加复杂了。于是，有人可能就会说，“诚”只是一厢情愿罢了，是迂腐冬烘的儒生们为自己画地为牢，以为仅仅依靠无法证明其实存性的本心本性就能救治世道人心。儒生们会怎么回应？也许他们不屑于回应，因为在他们看来，理想虽然高远，但聊胜于无，总比如行尸走肉般浑浑噩噩要让人心安许多。所以，儒学可以不是宗教，但它却不能丢却理想和信仰。

总之，“诚”的精神在当今世界仍然不可或缺。它的作用方式也许难以摆脱宗教性、信仰性的路径，但这种宗教形式不应是神秘主义的。并且，“诚”不应再是无知的痴信，而是对于真理的真实、真诚信仰，对于虚伪不实的厌恶和弃绝。真理未必就是一个像上帝一样的对象化的存在，它其实就是宇宙万物、人文世界的客观真理与正义道理。天会变，道理也会变，所以对于真理的追寻不是一劳永逸的暂时性行为，而是一个永不止息的探索过程。但这并意味着真理就是各说各话，也不意味着人人都有把持真理定义权的能力。真理必须不能是反人类的，相反，它本质上就是维持人类延续与发展的根本之道。如果借用儒家“诚”观念的架构进行说明的话，真理应该分为两个层次——天的真理（天道）与人的真理（人道）。从目前来看，天道当以符合论为标准，它最终依靠的是人的理性认识能力的提升。对于作为自然和宇宙代名词的“天”，我们应当尽力去认清它的本来面目，没必要去神化，也没必要非得价值化。对现代人来说，试图以某一种抽象性的本质来规定、引导和衡量现实人生的做法很可能流于对人性的扭曲。人首先是作为具体性而存在的，人类的道德价值也不是与生俱来的，处在不同时空环境之中的某一特定人类群体都有可能在生产实践和生活实践活动中创造出属于他们自身的道德规范出来。但“诚”的精神是必需的，现代化发展的历史已经告诫人们，对于天的轻蔑和无视会危及人类自身存活的质量。可以说，对天不“诚”就难以踏上正义的“人道”。所以，现代公民教化的内容应当包括“诚”天之教，有天才有人，但道最终又只有人才能行走，只有人才能开显出其存在的生动内容，只有人才能创造历史、现在与将来。人类从诞生于这个星球上开始就不会停止对于正道的寻找，有正道也就意味着有歪道、邪道，它们也是人之所行之道，但绝不是当行之“人道”。为了寻找这条“人道”，公民教化体系还要探索一种“诚”人之教，“诚”首先是一种情感，儒家最本源的情感就是仁爱，“诚”的目的就是使仁爱的情感真实呈现，儒家相信有了仁爱人类至少不会走向邪恶与迷失。无论人的本性是善还是恶，以“诚”为核心的公民教化本质上就是仁爱之教。人要爱人，而不是对他人怀疑、敌视和仇恨，爱是最坚实的保持人处在正道之中的正义力量。人当然还可以爱鬼神，虔诚地信仰至上人格，但它们越是神通广大，就离人事越远。宗教毕竟是人类为实现自身的超越提升而构造出来的上通之路，上通于天帝鬼神是崇高的境界，没有人能够证明达到。因此，这种通达之道只是一条隐没在迷雾之中的小路，如果非要走上去的话无非有两种可能：要么迷失于虚幻之中，要么能够找到世外桃源，这些都是未尝可知的事情。这条路看似超妙高远，其实更多是靠信仰和想象实现的。人相信自己依靠足够的虔诚就能走上这样一条比凡俗之道不知要高明多少倍的坦途，但是他忘记了，自我终究不可能双脚离地而游世独存。人毕竟是生活在大地上的，宗教看似超越，其实也不可能超脱于教徒眼中的“俗世”，所以教徒之心大多是悲情的，悲悯地看待宇宙人生，希望拯救“受苦受难”的“此在”世人。以儒家“诚”观念为核心原则的公民教化工程则要脚踏实地，虽然信仰不可或缺，但最可信的不是天道鬼神、万方精灵，而是人类自身的力量。人类最终要靠自己来拯救，这种拯救不必是脱离于世的罪罚福报，而应是对于自身现实问题的当下解决。“诚”人之教就是成人之教，就是使人朝着真、善、美的价值方向维系、提升、完成自我之意义的过程。这个过程也就是儒学对于现代社会所能和所应显现的最大价值。

主要参考文献

典籍、著作类

1.《十三经注疏》整理委员会整理，李学勤主编：《十三经注疏》（标点本），北京大学出版社1999年版。

2.〔宋〕周敦颐撰，梁绍辉等点校：《周敦颐集》，岳麓书社2007年版。

3.〔宋〕程颢、程颐著，王孝鱼点校：《二程集》，中华书局1981年版。

4.〔宋〕朱熹撰，朱杰人等主编：《朱子全书》，上海古籍出版社、安徽教育出版社2002年版。

5.〔宋〕朱熹：《四书章句集注》，中华书局1983年版。

6.〔宋〕黎靖德编，杨绳其、周娴君校点：《朱子语类》，岳麓书社1997年版。

7.〔宋〕陈淳著，熊国祯、高流水点校：《北溪字义》，中华书局1983年版。

8.〔宋〕卫湜撰，杨少涵校理：《中庸集说》，漓江出版社2011年版。

9. 〔宋〕陆九渊著，钟哲点校：《陆九渊集》，中华书局1980年版。

10. 〔明〕王阳明：《王阳明全集》，线装书局2012年版。

11. 黄寿祺、张善文：《周易译注》，上海古籍出版社2004年版。

12. 曾振宇、傅永聚：《春秋繁露新注》，商务印书馆2010年版。

13. 安居香山、中村璋八辑：《纬书集成》，河北人民出版社1994年版。

14. 〔清〕陈立撰，吴则虞点校：《白虎通疏证》，中华书局1994年版。

15. 黄晖：《论衡校释》，中华书局1990年版。

16. 吴光主编：《刘宗周全集》，浙江古籍出版社2007年版。

17. 陈侃理：《儒学、数术与政治：灾异的政治文化史》，北京大学出版社2015年版。

18. 陈来：《古代宗教与伦理》，生活·读书·新知三联书店2009年版。

19. 陈来：《仁学本体论》，生活·读书·新知三联书店2014年版。

20. 陈明：《文化儒学：思辨与论辩》，四川人民出版社2009年版。

21. 陈赟：《中庸的思想》，生活·读书·新知三联书店2007年版。

22. 邓小虎：《荀子的为己之学：从性恶到养心以诚》，北京大学出版社2015年版。

23 丁四新：《郭店楚墓竹简思想研究》，东方出版社 2000 年版。

24. 杜维明著，段德智译：《中庸：论儒学的宗教性》，生活·读书·新知三联书店 2013 年版。

25. 郭沂：《郭店竹简与先秦学术思想》，上海教育出版社 2001 年版。

26. 黄俊杰：《中国孟学诠释史论》，社会科学文献出版社 2004 年版。

27. 黄朴民：《天人合一——董仲舒与两汉儒学思潮研究》，岳麓书社 2013 年版。

28. 黄意明：《道始于情·先秦儒家情感论》，上海交通大学出版社 2009 年版。

29. 黄玉顺：《儒教问题研究》，人民出版社 2012 年版。

30. 孔德立：《子思与早期儒学》，中国社会出版社 2012 年版。

31. 李景林：《教养的本原：哲学突破期的儒家心性论》，北京师范大学出版社 2009 年版。

32. 李零：《郭店楚简校读记》（增订本），中国人民大学出版社 2007 年版。

33. 梁涛：《郭店竹简与思孟学派》，中国人民大学出版社 2008 年版。

34. 廖名春：《〈荀子〉新探》，中国人民大学出版社 2014 年版。

35. 鲁芳：《道德的心灵之根——儒家“诚”论研究》，湖南师范大学出版社 2004 年版。

36. 蒙培元：《理学范畴系统》，人民出版社 1989 年版。

37. 牟钟鉴：《新仁学构想——爱的追寻》，人民出版社 2013 年版。

38. 牟宗三：《智的直觉与中国哲学》，台北联经出版事业股份有限公司 2003 年版。

39. 牟宗三：《心体与性体》，台北联经出版事业股份有限公司 2003 年版。

40. 钱穆：《宋明理学概述》（新校本），九州出版社 2011 年版。

41. 谭宇权：《中庸哲学研究》，台北文津出版社 1995 年版。

42. 王公山：《先秦儒家诚信思想研究》，上海古籍出版社 2006 年版。

43. 温海明：《儒家实意伦理学》，中国人民大学出版社 2014 年版。

44. 吾淳：《中国哲学的起源——前诸子时期观念、概念、思想发生发展与成型的历史》，上海人民出版社 2010 年版。

45. 吴怡：《中庸诚的哲学》，台北东大图书有限公司 1976 年版。

46. 向世陵、冯禹：《儒家的天论》，齐鲁书社 1991 年版。

47. 徐复观：《中国人性论史 · 先秦篇》，九州出版社 2014 年版。

48. 杨国荣：《善的历程——儒家价值体系研究》，华东师范大学出版社 2009 年版。

49. 杨国荣：《心学之思——王阳明哲学的阐释》，生活 · 读书 · 新知三联书店 2015 年版。

50. 杨立华：《气本与神化：张载哲学述论》，北京大学出版社 2008 年版。

51. 杨少涵：《中庸原论——儒家情感形上学之创发与潜变》，社会科学文献出版社 2015 年版。

52. 乐爱国：《朱熹〈中庸〉学阐释》，北京师范大学出版社 2016 年版。

53. 张全新：《“‘是’‘在’”“‘诚’‘成’”的哲学——交汇点上的塑造论哲学》，山东人民出版社 2013 年版。

54. 张荣明：《信仰的考古——中国宗教思想史纲要》，南开大学出版社 2010 年版。

55. 张祥龙：《先秦儒家哲学九讲——从〈春秋〉到荀子》，广西师范大学出版社 2010 年版。

56. 朱汉民、肖永明：《宋代〈四书〉学与理学》，中华书局 2009 年版。

57. ［古希腊］亚里士多德著，吴寿彭译：《形而上学》，商务印书馆 1959 年版。

58. ［英］吉尔伯特 · 赖尔著，刘建荣译：《心的概念》，上海译文出版社 1988 年版。

59. ［英］葛瑞汉著，程德祥等译：《中国的两位哲学家——二程兄弟的新儒学》，大象出版社 2000 年版。

60. ［美］包弼德著，刘宁译：《斯文：唐宋思想的转型》，江苏人民出版社 2001 年版。

61. ［美］罗纳德 · L. 约翰斯通著，袁亚愚、钟玉英译：《社会中的宗教——一种宗教社会学》（第八版），四川人民出版社 2012 年版。

62. ［美］顾立雅著，高专诚译：《孔子与中国之道》（修订版），大象出版社 2014 年版。

63. ［日］沟口雄三著，刁榴、牟坚等译：《中国的思维世界》，生活·读书·新知三联书店 2014 年版。

64. ［日］沟口雄三著，龚颖、赵士林等译：《中国思想史——宋代至近代》，生活·读书·新知三联书店 2014 年版。

期刊论文类

1.《哲学与文化》月刊编辑委员会：《哲学与文化》2009 年第 11 期。

2. ［美］安乐哲、郝大维：《〈中庸〉新论：哲学与宗教性的诠释》，《中国哲学史》2002 年第 3 期。

3. 蔡树才：《荀子对思孟“五行”说批判的再认识》，《周易研究》2010 年第 5 期。

4. 曹峰：《思孟学派的解构与建构——评梁涛〈郭店楚简与思孟学派〉》，《哲学研究》2010 年第 4 期。

5. 陈炎：《如何“将形而上学进行到底”？——向俞宣孟研究员请教》，《哲学原理》2015 年第 6 期。

6. 陈炎、孟庆雷：《从不语怪力乱神到奢谈天道性命——从认识论角度对儒学发展史的反思》，《复旦学报》（社会科学版）2014 年第 6 期。

7. 陈赟：《以人道显天道：论〈中庸〉诚的思想》，《齐鲁学刊》2008 年第 2 期。

8. 丁为祥：《宋明理学形上本体意识的形成及其意义》，《陕西师范大学学报》（哲学社会科学版）2014 年第 3 期。

9. 龚建平：《先秦儒家“诚”的内涵、思想渊源及其文化意义——以〈中庸〉为中心》，《陕西理工学院学报》（社会科学版）2011 年第 1 期。

10. 金延：《客观性问题：对实在论的批评与辨正》，《文史哲》2004 年第 3 期。

11. 刘光耀：《诚：基督宗教与儒家的一点比较》，《宗教学研究》2003 年第 4 期。

12. 刘乾阳：《儒家与基督教“诚”伦理之比较》，《伦理学研究》2015 年第 3 期。

13. 骆承烈：《试论“诚”为一切道德的根基》，《济南大学学报》（社会科学版）2012 年第 4 期。

14. 牟钟鉴：《重建诚的哲学》，《孔子研究》1991 年第 2 期。

15. 庞朴：《孔孟之间——郭店楚简的思想史地位》，《中国社会科学》1998 年第 5 期。

16. 王家骅：《中日儒学史上“诚”范畴之比较》，《南开学报》（哲学社会科学版）1992 年第 6 期。

17. 余树苹：《“不诚”之“诚”——由理雅各对孔子的质疑所引起的“诚”问题讨论》，《广东社会科学》2012 年第 2 期。

后 记

本书是在我的博士论文《先秦、两汉儒家“诚”观念研究》的基础上进行修改补充的成果，很荣幸它能够被列入曾振宇教授主编的“观念史研究丛书”。

首先要感谢本人攻读博士学位期间的两位指导老师——陈炎教授和曾振宇教授。在我读博期间，陈老师不幸身染重疾，辗转于济、沪、京等地治疗，其间所经历的病痛折磨是我不能想象的。2016 年 4 月中旬，陈老师病情恶化，已不能下床。尽管如此，但他的心思仍在学生、学术上。他忍着病痛为拙文写了非常客观的评语，我在感激之余，内心又生出很多歉疚。没想到北京一见，竟是我与陈老师的永别。陈老师对我的影响不仅是学术观点上的，他一直强调的“价值中立，方法多元”“学问无古今，无中西，无大小”等治学理念，对我来说更是一笔宝贵的财富。

我还要特别感谢我的另一位导师——曾振宇教授。可以说，没有曾老师，就不会有现在的我，我对曾老师的感激是不能用语言来表达的。屈指一算，我跟随曾老师问学整整七年，在学校时我常常对别人讲“我是曾老师的老学生了”，并不是炫耀我的资格有多老，而是表达一种自豪和荣幸。曾老师是“望之俨然，即之也温”式的学者，在他身边久了，就会越发感受到他身上的那种儒者气象和风范。在校期间，每次与曾老师见面，我都会特别留意他所说的每一句话，生怕错过任何一个具有启发意义的论断。他带领我们参加各种科研项目，这些经历对我来说是难得的学术锻炼。他还仔细地批阅了我的博士论文，从内容和结构上提出了细致入微的意见。毕业工作这么多年，曾老师依然关心我这位“老学生”，带着我一起参加科研项目和学术会议，还经常督促我不要松懈、加倍努力。有老师的提携和鞭策，是一件多么幸福的事情啊！我想，对曾老师最好的报答无疑是在他的指引下努力奋进，力争在以后的工作中做出更多成绩来。

感谢山东大学儒学高等研究院黄玉顺、颜炳罡、沈顺福等老师精准到位的修改意见，感谢三位匿名评审专家对本人博士论文所提出的宝贵批评和建议，前辈的批评、鞭策和鼓励是年轻学人成长过程中不可或缺的重要一环。当时提交答辩的论文是已经根据专家意见做了较大幅度修改之后的版本，毕业之后的这些年，我怀着诚惶诚恐的心态继续打磨，争取使该项研究更加完善。2016 年以来，本人在《学术交流》《曾子学刊》《船山学刊》《济南大学学报》（社会科学版）等刊物陆续发表了与儒家“诚”观念相关的成果，可以算是对博士阶段研究内容的深化与扩展，我已经尽量将这些新的研究成果吸收到本书当中。2020 年 9 月，我还在华夏出版社出版了一本以《诚》为名的专著，它是曾振宇教授主编的“汉字中国”丛书中的一本，该书用通俗易懂的语言介绍了中国传统“诚”观念的发展演变与现代转化，它不属于纯学理性的探讨，比较适合大众阅读。我要感谢上述刊物和出版社的编辑老师们，正是他们严谨认真、一丝不苟的工作态度，让我在学术研究之路上丝毫不敢懈怠，不断提升自我。

感谢亲爱的同门，特别是思想睿智的陈门诸子及温文尔雅的曾门子弟，由于涉及人数众多，请原谅我不再一一具名。感谢山东大学儒学高等研究院 2012 级博士班的全体同仁，特别是哲学专业的诸位兄弟姐妹，他（她）们是牛嗣修、刘星、张少恩、刘绪晶、段丽丽、刘宏等，四年的博士生涯虽已倏忽而过，但我们一起上课、游玩、聚会的场景将永远定格在那充满青春激情的时光里。感谢我亲爱的母校——山东大学，从 2005 年初次踏入这个校园开始，我在这里生活、学习了整整 11 年。以后无论走到哪里，我都会时刻铭记“学无止境，气有浩然”的校训，时刻展现一个山大人的风采。我相信，凡我在处，便是山大！

感谢江西农业大学马克思主义学院的各位领导和老师们，这是一个团结友爱的集体，他（她）们在教学、科研和生活上均给予我很大的帮助与支持。正是因为有各位亲爱的同事，我这样一个来自外省的游子才会少了很多身处异乡的寂寞。

感恩我的家人们，他（她）们的无私奉献和无尽关爱是我不断前行的动力，对于他（她）们的付出，我将用一生去报答！

这本书的顺利出版得到了曾智明“曾子学术基金”、山东大学儒学高等研究院，以及曾子研究院的大力支持，我要表示最诚挚的谢意！对于作者而言，正是这些支持为我解决了很大的后顾之忧，使本人能够专心从事研究和创作。很荣幸这本书能够由齐鲁书社出版，齐鲁书社一直以来都以严谨的学术态度和高质量的出版标准著称；在求学和工作的过程中，我也多次受惠于该社出版的优秀图书。感谢本书责编张超老师在编校过程中所付出的大量心血，无论是行文表述还是注释标点，张老师都表现出一位职业编辑的专业与认真；正是由于张老师的辛勤工作，本书在学术性和严谨性上都有了很大的提升。

学海无涯，学无止境，单就儒家“诚”观念来说，就是一座值得不断去开掘的思想宝库。限于个人视野和能力，目前我的研究只能呈现出这样的水平，但我相信在各位方家的指正与帮助下，我还能继续前行。